融合风险因素的危化品物流流程优化及风险挖掘研究

刘紫玉 乾文慧 王红霞 赵恩婷 崔闫妮 高慧 贾李超 徐梦苏◎著

知识产权出版社
全国百佳图书出版单位
—北京—

图书在版编目（CIP）数据

融合风险因素的危化品物流流程优化及风险挖掘研究/刘紫玉等著. —北京：知识产权出版社，2024.4

ISBN 978-7-5130-9185-5

Ⅰ.①融… Ⅱ.①刘… Ⅲ.①危险货物运输—交通运输管理—研究 Ⅳ.①U294.8

中国国家版本馆 CIP 数据核字（2024）第 027905 号

责任编辑：栾晓航　　**责任校对**：王　岩
封面设计：邵建文　　**责任印制**：孙婷婷

融合风险因素的危化品物流流程优化及风险挖掘研究

刘紫玉　乾文慧　王红霞　赵恩婷　崔闫妮　高　慧　贾李超　徐梦苏　著

出版发行：知识产权出版社有限责任公司　　**网　址**：http://www.ipph.cn
社　址：北京市海淀区气象路 50 号院　　**邮　编**：100081
责编电话：010-82000860 转 8382　　**责编邮箱**：4876067@qq.com
发行电话：010-82000860 转 8101/8102　　**发行传真**：010-82000893/82005070/82000270
印　刷：北京中献拓方科技发展有限公司　　**经　销**：新华书店、各大网上书店及相关专业书店
开　本：720mm×1000mm　1/16　　**印　张**：16.25
版　次：2024 年 4 月第 1 版　　**印　次**：2024 年 4 月第 1 次印刷
字　数：263 千字　　**定　价**：88.00 元

ISBN 978-7-5130-9185-5

本书受河北省重点研发计划项目资助，项目编号：22375414D

前言

危化品由于其特殊的理化性质，在运输过程中具有发生严重事故的风险。近年来，我国不断推出危险货物道路运输相关标准，进一步规范和管理危化品道路运输行业，但运输中涉及的一些风险因素仍然不可避免，如员工缺乏危化品教育培训、驾乘人员违规操作运输、暴雨等恶劣天气等。因而，识别危化品道路运输过程中存在的风险因素，并将所识别的风险因素融合于危化品运输流程进行优化具有一定的研究意义。

物联网、大数据等新兴技术将风险管理推入了数字信息时代，危化品运输企业运用信息化手段对运输过程实施监管，随之产生了海量的事件日志数据。在一系列风险因素的影响下，实际流程往往和规范的业务过程之间存在一定的偏差，这就为企业带来了潜在的运作风险。融合风险因素，基于过程挖掘对真实场景中的危化品物流运输过程进行分析，发现其中存在的偏差和风险，是降低危化品运输过程中的风险并快速控制风险事故的重要前提，具有重要意义。

本书首先识别危化品物流运作过程中的风险因素，并对风险因素之间的耦合作用进行分析，在此基础上，对危化品运输业务流程进行融合风险因素的建模优化，并基于融合风险因素后的运输流程，使用过程挖掘方法发现实际运输过程中存在的偏差以及风险问题，并提出相应的风险防控措施。本书主要从以下几个方面进行了研究：

(1) 危化品物流风险因素识别。

本部分研究危化品物流风险因素的识别方法。首先，研究基于扎根理论的危化品物流运作风险因素识别方法，通过扎根理论质化研究方法，分别对危化品运输事故和危化品仓储事故案例统计资料进行三级编码归纳分析，识别出危化品运输和仓储两个环节上的安全风险。其次，研究基于解释结构模型的危化品物流风险因素识别方法，应用解释结构模型构建影响危化品物流安全的结构模型，从事前预防、事中应急及事后改善三个维度总结和归纳影响危化品物流安全的因素。

(2) 危化品物流风险耦合分析。

本部分研究危化品物流风险耦合关系并进行仿真。首先，根据风险耦合涉及的因素数量，将液氨运输泄漏风险耦合划分为单因素耦合、双因素耦合及多因素耦合三种类型。其次，基于系统动力学对液氨道路运输风险耦合进行仿真研究。

(3) 融合风险因素的危化品运输流程优化。

对危化品运输业务流程进行融合风险因素的建模优化，通过马尔可夫链对运输流程进行性能分析，基于风险函数得到不同风险因素影响下的运输流程风险波动变化，并针对运输流程中的风险事故演化提出进一步的安全管理办法。

(4) 融合风险因素的危化品运输风险挖掘。

基于融合风险因素后的运输流程，利用 Petri 网构建规范过程模型，利用 ProM 开源软件中的 α 算法插件、α+算法插件和启发式挖掘算法插件对物流事件日志进行挖掘处理，生成公司真实场景下的过程模型，然后对 Petri 网模型与 ProM 工具挖掘得到的实际过程模型进行偏差分析和风险分析，发现实际运输过程与规范运输流程之间存在的偏差以及风险问题，并提出相应的风险防控措施。

目录

第 1 章　绪论 …… 001

1.1　研究背景及意义 / 001

1.2　危化品与危化品物流风险 / 003

1.2.1　基于文献计量的中外危化品研究可视化对比分析 / 003

1.2.2　危化品物流风险领域与危化品领域的关联分析 / 026

1.3　研究内容与研究框架 / 030

1.3.1　研究内容 / 030

1.3.2　研究框架 / 031

本章参考文献 / 032

第 2 章　危化品物流风险因素识别 …… 037

2.1　基于扎根理论的危化品物流运作风险因素识别 / 037

2.1.1　相关理论与方法 / 037

2.1.2　基于扎根理论危化品事故案例编码 / 039

2.2　基于 ISM 的危化品物流安全影响因素研究 / 054

2.2.1　解释结构模型方法 / 055

2.2.2　模型构建 / 056

2.2.3　小结 / 064

本章参考文献 / 065

第 3 章　危化品物流风险耦合分析 …………………………………… 068

3.1　危化品运输风险耦合作用分析 / 068

3.1.1　液氨运输风险耦合的构成 / 068

3.1.2　液氨运输泄漏事故风险因素耦合过程 / 071

3.1.3　基于 N-K 模型的液氨运输风险耦合作用度量 / 071

3.1.4　A 公司液氨运输事故风险因素耦合关系分析 / 078

3.2　基于系统动力学的液氨道路运输风险耦合仿真研究 / 083

3.2.1　系统动力学概述 / 083

3.2.2　A 公司液氨道路运输风险双因素耦合作用仿真 / 083

3.2.3　对策和建议 / 093

本章参考文献 / 093

第 4 章　融合风险因素的危化品运输流程优化 ………………………… 095

4.1　相关研究与技术路线 / 097

4.1.1　国内外研究现状 / 097

4.1.2　研究方法与技术路线 / 100

4.2　相关理论与方法 / 102

4.2.1　危化品的概念物流 / 102

4.2.2　业务流程优化相关理论 / 104

4.2.3　Petri 网建模方法 / 107

4.2.4　风险分析方法 / 110

4.2.5　MATLAB 数值仿真 / 114

4.3　A 公司危化品运输流程现状分析 / 115

4.3.1　A 公司现状 / 115

4.3.2　A 公司危化品运输业务流程 / 116

4.3.3　A 公司液氨运输作业内容及流程 / 118

4.3.4　A 公司危化品运输问题和原因分析 / 123

4.4　融合风险因素的 A 公司危化品运输流程优化 / 125

4.4.1　危化品运输风险因素识别 / 125

4.4.2 融合风险因素的危化品运输流程优化 / 132
4.4.3 液氨运输流程 SCPN 模型性能分析 / 143
4.5 A 公司液氨运输流程风险分析 / 166
4.5.1 出货提货作业流程风险分析 / 166
4.5.2 运输途中作业流程风险分析 / 169
4.5.3 货物到达作业流程风险分析 / 172
4.5.4 A 公司液氨运输安全风险管控及对策 / 175
4.6 小 结 / 184
本章参考文献 / 185

第 5 章 融合风险因素的危化品运输风险挖掘 …………………………… 191

5.1 相关研究与技术路线 / 193
5.1.1 国内外研究现状 / 193
5.1.2 过程挖掘的研究现状 / 194
5.1.3 研究述评 / 196
5.1.4 研究内容 / 197
5.1.5 研究方法 / 197
5.1.6 技术路线 / 198
5.2 相关理论与方法 / 199
5.2.1 基本概念 / 199
5.2.2 WSR 系统方法论 / 201
5.2.3 流程建模语言 / 202
5.2.4 过程挖掘 / 206
5.3 A 公司危化品运输风险防控现状分析 / 212
5.3.1 A 公司危化品运输现状 / 212
5.3.2 A 公司危化品运输风险防控现状分析 / 217
5.3.3 A 公司危化品运输风险挖掘方法设计 / 217
5.4 A 公司危化品运输风险因素分析 / 218
5.4.1 危化品运输风险文献分析 / 218
5.4.2 构建 A 公司危化品运输的风险因素框架 / 222

5.5 融合风险因素的A公司危化品运输风险挖掘 / 225
5.5.1 融合风险因素的运输流程 / 225
5.5.2 A公司运输过程建模 / 226
5.5.3 融合风险因素的事件日志处理 / 228
5.5.4 基于事件日志的运输过程挖掘 / 230
5.5.5 偏差分析与风险发现 / 233
5.5.6 风险分析 / 236
5.6 A公司危化品运输风险防控措施 / 238
5.6.1 提高管理水平 / 238
5.6.2 加强对车辆与危化品的管理 / 239
5.6.3 规范人员行为 / 240
5.6.4 重视环境勘察 / 240
5.7 小　结 / 241
本章参考文献 / 243

后　记 …………………………………………………… 247

第1章

绪　论

1.1　研究背景及意义

近年来，我国经济实现飞速发展，生产力也在不断进步，国际竞争力有所提升，石油化工产业功不可没。石油化工产业既是我国国民经济的重要支柱，也是我国的传统优势产业，而危险化学品（以下简称危化品）作为石油化工产业中关键的一环，其需求量和品种正以惊人的速度逐年增加，行业市场规模也在不断扩大。从世界排名来看，我国现在已经成为第二大危化品制造与应用大国，仅次于美国。2017 年我国危险化学品的总产出量达到 15 亿吨，与危化品行业有关的企业数量已经达到了 30 万家。然而，危化品从生产到送至目标客户手中要经历生产、包装、装卸搬运、仓储和运输等多个环节，其中，危化品运输贯穿整个流程。危化品运输是一种特殊的商品物流形式，与普通货物运输相比，危化品运输需要更全面、更准确、更可靠的信息管理，同时需要更高标准的专业技术、人员和车辆等作为支撑。目前，危化品运输行业处在高速发展的阶段，由于我国公路事业的迅猛发展，公路系统建设较为完善，公路运输具有简单、灵活等特点，因此，公路运输已经成为危化品的主要运输方式。据统计，2018 年年底，在我国危化品运输中，通过公路进行运输的危化品数量已经超过 3 亿吨，占每年危化品运输总量的 70%，其余 30%的危化品则是通过铁路、水路及管道等形式进行运输。截至 2023 年上半年，我国公路运输载具已经超过 83. 5 万辆。

然而危化品本身具有毒害、爆炸、腐蚀等特殊性质，因此不管是生产、储存还是运输过程中都存在着或多或少的潜在风险，如果不及时发现和控制，就会引发许多重大特大的危化品事故。随着危化品的使用量不断增加，我国的很多地区都出现过危化品爆炸、泄漏、燃烧等事件，例如，2023 年 4 月 10 日，辽宁葫芦岛一辆装载 28 吨船用燃料油的挂车发生侧翻，大量燃料油泄漏，未造成人员伤亡；2020 年 11 月，在包茂高速路段，由于当天路面结冰，一辆重型罐式半挂列车与隔离带相撞，驾驶员当时意识模糊，车辆横停于第一、第二车道上，随后几分钟之内，相继有 30 余辆车驶入事故现场，出现了多车连撞情况，造成二次事故，事故共造成 4 人死亡、20 人受伤、15 辆车起火烧毁。随着危化品事故的频繁发生，全世界每年由危化品事故造成的经济损失超过 4000 亿元，伤亡人数更是不在少数，引起了全世界人们的关注，因此，要特别防范危化品运输过程中事故的发生。近年来，随着人们对危化品的认识和安全意识不断增强，许多学者和企业家针对减少危化品运输事故所开展的研究工作与实际工作都卓有成效，人们采取相应对策措施的能力也不断提高，但是仍有很多不足之处，相关工作开展得较为缓慢。因此，需要提前做好潜在危险识别工作，对辨识出的危险有害因素分门别类地采取恰当、有力的防控措施，在关键的环节上加强安全防护，从而减少对人身的损害和环境的破坏。

危化品由于其特殊的理化性质，在运输过程中存在发生严重事故的风险。我国公路发展迅速、运输便捷，危化品道路运输始终占据主导地位。近年来，我国不断推出道路危险货物运输新标准，进一步规范和管理危化品道路运输行业，但运输中涉及的一些风险因素仍然不可避免，例如，员工缺乏危化品教育培训、驾乘人员违规操作运输、恶劣天气等风险源。因而，识别危化品道路运输过程中存在的风险因素，并将所识别的风险因素融合危化品运输流程进行优化具有一定的研究意义。

物联网、大数据等新兴技术将风险管理推入了数字信息时代，危化品运输企业运用信息化手段对运输过程实施监管，随之产生了海量的事件日志数据。在一系列风险因素的影响下，实际流程与规范的业务过程之间往往存在一定的偏差，这就为企业带来了潜在的运作风险。融合风险因素，基于过程挖掘对真实场景中的危化品物流运输过程进行分析，发现其中存在的偏差和风险，是降低危化品运输过程中的风险并快速控制风险事故的重要前提，具有重要意义。

基于此，本书首先识别物流运作过程中的风险因素，并对风险之间的耦合作用进行分析。在此基础上，对危化品运输业务流程进行融合风险因素的建模优化，通过马尔可夫链对运输流程进行性能分析，基于风险函数得到不同风险因素影响下的运输流程风险波动变化，并针对运输流程中的风险事故演化提出进一步的安全管理办法；同时，基于融合风险因素后的运输流程，利用 Petri 网构建规范过程模型，利用 ProM 开源软件中的 α 算法插件、α+算法插件和启发式挖掘算法插件对物流事件日志进行挖掘处理，生成公司真实场景下的过程模型，然后对 Petri 网模型与 ProM 工具挖掘得到的实际过程模型进行偏差分析和风险分析，发现实际运输过程与规范运输流程之间存在的偏差以及风险问题，并提出相应的风险防控措施。

1.2　危化品与危化品物流风险

1.2.1　基于文献计量的中外危化品研究可视化对比分析

危化品是指因其特殊理化性质危害人体健康与环境安全的物质，包括易致毒物质、毒气、剧毒物质、危险废物等。众所周知，危化品在生产过程中存在很大的安全隐患，在运输、仓储等物流过程中也有极高的危险性，其中某个环节出现任何差错都可能导致重大事故发生，进而造成不必要的人员、物品损失。习近平总书记在党的二十大报告中提出“建立大安全大应急框架，完善公共安全体系，推动公共安全治理模式向事前预防转型。推进安全生产风险专项整治，加强重点行业、重点领域安全监管。提高防灾减灾救灾和重大突发公共事件处置保障能力，加强国家区域应急力量建设”，而危险化学品领域的研究对保证公共安全具有重要意义，故本书对国内外危化品研究方向、内容、热点等进行了较为细致的分析和总结。

美国对危化品进行分级管理，按照级别实行相应的包装、运输、储存办法，要求储存企业必须清楚并公布自己公司内存储的危化品种类及属性；英国主张创建国家化学事故应急咨询部门，对危化品运输驾驶员进行专业培训，以使其对危化品的属性把握透彻，并在运输时使用中等速度行驶；德国在危化品集装箱上安装了自动消防装置，保证在极短的时间内能自动启动进行火灾救援。危化品包装宜选取一定规格的罐式集装箱，这种集装箱具备防止物品泄漏与防止物品被引燃或引爆的强大基础功能；日本对危化品行业工作人员的要求是必须具备从业资格、考取相关证件，每三年会对危化品相关从业人员进行常规的集中培训，教授危化品处理专业知识并提高从业技能。中国对危化品行业的关注度与支持度越来越大，不断出台有益于保障危化品安全生产的相关政策。例如，2020 年，《石化和化工行业“十四五”规划指南》发布，为促使危化品生产企业迅速转型升级提供了有力支撑，同时也为保障化工园区的规范性发展提供了有力保障。通过对国内外危化品发展现状进行对比分析，能借鉴研究成果，更好地提高危化品公共安全综合治理水平。

本书选取了 2000—2022 年在北大核心中文期刊和 CSSCI 上以“危险化学品”为主题，以及在 Web of Science 核心合集上以“hazardous chemicals”为主题的文献作为样本，利用 Citespace（6. 2. R2 版本）对国内外危化品研究文献进行计量分析和比较研究，旨在探究当前国内外危化品领域的研究趋势及特征，为危化品研究及其相关技术的完善提供理论参考，以进一步促进危化品安全。

1. 2. 1. 1　数据来源和研究方法

1. 数据来源

在中国知网（CNKI）的搜索框中，检索主题为“危险化学品”，检索数据时间范围为 2000 年年初至 2022 年年末，选择北大核心中文期刊和 CSSCI 期刊数据库，总计检索出 1319 篇文献，去除会议等和危化品主题无关的文献信息，最终确定 470 篇有效文献。为了保证检索数据的可靠性、有效性，筛选国外文献时，数据库检索选择 Web of Science 核心合集，检索方式为“主题=（“DANGEROUS CHEMICALS” OR “HAZARDOUS CHEMICALS”），文献类型为“Article” OR “Review article”，语种为“English”，年份为 2000 年年初到 2022 年年末，利用 Citespace 软件除重后得到 137 篇有效文献数据样本，检索时间为 2023 年 4 月 1 日。

2. *研究方法*

本研究使用基于 Java 语言开发的一款运用可视化手段系统综述某领域知识信息现状的软件——Citespace（6.2.R2 版本），该软件可以对特定领域科学文献中包含的信息进行计量分析，进而绘制成分时、多元知识图谱，以此来归纳和探索一个知识领域的演进历程及发展前沿的动态发展趋势。选取 Citespace 软件中的“keyword”“cited reference”等作为网络关键节点，生成关键词（共现、时间线、聚类）、参考文献共被引、突变词等知识图谱，对国内外危化品研究的基本概况进行分析，利用软件的聚类功能和突变词频探测功能，结合 LLR 算法生成聚类图谱，以探究危化品领域的研究动态。参数设置情况：研究时间跨度均设置为 2000—2022 年；时间分区：设置时间片段间隔为 1 年，选择 Path-finder 算法；设置 Top N% = 10%（每个时间片段前 10% 的节点），Top N = 50（每个时间片段中出现频次最高的 50 个节点）。

1.2.1.2　研究的基本特征分析

1. *发文量分析*

通过统计得到发文量折线图，由图 1-1 可以看出，国内发文量水平大致分为三个阶段。第一阶段为 2000—2007 年，属于国内危化品研究发展的起步阶段，发文量较少，并呈现缓慢增长的趋势，学者们开始将环境立法应用于危化品安全管理中。第二阶段为 2008—2016 年，2008 年作为一个拐点，国内发文量开始有一个相对稳定的增长趋势，这一时期学者们采用模糊综合评价法来进行危化品相关风险和安全的评价指标体系的建立，从而在保障危化品运输安全的同时，对运作中的风险等进行等级划分，以更好地进行事故评估、界定事故应急反应等级。在此基础上，学者们尝试为分析危化品相关物流运输企业安全管理能力要素结构属性及其相互关系建立了安全管理模型，还有部分学者试图建立安全监控系统来为危化品仓储地点的安全监测提供技术支持。第三阶段为 2017—2022 年，国内危化品处于快速发展阶段，这个时期对危化品的研究更加细化，开始采用多学科交叉的方式，运用含有不同学科领域知识的技术组合，对其进行集成应用示范，达到提升危化品公路运输安全保障性的目标。有部分学者从不同角度，用各种算法对导致事故发生的关键风险因素进行挖掘，还有一些学者针对危化品全生命周期开发出适用于高校实验室的安全管理模式系统。

国外发文量水平大致分为两个阶段。第一阶段为2000—2018年，关于危化品研究的发文量处于一个较低水平，这一时期学者开始研究危化品生命周期的最后环节——净化与处理含有危化品的废水，分析接触危化品对低收入和中等收入国家童工健康的影响，部分学者研究危化品之一——化学杀虫剂的替代品用于治疗植物根病。第二阶段为2019—2022年，国外发文数量相较前几年增速提高较快，2020年发文量达到历史最高水平，这一时期学者主要对某一阶段由危化品出现异常现象而造成事故的特征、风险因素等进行统计，并提出预防措施与相关对策；部分学者试图建立风险评估模型，量化危化品泄漏的风险，并采取预防措施来应对事故；还有学者尝试搭建优化系统框架来对危化品供应链网络进行优化并提高过程安全系数；在危化品事故应急救援上，部分学者基于模型建立评价指标体系，形成新的评价方法。综上所述，基于图1-1呈现的发文数量和趋势，危化品领域的研究成果在整体上呈现增加的态势，国内文献对危化品的研究相对成熟，国外文献还有一定的发展空间。

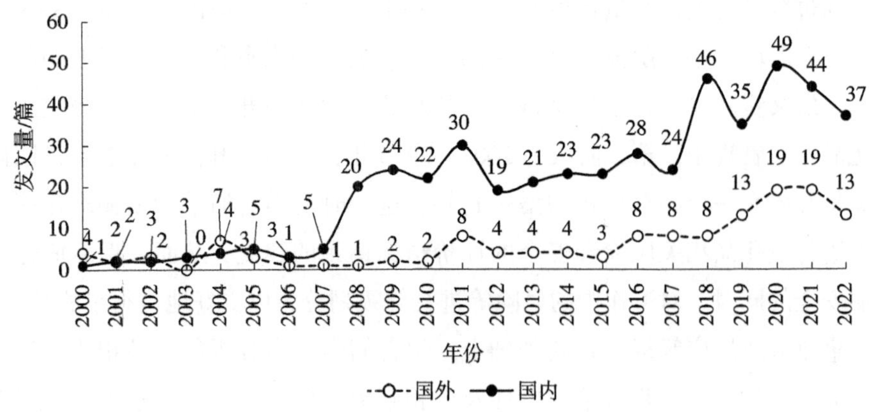

图1-1　国内外危化品相关研究文献发文量对比

2. 重要文献分析

(1) 国内核心文献。

因为中国知网不能做文献共被引分析，因此本书考虑基于经典文献和知网内高被引文献的综合视角对国内核心文献进行探讨与分析。经典文献可以清晰地反映某一领域的发展历程，它们也是学科发展的重要指导，再参照高被引文献，可以帮助我们更好地对危化品领域的历史发展脉络、研究领域前沿、核心内容进行梳理、归纳与预测。综合考虑被引频次和研究主题，在中国知网中共收集到 8 篇经典文献，又根据文献被引频次收集了 10 篇高被引文献，以期对中国危化品领域研究的重点内容有一个更加全面的了解。统计的这些文献是对中国危化品领域发展的探索与研究，多数是对以往发生的案例的分析与总结，其中包括危化品事故风险评估：研究人员通过分析危化品的性质、储存条件、运输方式等因素，评估危化品事故的潜在风险，并提出相应的风险管控措施；危化品存储与运输安全：研究人员关注危化品的存储和运输过程中可能存在的安全隐患，包括设备设施的安全性、操作规程的合理性、防火防爆措施等，以提高存储和运输环节的安全性；危化品事故应急管理：研究人员针对危化品事故发生后的应急处置工作进行研究，包括事故预警与监测、事故应急预案制定与实施、事故现场救援与处置等方面；危化品安全管理体系建设：研究人员关注危化品安全管理体系的建设和完善，包括法律法规和制度的建立、标准规范的制定、监管机构的职责与权力等，以提高危化品安全管理水平。这些研究对于保障危化品安全、预防事故的发生以及提高应急处置能力具有重要意义。危化品研究经典文献和高被引文献分别见表 1-1、表 1-2。

表 1-1　危化品研究经典文献

序号	篇名	被引频次	作者
1	危险化学品的相关法律法规及其运行机制研究	119	刘欣
2	我国危险化学品产业转移及安全风险分析	129	张圣柱；韩玉鑫；曹旭；王旭；魏利军；王如君；多英全
3	交叉学科实验室危险化学品安全管理的探索与实践	117	汤静芳；王洁
4	2006—2010 年我国危险化学品事故统计分析研究	214	吴宗之；张圣柱；张悦；石超；刘宁；杨国梁
5	我国危险化学品事故统计分析及对策研究	184	赵来军；吴萍；许科
6	港口（区）危险化学品/危险货物安全监管体制及有效性措施研讨	302	樊金鹿；冯雯雯

续表

序号	篇名	被引频次	作者
7	危化品公路运输事故应急演练大空间 VR 实训系统	186	吴爱枝
8	中国沿海危化品道路运输系统风险耦合分析	263	骆成；陈霞；路亚妮；陈继虎

表 1-2 高被引文献

排名	被引频次	题目	作者
1	3414	危化品事故应急救援能力提升方法研究——基于天津港“8·12”瑞海公司危险品仓库特别重大火灾爆炸事故教训	李雷雷；朱红青；丁晓文；王洪胜；牛东升
2	3128	我国危险化学品事故统计分析及对策研究	赵来军；吴萍；许科
3	2357	基于系统动力学的危化品水污染突发事件中网络舆情危机应急策略研究	余乐安；李玲；武佳倩；汤铃
4	1713	危险化学品公路运输事故新特点及对策研究	闫利勇；陈永光
5	1625	我国危化品物流发展的现状、原因及策略分析——基于发达国家危险品运输管理经验的借鉴	胡燕倩
6	1506	高校实验室安全管理体系存在的问题及对策建议	查国清；徐亚妮；秦夷飞
7	1474	基于强化学习的危化品运输路径选择博弈分析	吴军；王丹；李健；杨丰梅
8	1468	危险化学品运输风险分析	张江华；赵来军
9	1268	高校实验室危险化学品安全管理实践	孟令军；李臣亮；姜丹；刘艳
10	1235	国内外危险化学品安全距离探讨	梁雪；刘骥；高建明；曾明荣

（2）国外核心文献。

相较于 CNKI 数据库中的文献而言，WoS 数据库中文献实际被引用的次数明显略低。把从 WoS 中收集到的国外样本数据输入 Citespace，在软件主界面右半部分设置节点类型为“cited reference”，使用 Citespace 软件进行数据分析，可以自动计算并输出关键节点，这些节点数量反映了文献的数量，而节点大小则反映了文献的被引频次。节点越大，表示该节点下的文献在研究领域中的重要性越高。通过使用 Citespace 软件输出了危化品领域相关文献的知识信息图谱——文献共被引知识图谱（如图 1-2 所示），详细文献统计如表

1-3 所示。Bao 等指出危化品泄漏危害很大，他提出了一种用于吸收泄漏危化品的材料——氧化石墨烯珠，用于快速净化危化品。Hou 等通过分析 2009—2011 年发生的由盐酸（HCL）引发的多起危化品泄漏事故，总结了危化品泄漏引发的紧急疏散区域分布情况，从安全管理体系和危化品泄漏事故应急防护行动两个方面，对危化品一体化管理框架进行了探讨和分析。Wang 等结合我国危化品研究现状，介绍了中国危险化工活动在未来可能面对的问题、机遇、挑战等，给中国和其他国家危化品行业未来在安全管理方面的发展提供可参考的建议与证据。Zhao 等采用了泊松回归模型来估计 2006—2017 年的伤亡事故概率，在分析和评估的基础上，给出了优化危化品安全管理的措施。Wang 等根据不同方面热点地区发生的危化品事故统计结果，对预防我国在炎热季节发生危化品事故提出了具体建议与措施。AlRukaibi 等基于风险/成本算法对科威特国家石油公司做案例分析，将开发的模型应用于模拟场景中，以找到运输风险最小的路线选择。Aven 在前人总结的风险管理原则和方法的基础上，进一步审查与反思，以找到风险领域未来发展方向。Zhang 等对江苏省响水县发生化学厂爆炸事件的原因进行了分析，提出了预防类似化学厂发生事故的措施。总之，以上文献对危化品研究现状、废水净化、事故预防和安全管理方面的研究为学者之后的研究提供了参考，为国家出台危化品相关政策提供了指导。

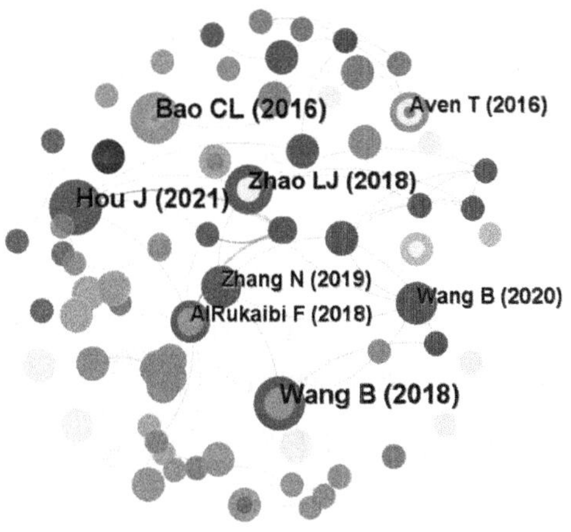

图 1-2　国外文献共被引知识图谱

表 1-3　国外高被引文献统计分析

序号	高被引文献	频次	作者	年份
1	Graphene oxide beads for fast clean-up of hazardous chemicals	24	Bao 等	2016
2	Hazardous chemical leakage accidents and emergency evacuation response from 2009 to 2018 in China：A review	24	Hou 等	2021
3	The future of hazardous chemical safety in China：Opportunities，problems，challenges and tasks	21	Wang 等	2018
4	An Analysis of Hazardous Chemical Accidents in China between 2006 and 2017	20	Zhao 等	2018
5	Characteristics of hazardous chemical accidents during hot season in China from 1989 to 2019：A statistical investigation	19	Wang 等	2020
6	Optimal route risk-based algorithm for hazardous material transport in Kuwait	18	AlRukaibi 等	2018
7	Risk assessment and risk management：review of recent advances on their foundation	15	Aven	2016
8	A brief report on the March 21，2019 explosions at a chemical factory inXiangshui，China	15	Zhang 等	2019

1.2.1.3　研究动态分析

1. 研究热点分析

（1）国内研究热点分析。

对关键词进行共现分析，国内危化品研究高频关键词为安全管理、危化品、安全、安全工程、事故、化学品、泄漏、应急救援、道路运输、安全评价等，频次较高的前 24 个关键词见表 1-4。由表中的中心度数值可以看出，危化品、安全管理、安全、事故、安全工程、道路运输等的中心度在整个知识图谱共现网络中较高，可看作关键节点。通过分析大量关键词可以发现，危化品领域的研究内容多聚焦于安全与安全管理方面。

表 1-4　国内频次较高的关键词

序号	频次	中心度	关键词	年份
1	49	0.27	危化品	2008
2	30	0.11	安全管理	2003
3	15	0.13	安全	2001
4	13	0.07	安全工程	2010
5	10	0.11	事故	2005
6	10	0.06	化学品	2003
7	9	0.01	泄漏	2011
8	8	0.03	应急救援	2006
9	7	0.06	道路运输	2019
10	7	0.04	安全评价	2003
11	6	0.05	对策	2005
12	6	0.03	运输	2007
13	6	0.02	事故预防	2001
14	6	0.02	扩散	2008
15	5	0.02	数值模拟	2007
16	5	0.02	安全监管	2007
17	5	0.01	风险分析	2007
18	5	0	公共安全	2017
19	4	0.03	应急管理	2012
20	4	0.01	火灾	2011
21	4	0.01	分级	2009
22	4	0.01	风险评估	2009
23	4	0.01	优化	2011
24	4	0.01	安全技术	2008

使用 Citespace 软件中的 LLR 算法对收集到的 470 篇国内有效文献中的关键词进行聚类分析，形成国内危化品研究热点关键词主题聚类图谱，如图 1-3 所示。其中：Q（模块值）= 0.8135>0.3，数值接近 1，表明此次聚类是有效的且聚类结构显著；S（平均轮廓值）= 0.7876>0.5，表明聚类的效率很高（S≥0.7 即为高效率）。表 1-5 为国内危化品关键词聚类成员表，由表中 S

值，国内关于危化品研究的聚类主题数量为 10，考虑到篇幅问题，本书只对标号为 0、1、2、3 的前四个较大聚类主题进行分析讨论。

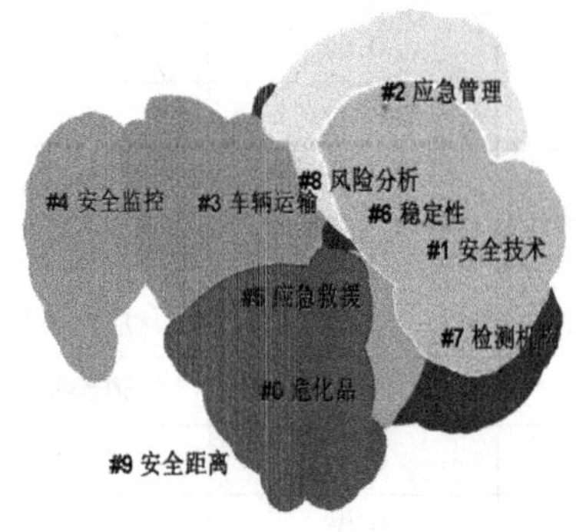

图 1-3　国内危化品研究热点关键词主题聚类图谱

表 1-5　国内危化品关键词聚类成员

类别	类别名称	类别成员	*S* 值
0	危化品	危化品；信用制度；安全信用；监管	0.993
1	安全技术	安全技术；安全管理；安全评价；安全；水路运输	0.858
2	应急管理	应急管理；安全工程；模拟；扩散	0.895
3	车辆运输	车辆运输；事故预防；控制；算法	0.912
4	安全监控	安全监控；应急联动；监控；分级评估	0.907
5	应急救援	应急救援；对策；统计分析；企业	0.839
6	稳定性	稳定性；安全监管；安全	0.947
7	检测机构	检测机构；中毒；实验室	0.929
8	风险分析	风险分析；运输；信息扩散	0.951
9	安全距离	安全距离；事故案例；启示	0.989

①聚类#0：危化品。这个聚类团包括危化品、信用制度、安全信用、监管等。在这个聚类下，学者们主要探讨危化品企业的“信用制度”建设问题以及对整个危化品体系的监管问题，对危化品企业安全信用概念进行定义，对危化品企业安全信用制度进行细致阐述，并在此基础上分析加强信息监管

的必要性。鲍爱光和王明贤指出，危化品企业在安全信用方面还有很大欠缺，相关部门应加大对危化品企业安全信用和信用制度的监管与建设力度，这对危化品企业今后的投资与融资都有较大现实意义。田晓丹等指出，为了提高危化品本质安全水平，必须加强危化品安全信息化监管。此外，他们还结合软件对危化品安全信息化监管进行研究，发现高质量成果较少，对此提出了加大区块链、物联网、人工智能等技术占比的建议。刘家国等通过研究危化品风险监管中存在的问题，提出了一种新的演化博弈模型，把事故发生概率与监管比例赋予动态方程进行刻画，得出政府监管只是能督促企业加强安全经营的影响因素之一的结论，发生率才是影响企业是否自觉采取安全策略的关键因素。魏淑艳和杨大瀚通过对国家公布的2013—2015年发生的31起较大危化品事故案例进行分析，从法律效力与监管效果等方面审视政府危化品安全生产监管中存在的各种问题，在此基础上，从监管流程、考核制度等方面分析问题产生的原因，最后提出了弱化危化品事故死亡人数考核指标、重构基层监管人员组成、减小监管范围“以补代管”、提高业务能力等地方政府危化品安全生产监管改进意见。学者们通过研究危化品相关信用制度建设与政府对危化品企业安全生产监管力度不足等问题，从不同角度寻找问题出现的原因，应用演化博弈模型分析影响企业采取安全策略的主要因素，提出的建议对危化品行业的发展是非常有意义的。

②聚类#1：安全技术。这个聚类团包括安全技术、安全管理、安全、安全评价、水路运输。在这个聚类下，学者们主要探讨危化品全生命周期中的安全保障，探索有利于保障危化品整个供应链安全运作的技术手段，达到提高系统安全管理水平的目标。刘建川等指出，创建并完善包括危化品数据库、危险源监测、人员培训与管理、质量安全数据库、应急救援、废弃物清除等技术支持系统对实现危化品安全科学管理是极为关键的。通过分析危化品安全技术信息管理系统现状，学者们分析了我国在危化品安全生产信息系统建设中存在的不足之处，并给出了相应的解决建议。郭健和胡金瑞根据我国危化品事故频发、安全形式严峻的现状，发掘了有益于危化品运输安全智能化管控的四大技术，利用宁波石化基地作为集成应用示范的案例，运用区域动态场景沙盘对涉及消防救灾、信息工程等多个学科领域的关键技术进行模拟研究，得出四项关键技术能够提高危化品公路运输保障性的结论。吕植勇等

研究了内河危化品运输，为了提高运输安全性，他们试图用系统动力学软件进行现实模拟，发现安全管理的中心要素是人员，在工作人员有较高积极性的情况下，可以通过提升工艺、设备等的安全性能水平来加大对危化品运输安全的管理力度。根据危化品安全生产信息系统建设及公路运输中存在的问题，可以得出以下结论：危化品体系的良好运作需要安全技术的支持，同时需要加大安全管理力度，我国可以引进精通技术管理方面的人才，以推动危化品行业的整体发展。

③聚类#2：应急管理。这个聚类团包括应急管理、安全工程、模拟、扩散。近些年来，为了促进化学制品行业发展，国家陆续出台了许多政策，如2021年发布的《国务院关于印发“十四五”国家应急体系规划的通知》。在这个聚类下，学者们主要研究危化品非常规现象出现时，有关部门和企业应该具备应急管理与救援能力来减少事故带来的损失与伤害。基于我国危化品港区应急管理现状，赵东风等开发了一种综合分析模型，该模型基于生物免疫识别机理，被称为SWOT-ANP。一些学者通过采用AHP和ANP方法对涉及因素进行对比分析，研究表明，虽然国家提高了对危化品港区在应急管理上的关注度，但整体应急管理水平较低，应对危化品港区应急管理系统与体系做进一步完善，采取相应预防措施减少事故发生。陈璐和陈安指出，在当下社会非常规突发事件频发的背景下，应急管理面临的一个重要问题是在突发事件发生时如何高效地作出有效决策，他们认为，决策者需要在思想与行为上对自身的临危决策能力进行挖掘，并运用智能化信息系统，从而促进部门间的合作，实现信息与资源的协同。陈国华等基于化工园区因危险源的密集分布而导致事故后果的多发性与其中的风险因素的复杂性这一背景，建议建立“企办政助”社会化应急救援体系，以增强园区应急救援力量，为其提供保障，对当地的安全监督机构制定相关应急政策等有一定的借鉴意义。在这个聚类团下，在国家大力倡导推动化学制品行业安全管理的背景下，学者们指出有关部门应完善应急体系建设，构建危化品“队伍培训—应急救援—有偿服务”业务模式，改进存在的问题，使危化品应急体系互助化、灵活化。

④聚类#3：车辆运输。这个聚类团包括车辆运输、事故预防、控制、算法。在这个聚类团下，学者们主要探讨运用何种方式对危化品运输过程进行控制，以达到最大限度地保证运输安全与效率的目的。为了提升危化品道路

运输的服务质量与运输效率，徐文星等利用实时路况数据，开发出一种针对危险物资的路线优化技术，该技术将整个运输流程的计算、追溯和监测融入一个完整的体系，使危险物资运输的安全性和高效性得到大幅度提升，这对危化品相关行业有一定的指导意义。邝仲平建议将危化品类货物运输车辆纳入已有高速公路的监测和紧急情况报警系统中，以便对车辆运输全过程实施监控与跟踪定位，当车辆运输途中出现任何故障时，监控系统可以提供语音提醒服务，及时开启应急救援系统。王欢欢等研究了导致危化品事故的关键因素，他们采用构建的事故影响因素灰色关联度计算模型，对确定的事故影响因素的主范畴进行灰色关联分析，得到事故主要影响因素，为危化品道路运输事故预防与控制提供了科学依据。由此可以看出，学者们对危化品车辆运输安全进行了较为细致的探索，在保证安全的前提下，从路径优化入手，将全局下的车辆运输路径规划与实时局部调整更新相结合，提高了危化品运输效率。

（2）国外研究热点分析。

对关键词进行分析，可以看到国外危化品研究的高频关键词包括 hazardous chemicals（危险化学品）、risk assessment（风险评价）、management（管理）、model（模型）、system（系统）、exposure（暴露）、safety（安全）、chemical exposure（化学品泄漏）等，得到频次较高的前 24 个关键词（见表 1-6）。观察中心度数值，hazardous chemicals（危险化学品）、risk assessment（风险评价）、management（管理）、chemical exposure（化学品泄漏）、emergency management（应急管理）等在整个网络节点中中心度较高，属于关键节点。其主要是对危化品运输过程中可能产生的异常、安全隐患以及危化品泄漏可能带给人类与环境的危害进行分析探讨。

表 1-6　国外高频关键词

序号	频次	中心度	关键词	年份
1	35	0.39	hazardous chemicals	2002
2	14	0.22	risk assessment	2013
3	7	0.12	management	2002
4	6	0.06	model	2018

续表

序号	频次	中心度	关键词	年份
5	6	0.04	system	2020
6	5	0.07	exposure	2015
7	5	0.03	safety	2021
8	4	0.10	chemical exposure	2007
9	4	0.04	hazardous chemical	2006
10	3	0.09	cancer	2011
11	3	0.05	substances	2001
12	3	0.05	toxicity	2001
13	3	0.05	dangerous chemicals	2010
14	3	0.03	China	2019
15	3	0.02	hazardous chemical accidents	2011
16	3	0	chemical accident	2005
17	2	0.07	emergency management	2017
18	2	0.06	identification	2018
19	2	0.06	accident statistics	2021
20	2	0.06	chemical safety	2021
21	2	0.04	industry	2017
22	2	0.04	behavior	2019
23	2	0.03	injury	2005
24	2	0.03	policy	2011

使用 Citespace 软件中的 LLR 算法对收集到的 137 篇国外有效文献中的关键词进行聚类分析，形成国外危化品研究热点关键词聚类图谱，如图 1-4 所示。其中：$Q=0.8772>0.3$，意即此聚类结构显著；$S=0.9512>0.5$，意即此次聚类效率较高。表 1-7 为国外危化品关键词聚类成员表，可以看出，国外关于危化品研究的聚类主题的数量为 11。考虑到篇幅问题，本书只对标号为 0、1、2、3 的前四个较大聚类主题进行分析讨论。

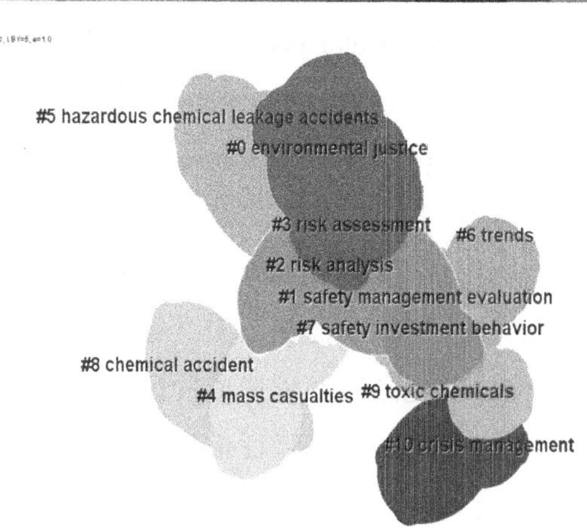

图 1-4 国外危化品研究热点关键词聚类图谱

表 1-7 国外危化品关键词聚类成员

类别	类别名称	类别成员	S值
0	environmental justice	environmental justice; accident characteristics; accident prevention; accident analysis; cumulative risk	0.989
1	safety management evaluation	safety management evaluation; dynamic risk	0.928
2	risk analysis	risk analysis; consequence assessment; chemical warehouses	0.967
3	risk assessment	risk assessment; systemic accident model; application characteristics; toxicity	0.863
4	mass casualties	mass casualties; chemical exposure; hazard materials; chemical release	0.985
5	hazardous chemical leakage accidents	hazardous chemical leakageaccidents; accident statistics; integrated management; data analysis	0.968
6	trends	trends; cancer; pesticides	0.945
7	safety investment behavior	safety investment behavior; dynamic optimization; evolutionary game	0.959
8	chemical accident	chemical accident; chemical spill; alternative indicator	1
9	toxic chemicals	toxic chemicals; total process system; separator	1
10	crisis management	crisis management; hazardous chemical leakage; multi-agent-based model	0.992

①聚类#0：环境正义（environmental justice）。这个聚类团主要包括环境正义、事故特征、事故预防、事故分析、累积风险等。该主题主要探讨了危化品对环境影响的多方面评估。Tasheva 和 Petkova-Georgieva 根据保加利亚之前销毁危化品气体制剂容器的经验，对装危化品制剂的容器在销毁时对环境造成的影响进行了健康影响评估、社会影响评估、累积效应评估和战略环境评估，从而判定装有危化品残余物的容器在销毁时给社会不同主体带来的影响程度。Jones 和 Gilek 评估了危化品给环境造成的风险，指出了环境风险评估的三个阶段——问题制定、评估和风险特征描述，他们认为判定不同物资时的评估方案各异，对不同有害物质进行环境风险评估时，在评估的详细程度、可接受程度、评估重点的选择等方面都是有差异的。这个聚类主要研究危化品及装有危化品制剂的容器在销毁时对环境造成的风险的评估，对风险等级进行划分可以帮助企业有效识别、评估、控制可能对健康和安全造成的影响。

②聚类#1：安全管理评价（safety management evaluation）。这个聚类团主要包括安全管理评价、动态风险、危险性化学事故等。该主题主要探讨了化学加工行业重大事故造成的人身伤害、财产损失、业务中断和对环境的危害等严重情况。Kim 等探讨了基于等离子体金属、过渡金属氧化物和复合材料等新型材料的新型传感器平台，这些平台已被广泛应用于多种危化品风险的监测和预警。这种基于功能材料的传感器的发展大大减小了危险化学事故发生的风险，对确保人身和环境安全具有重要意义。Jung 等调查研究了 2008 年在韩国发生的化学事故，通过分析这些事故的主要原因，提出了防止类似事故发生的系列措施，以期避免类似事件的再次发生。在这个聚类下，学者们针对危化品事故频发现象提出了降低事故风险发生概率的方法，借助新型传感器平台对危化品风险实施监测，能及时发现异常，有利于减少事故发生。

③聚类#2：风险分析（risk analysis）。这个聚类团主要包括风险分析、后果评价、化学品仓库等。该主题主要探讨了危化品是全球面临的最大环境挑战之一，考验着政府的治理能力。Maguire 等指出，化学品风险通常是复杂的系统性风险，需要特定的治理流程、利益相关者参与机制和沟通程序来管理，他们还讨论了这些过程、机制、程序通过何种方法为国际化学品风险评估和管理提供更有效的途径，研究结果表明，在现有化学品风险评估和管理框架

中增加利益相关者的重要性，这为未来的风险治理策略提供了有益的信息。Den-Braver 通过调查研究荷兰儿童玩具中危险化学物质的含量发现，硼、甲基异噻唑啉酮（MI）等的含量远远超过欧洲法定限值，这会给儿童等玩具使用者带来健康风险，据此提出在制作其他水性玩具时也要注意法律限制的建议。在这个聚类下，学者们将危化品与人类健康联系起来，分析人们能接触到的含有危险化学物质的具体实物，建议扩大法律限制范围，以降低人类接触危化品时的受危害风险程度。

④聚类#3：风险评估（risk assessment）。这个聚类团主要包括风险评估、系统事故模型、应用特点、毒性等。尽管我国化学品安全管理水平有所提高，但涉及危化品意外释放的事件仍在继续发生。当事故发生时，需要引导居民疏散，对于危化品释放事故，疏散计划应具有足够的选择性，要考虑附近建筑物的室内和室外浓度，以及出现最大允许浓度的时间。Byungtae 等基于地理信息系统（GIS）开发实时风险分析工具，建立应急响应和风险沟通预案，制订有效的室内和室外疏散计划。此外，其通过拟议的评估模型进行实时风险评估，结合决策矩阵制订了不同危化品浓度的紧急疏散计划，能有效支持应对集群工厂和社区危化品释放的应急行动。在这个聚类下，李肖、岳宝强等学者们把评估模型应用到实际中，开发了实时风险分析工具，进行模拟实时风险评估，完善化工行业应急疏散计划，推动了国家化学品安全管理系统发展。

2. 国内外危化品演进趋势分析

（1）国内危化品演进趋势分析。

利用 Citespace 的绘制时间线图功能，分析危化品研究的高频关键词相互之间的关系，探析危化品在研究时间段内的演进趋势。根据时间线可以看出国内危化品的演进趋势，如图 1-5 所示。2001—2008 年，研究危化品环境立法与制度标准建设问题。首先，针对欧洲联盟关于重大化学危险源的评估指南，给出中国政府的政策建议，包括严格执行相关的法律、技术和经济法规、环境保护措施，以确保对重大化学事件的有效防范。然后在认知化学品的广泛使用对满足人类社会和经济需求至关重要的前提下，通过辨别和分析各种危险源，对不同种类的有毒化学品进行危险度评价，呼吁各国加强对化学品危险度管理的能力和力度，从立法与制度建设上为危化品行业的发展提供根本保障。2009—2016 年，深入研究了危化品生产、储存、运输过程中的安全管理问题。在危化品本身的生产运作流程方面，开发了一个利用 GIS、全球定位系统（GPS）、通用分组无线服务技术（GPRS）和无线传感器的智能监控系统，为危险化学物质的储存、运送、检验过程中的信息安全提供了有效的支持，同时为这一过程的安全性评估提供了有效的参考，从而大大降低了事故发生的概率；在危化品物流运输企业安全管理方面，开发了一套将层次分析法与决策试验和评价试验（DEMATEL）法相结合的安全管理能力评估方法，有助于评估危化品仓储、运输环节的安全系数，更有益于为这些过程的安全性评估提供有效的支持，促进企业安全管理结构更加合理。2017—2022 年，在国家陆续出台促进危化品行业发展相关政策的背景下，对危化品的研究更加深入与细化，发掘事故具体风险因素，开发成体系的安全管理模式与监测系统。同时，研发危化品公路运输过程中涉及多学科知识领域的安全保障技术，提升应对道路运输重特大事故的防控能力。

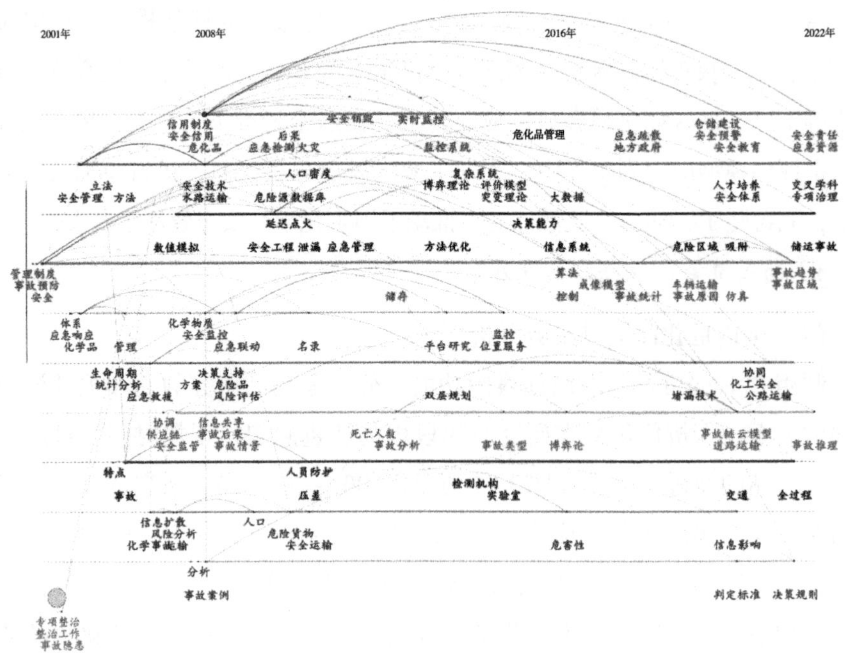

图 1-5　国内关键词时间线图

（2）国外危化品演进趋势分析。

利用 Citespace 得到关键词聚类的时间线，如图 1-6 所示。第一阶段为 2000—2008 年，主要研究如何减少危化品给人类与环境带来的危害。结合立法形式，对含有危化品的废水进行净化与处理、利用无害物质吸附有害毒物、寻找危化品的替代物等途径是这个时期研究的重点。第二阶段为 2008—2016 年，相关学者将研究重点放在分析危化品事故特征与风险因素上，归类汇总各类事故危险源，做到提前预防。第三阶段为 2016—2022 年，这一时期是在第二阶段的基础上进行更为深入的研究与探析，相关学者构建了风险评估模型来识别和估计风险，以求控制风险并将风险降到最低，把研究范围扩大到危化品供应链全局上，促进了危化品相关企业的发展。

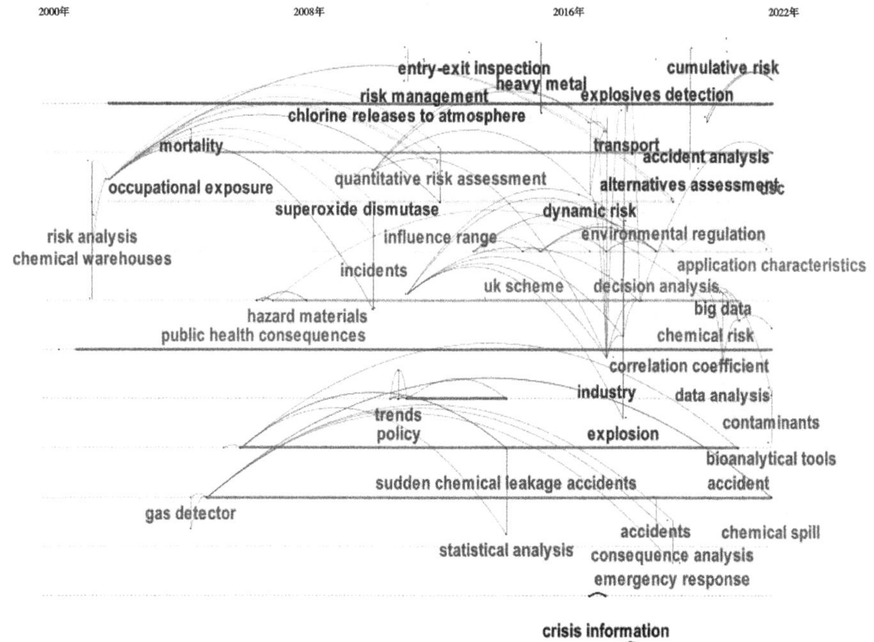

图 1-6　国外关键词时间线图

3. 国内外危化品研究前沿分析

（1）国内危化品研究前沿分析。

利用 Citespace 的绘制突变词图功能，创建一幅包含多个重要关键词的突变词图来深入分析危化品研究的高频关键词之间的突变情况，探析危化品在研究时间段内的发展路径及发展前沿，揭示其在不同历史时期的发展动态。观察图 1-7 可以了解到，国内危化品研究大致可以分为三个阶段：第一个阶段是 2003—2005 年，是危化品生产、储存、运输过程中安全方面的相关研究，涉及安全评价与安全管理等，可以看出安全管理与评价是国内早期危化品研究热点；第二个阶段是 2006—2013 年，涉及安全技术、安全信用、信用制度、风险分析、对策等，这一时期是对前面研究的深入，开始建立危化品领域的安全管理模型与安全监控系统、制定应急预案，试图降低危化品生产运作过程中的风险程度；第三个阶段为 2014—2022 年，是研究相对成熟阶段，涉及水路运输、公路运输、安全工程、安全教育、公共安全等，学者们采用不同学科知识和技术结合的方式打造更好的安全保障技术，提高危化品公路运输安全的保障性，同时加强对相关人员的危化品安全教育。

Keywords	Year	Strength	Begin	End	2000—2022年
安全评价	2003	2.47	**2003**	2005	
安全管理	2003	2.15	**2003**	2004	
对策	2005	2.56	**2005**	2009	
方法	2005	1.2	**2005**	2008	
风险分析	2007	2.24	**2007**	2011	
模拟	2007	1.19	**2007**	2008	
化学品	2003	2.11	**2008**	2012	
扩散	2008	1.96	**2008**	2014	
安全技术	2008	1.3	**2008**	2014	
标准	2008	1.25	**2008**	2012	
安全信用	2008	1.17	**2008**	2009	
信用制度	2008	1.17	**2008**	2009	
分级	2009	1.37	**2009**	2011	
运输	2007	2.76	**2010**	2011	
数值模拟	2007	2	**2011**	2013	
应急预案	2011	1.16	**2011**	2012	
事故现场	2011	1.16	**2011**	2012	
水路运输	2008	1.65	**2014**	2015	
安全	2001	1.37	**2016**	2018	
天津港	2016	1.16	**2016**	2017	
公共安全	2017	1.49	**2017**	2020	
交通工程	2017	1.15	**2017**	2018	
安全工程	2010	1.72	**2019**	2020	
安全教育	2019	1.44	**2019**	2022	
公路运输	2020	1.43	**2020**	2022	

图 1-7　国内关键词突变词图

（2）国外危化品研究前沿分析。

从图 1-8 中可以看出，第一阶段为 2007—2017 年，主要指出在对危化品残余废水处理不当时，危化品暴露对人的健康与环境都会产生不良影响，一些危险化学物质可能会有一定的致癌或重污染风险，比如，能让人患癌概率增高的锰和铁，可能导致人患膀胱癌的氯仿，能对空气、水和食物产生永久性污染的多氯化联二苯等。第二阶段为 2018—2022 年，涉及风险评估、管理、事故预防与分析、系统、模型，这一时期是对前面研究的深入，开始建立危化品领域的安全管理体系与安全监管模式，试图降低危化品生产运作过程中的风险程度，同时建立风险评估模型，进一步量化危化品泄漏风险。此外，学者们摸索出能有效预防危化品事故发生的成体系的预防手段，尽可能降低事故风险发生的概率。

Keywords	Year	Strength	Begin	End	2000—2022年
public health consequences	2007	1.33	**2007**	2008	
dangerous chemicals	2010	1.05	**2010**	2017	
cancer	2011	0.89	**2011**	2014	
exposure	2015	1.96	**2015**	2019	
industry	2017	1.11	**2017**	2018	
bioaccumulation	2017	0.94	**2017**	2019	
risk assessment	2013	2.15	**2018**	2019	
hazardous chemicals	2002	3.79	**2019**	2022	
china	2019	1.08	**2019**	2022	
behavior	2019	1.07	**2019**	2020	
bisphenol a	2019	1.07	**2019**	2020	
management	2002	0.99	**2019**	2022	
dangerous goods	2019	0.88	**2019**	2022	
system	2020	2.68	**2020**	2022	
model	2018	1.97	**2020**	2022	
accident prevention	2020	0.88	**2020**	2022	
accident analysis	2020	0.88	**2020**	2022	

图 1-8 国外关键词突变词图

1.2.1.4 结论与展望

1. 结论

利用 Citespace 软件导入筛选好的国内外危化品相关文献数据，得到国内外危化品的发表文章数量，重要文献，关键词的共现、聚类、时间线图以及突变词图，依据以上数据及资料，对危化品的研究热点、进展以及前沿预测等进行梳理分析，从而得出下述结论。

第一，从研究的基本特征（发文量、被引文献）来看，危化品研究经历了起步、稳步发展、快速发展三个阶段，国内 CNKI 数据库的文献数量多于国外 WoS 数据库的文献数量，说明国外对危化品的研究还有很大发展空间。该领域国内外研究文献的相同之处为：整体文献内容上大多是对危化品安全治理的研究分析。该领域国内外高频被引文献的研究侧重点有不同之处：国内高被引文献侧重研究在危化品使用前的生产、储存、运输中导致事故发生的危险源、建设和维护危化品安全管理网络系统、在危化品使用后为应对非正确处理带来的环境污染而制定的应急系统、对过去已发生的事故进行案例分析来促进危化品安全等整体层面上的问题，提出的建议对保障危化品整个供应链的安全运作有一定指导和借鉴意义；国外高被引文献侧重研究净化有害废水的具体物质（如氧化石墨烯珠）、事故发生时如何制订正确的紧急疏散计划、在温度高的季节如何预防危化品事故发生、如何明确地建立安全管理体系以降低风险等具体问题。此外，学者们的不断探索和研究，为危化品环保管理领域提出了更多新的问题和解决方案，这为政府制定环保标准和规范提供了更加科学有效的方法，同时也促使企业更加自觉地遵守规则，使危化品生产环节的安全指数不断增大。

第二，从研究热点来看，国内外危化品研究领域的热点可以归纳为：危化品运输安全技术的研究、应急体系建设的研究、危化品运输事故预防的研究、危化品废弃物对人类和环境影响相关研究、危化品运输安全风险管控研究等。此外，在国家不断出台危化品安全管理条例的背景下，相关安全技术与体系会愈加成熟完善。

第三，从研究趋势来看，国内对危化品的研究已经从探索宏观的环境立法与制度建设，转为微观上通过创新评价指标对危化品企业供应链中的风险因素与安全管理能力进行有效评估。国外从研究危化品本身的毒性与危化品的替代品，转为研究危化品生产、储存、运输过程中存在的危险源、安全隐患与风险因素，学者们将研究视角由局部转向了整体。

第四，从研究前沿来看，国内外对危化品风险与安全技术的研究较多。国内对危化品的研究由初步探索阶段慢慢踏入相对成熟阶段，从最初的单学科知识背景下的安全技术发展到多学科交叉下的技术应用。如今，对人们进行危化品安全教育也成为研究的热点，教给人们辨别与防护知识，以降低受害风险。而国外从研究危化品对人类和环境带来的表面危害转向深入分析其风险水平，构建模型来量化风险，通过不断改进来减少各流程中的风险，有助于实现危化品安全综合治理。

2. *展望*

第一，未来研究应扩大风险研究范围，不断探索新领域，以进一步促进危化品在生产、物流活动中的安全。通过分析可知，危化品风险研究集中在运输风险上，而危化品供应链涉及生产、运输、储存等许多方面，不应局限在研究运输过程中可能出的异常现象，危化品的生产、使用、储存等方面也迫切需要合理高效的规制体系。

第二，开展危化品管理体制和制度创新研究。建立管理体制旨在构建一个完善、高效、安全的综合管理体系，以最大限度地减少危化品运作过程中的风险，在尽量避免给环境带来危害的同时获得经济效益，也为相关部门对危化品的安全治理提供便利。

第三，紧跟热点，对危化品安全、风险、应急管理与技术进行更深入的研究。从长期考虑，技术是危化品供应链实现和发展的基础支撑，应继续加大相关技术的研究与创新。随着环境的变化，危化品的管控策略和标准也在不断发生变化，因此，必须持续更新危化品评价指标体系，及时、准确地评估危化品供应链的运行状况，为相关安全政策的制定和改进提供有力的支持。此外，应对人们进行危化品安全教育，以期在技术、制度及社会等方面形成合力，从而实现危化品行业良性运转的大好局面。

第四，针对危化品的安全隐患，需要采取一系列措施来预防和应对可能发生的重大事故。首先，生产过程中应加强安全管理，确保设备和工艺符合安全标准，定期进行检查和维护，提高员工的安全意识，加强技能培训。其次，在物流过程中，应制定严格的运输和仓储安全规范，加强对车辆、装卸设备等的监管，确保危化品的安全运输和存储。最后，应加强与相关部门的沟通协调，建立信息共享机制，及时掌握危化品的运输和仓储情况，做好应急响应和处置准备。

1.2.2 危化品物流风险领域与危化品领域的关联分析

1.2.2.1 TF-IDF 算法概述

词频—逆文本频率（Term Frequency-Inverse Document Frequency，TF-IDF）算法是一种基于统计的关键词抽取方法，其核心思想是通过计算词频和逆文本频率来确定文本中的关键词。词频（Term Frequency，TF）表示一个词在文本中出现的频次，通常用于衡量该词在文本中的重要性。一个词在文本中出现的次数越多，其 TF 值就越大，反之则越小。然而，仅凭词频来判断一个词的重要性是不可靠的，因为一些常见词汇在文本中出现的频率也很高。因此，TF-IDF 算法引入了逆文本频率（Inverse Document Frequency，IDF）来衡量一个词在全部文本中出现的频率。如果一个词在大多数文本中都出现，其 IDF 值就小，说明该词对于区分文本的重要性较低；相反，如果一个词在少数文本中出现，其 IDF 值就大，说明该词对于区分文本的重要性较高。综合考虑 TF 和 IDF，可以确定文本中的关键词，从而更好地理解和分析文本内容。

1.2.2.2 危化品物流风险文献词频统计

1. 国内危化品物流风险文献词频统计

（1）国内数据来源。

国内数据来源于从中国知网收集到的危化品物流学科的文献数据集：以“危险化学品物流风险”和“危化品物流”为主题词进行检索，共检索到文献 464 篇，经过筛选，最后选择 172 篇文献导出，如图 1-9 所示。

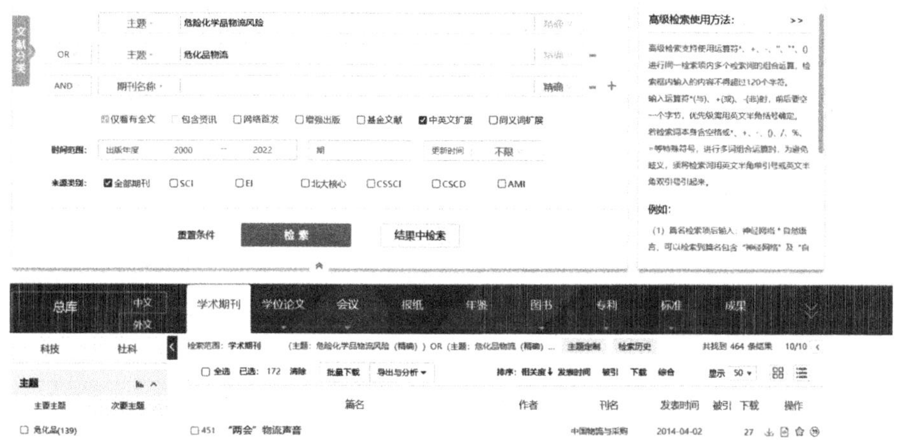

图 1-9　以"危险化学品物流风险"和"危化品物流"为主题词检索结果

（2）文本预处理。

首先需要对文献摘要的文本信息进行分词处理，经过文本预处理后，得到的部分结果如图 1-10 所示。

危险品，物流，现代，物流体系，重要，组成部分，特殊，行业，特性，危险品物流，巨大，市场，潜力，良好，发展，环境，取得，进展，实践，因素，限制，发展，水平，落后，普通，货物，物流，存在风险，安全，隐患，危险品，物流，保持，快速，增长，态势，加强，规范化，运作，参照，国际，风险，分析，框架，加强，危险品，风险管理。

图 1-10　国内数据文本预处理后的结果

（3）词频统计。

对摘要信息进行预处理后，就可以用 TF-IDF 算法进行词频统计并排序，得到排序后的部分词频统计结果如表 1-8 所示。

表 1-8　2000—2023 年危化品物流风险学科文献词汇 TF-IDF 值（部分）

词汇	TF-IDF 值
风险	0. 008664247
运输	0. 007610892
事故	0. 006764220

续表

词汇	TF-IDF 值
物流	0.006485984
安全	0.006470696
仓储	0.005803214
因素	0.005617272
管理	0.005583103
发展	0.005055341
发生	0.004632679
企业	0.004491764
危险	0.004479423
化学品	0.004312483
车辆	0.004263840
研究	0.004171148

其中，“风险”“运输”“事故”等词与“危化品”相联系，“管理”一词主要对应“危化品物流管理”，“企业”对应“危化品物流企业”，其均为危化品物流风险与危化品的交叉领域，其他词汇均是危化品相关词汇。可以看出危化品物流风险与危化品学科的交叉较为紧密。

2. 国外危化品物流风险文献词频统计

（1）国外数据来源。

国外数据来源于 Web of Science 收集到的危化品物流风险学科的文献数据集：以“Risk of hazardous chemical logistics” OR “Hazardous Chemicals Logistics” OR “Transport risks of hazardous chemicals” OR “Risk of hazardous chemical storage”为主题词进行检索，共检索到文献 411 篇，经过筛选，最后选择 42 篇文献导出，如图 1-11 所示。

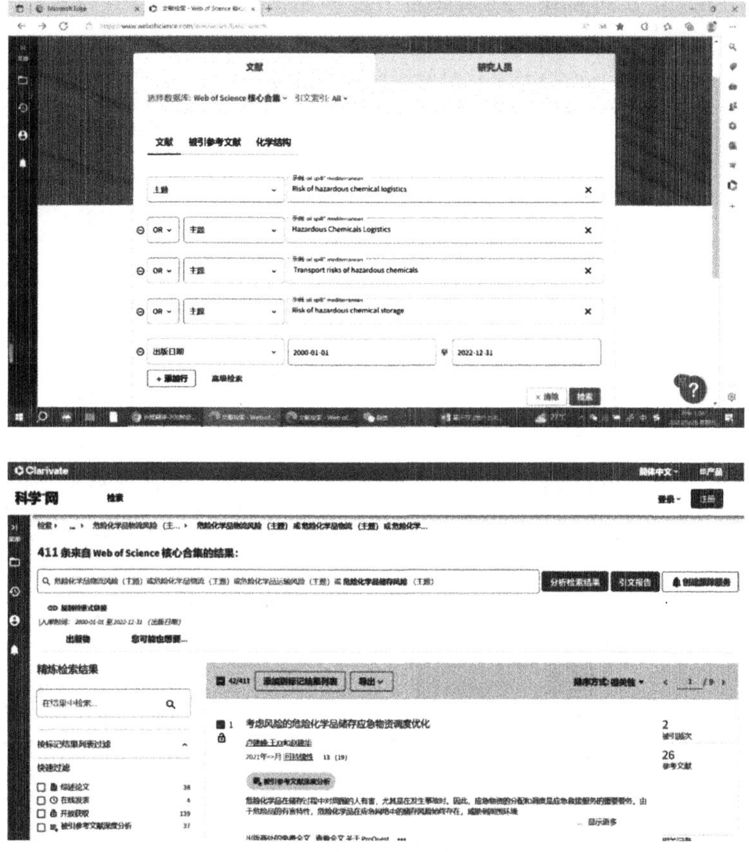

图 1-11　检索结果

（2）文本预处理。

经过文本预处理后，得到的部分结果如图 1-12 所示。

Hazardous,chemicals,harmful,storage,accident.allocation,scheduling,emergency,materials,emergency,rescue,services.harmful,characteristics,dangerous,goods,storage,risk,hazardous·,chemicals,emergency,networks,threatens,risk,hazardous,chemicals,storage,emergence,networks,collaborative,optimization,emergency· ,materials· ,allocation,· scheduling,risk· assessment,dangerous· goods· storage,cost,risk,solution,·method,epsilon-constraint.·model·,method.

图 1-12　国外数据文本预处理后的结果

（3）词频统计。

对摘要信息进行预处理后，就可以用 TF-IDF 算法进行词频统计并排序，得到排序后的部分词频统计结果如表 1-9 所示。

表 1-9　2000—2023 年危化品物流风险学科文献词汇 TF-IDF 值（部分）

词汇	TF-IDF 值
中毒	0.072558197
事故	0.064021939
企业	0.038413163
供应链	0.034145034
储存	0.029876905
管理系统	0.004268129
车辆	0.004268129
运输网络	0.004268129
集装箱	0.004268129
风险	0.004268129
风险管理	0.004268129

其中，“中毒”“事故”等词与“危化品”相联系，“风险”指的是“危化品物流风险”，“风险管理”主要指“危化品物流风险管理”，均为危化品物流风险与危化品的交叉领域。“管理系统”一词主要指“危化品物流管理系统”，“企业”指“危化品物流企业”，其他词汇均是危化品相关词汇。可以看出危化品物流风险与危化品的学科交叉较为紧密。

1.3　研究内容与研究框架

1.3.1　研究内容

本书首先识别物流运作过程中的风险因素，并对风险之间的耦合作用进行分析，在此基础上，对危化品运输流程进行融合风险因素的建模优化，并基于融合风险因素后的运输流程，通过过程挖掘发现实际运输过程存在的偏差以及风险问题，并提出相应的风险防控措施。本书主要从以下几个方面进行了研究。

1. 危化品物流风险因素识别

本部分研究危化品物流风险因素的识别方法。首先，研究基于扎根理论的危化品物流运作风险因素识别方法，通过扎根理论质化研究方法，分别对危化品运输事故和危化品仓储事故案例统计资料进行三级编码归纳分析，识别出危化品运输和仓储两个环节中的安全风险。然后，研究基于解释结构模型的危化品物流风险因素识别方法，应用解释结构模型构建影响危化品物流安全的结构模型，从事前预防、事中应急及事后改善三个维度总结和归纳影响危化品物流安全的因素。

2. 危化品物流风险耦合分析

本部分研究危化品物流风险耦合关系并进行仿真。首先，根据风险耦合涉及的因素数量，将液氨运输泄漏风险耦合划分为单因素耦合、双因素耦合及多因素耦合三种类型。然后，基于系统动力学对液氨道路运输风险耦合进行仿真研究。

3. 融合风险因素的危化品运输流程优化

对危化品运输流程进行融合风险因素的建模优化，通过马尔可夫链对运输流程进行性能分析，基于风险函数得到不同风险因素影响下的运输流程风险波动变化，并针对运输流程中的风险事故演化提出进一步的安全管理办法。

4. 融合风险因素的危化品运输风险挖掘

基于融合风险因素后的运输流程利用 Petri 网构建规范过程模型，利用 ProM 开源软件中的 α 算法插件、α+算法插件和启发式挖掘算法插件对物流事件日志进行挖掘处理，生成真实公司场景下的过程模型，然后对 Petri 网模型与 ProM 工具挖掘得到的实际过程模型进行偏差分析和风险分析，发现实际运输过程与规范运输流程之间存在的偏差以及风险问题，并提出相应的风险防控措施。

1.3.2　研究框架

从研究内容和目标出发，本研究将按照如下路线来展开，如图 1－13 所示。

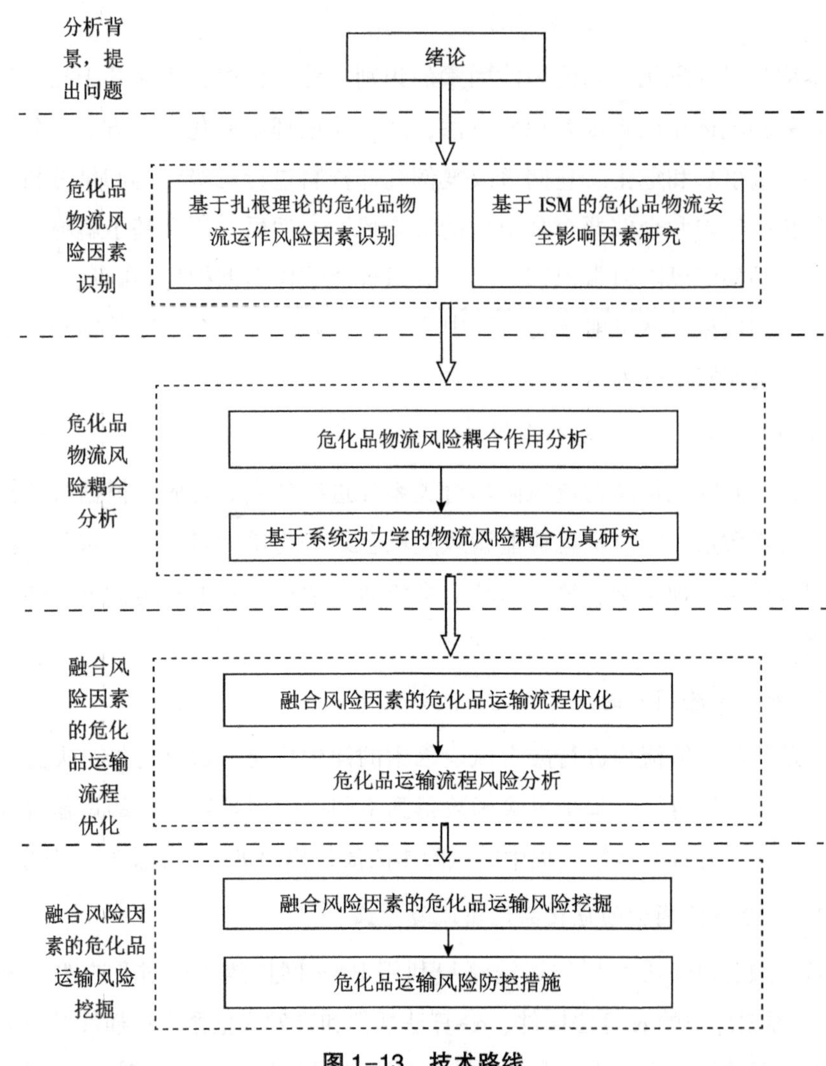

图 1-13　技术路线

◉ 本章参考文献

[1] 综合．国外如何管理危化品［J］．安全与健康，2015（9）：10.

[2] 李政禹．欧洲联盟重大化学危险源的立法管理［J］．现代化工，2001（8）：45-48.

[3] 王军，褚艳玲．基于模糊综合评价法的水路危险化学品运输风险评价［J］．大连

海事大学学报，2008，34（S1）：14-16.

[4] 赵伟峰，汪伟忠，张国宝，等. 危化品物流运输企业安全管理能力模型构建[J]. 中国安全生产科学技术，2016，12（7）：150-155.

[5] 桑海泉. 危险化学品生产储存运输安全监控系统研究与应用[J]. 中国安全生产科学技术，2010，6（6）：57-60.

[6] 郭健，胡金瑞. 多学科交叉的危化品运输安全保障技术及动态演示[J]. 安全与环境工程，2021，28（2）：80-85.

[7] 陈伟珂，张欣. 基于 Apriori 算法的易燃易爆危险化学品储运火灾爆炸事故关键致险因素的挖掘[J]. 火灾科学，2017，26（3）：133-139.

[8] 赵法刚，崔宏伟，耿彦峰，等. 地方综合性大学危险化学品管理模式的实践[J]. 实验室研究与探索，2020，39（8）：300-303.

[9] GARDNER M，COMBER S，SCRIMSHAW M D，et al. The significance of hazardous chemicals in wastewater treatment works effluents [J]. Science of the total environment，2012，437：363-372.

[10] SCOTT N B，POCOCK N S. The health impacts of hazardous chemical exposures among child labourers in low-and middle-income countries [J]. International journal of environmental research and public health，2021，18（10）：5496.

[11] SULTANA V，BALOCH G N，ARA J，et al. Seaweeds as an alternative to chemical pesticides for the management of root diseases of sunflower and tomato [J]. Journal of applied botany and food quality，2012，84（2）：162-168.

[12] YANG D，ZHENG Y，PENG K，et al. Characteristics and statistical analysis of large and above hazardous chemical accidents in China from 2000 to 2020 [J]. International journal of environmental research and public health，2022，19（23）：15603.

[13] SI H，JI H，ZENG X H. Quantitative risk assessment model of hazardous chemicals leakage and application [J]. Safety science，2012，50（7）：1452-1461.

[14] ROY N，MANNAN M S，HASAN M M F. Systematic incorporation of inherent safety in hazardous chemicals supply chain optimization [J]. Journal of loss prevention in the process industries，2020，68：104262.

[15] WANG Y P，ZHANG J G，WANG Y D，et al. A multi-objective evaluation method based on connection numbers theory of hazardous chemical accidents emergency medical rescue capability [J]. Hong kong journal of emergency medicine，2020，27（3）：

125-133.

[16] BAO C L, BI S G, ZHANG H, et al. Graphene oxide beads for fast clean-up of hazardous chemicals [J]. Journal of materials chemistry (A), 2016, 4 (24): 9437-9446.

[17] HOU J, GAI W M, CHENG W Y, et al. Hazardous chemical leakage accidents and emergency evacuation response from 2009 to 2018 in China: A review [J]. Safety science, 2021, 135: 105101.

[18] WANG B, WU C, RENIERS G, et al. The future of hazardous chemical safety in China: Opportunities, problems, challenges and tasks [J]. Science of the total environment, 2018, 643: 1-11.

[19] ZHAO L J, QIAN Y, HU Q M, et al. An analysis of hazardous chemical accidents in China between 2006 and 2017 [J]. Sustainability, 2018, 10 (8): 1-18.

[20] WANG B, LI D L, WU C. Characteristics of hazardous chemical accidents during hot season in China from 1989 to 2019: A statistical investigation [J]. Safety science, 2020, 129: 104788.

[21] ALRUKAIBI F, ALRUKAIBI D, ALKHEDER S, et al. Optimal route risk-based algorithm for hazardous material transport in Kuwait [J]. Journal of loss prevention in the process industries, 2018, 52: 40-53.

[22] AVEN T. Risk assessment and risk management: Review of recent advances on their foundation [J]. European journal of operational research, 2016, 253 (1): 1-13.

[23] ZHANG N, SHEN S L, ZHOU A N, et al. A brief report on the March 21, 2019 explosions at a chemical factory in Xiangshui, China [J]. Process safety progress, 2019, 38 (2): e12060.

[24] 鲍爱光，王明贤．危化品企业安全信用及信用制度的探讨 [J]．中国安全科学学报，2008，18 (12)：75-79，177.

[25] 田晓丹，陈振国，陈岑，等．基于文献计量的国内危险化学品信息化监管主题与热点分析 [J]．中国安全生产科学技术，2021，17 (7)：77-83.

[26] 刘家国，王军进，周欢，等．基于安全风险等级的港口危化品监管问题研究 [J]．系统工程理论与实践，2018，38 (5)：1141-1152.

[27] 魏淑艳，杨大瀚．中国地方政府安全生产的“监管空间”问题研究：基于31个危化品生产安全事故案例 [J]．东北大学学报（社会科学版），2017，19 (2)：

173-179.

[28] 刘建川，邓利民，侯映天. 危险化学品公共安全技术信息管理系统研究进展［J］. 中国安全生产科学技术，2011，7（11）：97-102.

[29] 郭健，胡金瑞. 多学科交叉的危化品运输安全保障技术及动态演示［J］. 安全与环境工程，2021，28（2）：80-85.

[30] 吕植勇，赵裕，易俊威，等. 基于系统动力学的内河危化品运输系统安全管理研究［J］. 安全与环境学报，2021，21（5）：2114-2120.

[31] 赵东风，张瑜，刘义，等. 基于免疫识别机理的危化品港区应急管理分析［J］. 中国安全生产科学技术，2016，12（8）：109-114.

[32] 陈璐，陈安. 提高应急管理的临机决策效率：基于天津危化品爆炸事件的分析［J］. 理论探索，2016（1）：80-84.

[33] 陈国华，张良，高子文. 社会化危化品应急救援队伍建设和服务模式探索［J］. 中国安全生产科学技术，2016，12（2）：9-14.

[34] 徐文星，边卫斌，王万红，等. 基于交通服务水平的危化品运输实时路径规划［J］. 化工学报，2018，69（3）：1136-1140.

[35] 邝仲平. 基于3G技术的高速公路危化品运输车辆监控系统［J］. 公路，2014，59（4）：171-174.

[36] 王欢欢，李润求，涂源原，等. 基于扎根理论与灰色关联的危化品道路运输事故致因分析［J］. 湖南科技大学学报（自然科学版），2022，37（1）：17-23.

[37] TASHEVA Y，PETKOVA-GEORGIEVA S. The bulgarian experience in environmental impact assessment when destroying containers used for hazardous chemical gas agents［J］. Journal of environmental protection and ecology，2021，22（4）：1431-1440.

[38] JONES C，GILEK M. Overview of programmes for the assessment of risks to the environment from ionising radiation and hazardous chemicals［J］. Journal of radiological protection，2004，24（4A）：A157-157.

[39] KIM H H，LY N H，JOO S W. On-site detection for hazardous materials in chemical accidents［J］. Bulletin of the korean chemical society，2021，42（1）：4-16.

[40] JUNG S，WOO J，KANG C. Analysis of severe industrial accidents caused by hazardous chemicals in South Korea from January 2008 to June 2018［J］. Safety science，2020，124：104580.

[41] MAGUIRE S，VAN DER VEGT R G，CRUMP D，et al. Chemical risk governance：

Exploring stakeholder participation in Canada, the USA, and the EU [J]. Ambio, 2022, 51 (7): 1698–1710.

[42] DEN BRAVER M W, SCHAKEL D J, HENDRIKS H S, et al. Monitoring and risk assessment of hazardous chemicals in toy–slime and putty in the Netherlands [J]. Regulatory toxicology and pharmacology, 2021, 125: 105000.

[43] YOO B, CHOI S D. Emergency evacuation plan for hazardous chemicals leakage accidents using GIS–based risk analysis techniques in South Korea [J]. International journal of environmental research and public health, 2019, 16 (11): 1948.

第2章

危化品物流风险因素识别

2.1 基于扎根理论的危化品物流运作风险因素识别

在危化品物流运作过程中，可能会发生一些重大的人身伤亡和财产损失事故，甚至会对环境造成严重的破坏。故合理辨识危化品物流运作安全风险，并通过扎根理论质化研究方法，分别对危化品运输事故和危化品仓储事故案例统计资料进行三级编码归纳分析，识别出危化品运输和仓储两个环节上的安全风险，对危化品物流运作风险管控具有重要意义。

2.1.1 相关理论与方法

2.1.1.1 物流运作的概念

物流运作是指企业为了满足顾客的服务需求，对物流工作计划进行设计，集中物流资源，完成采购、保管、运输、流通加工、信息交互等一系列工作，最后把货物及时、有效地送到顾客手里的整个流程。李严锋提出，现代物流的涵盖领域更加广泛，不仅限于提供仓储、配送、流通加工等服务，还扩展到了物流系统的运作规划和物流财务等各个层面，它覆盖了整个物流运营策略决策、产品生产、采购供应、产品配送和售后服务等各个环节。通俗地说，物流运作就是商流、物流、信息流和资金流协同运转的过程。

2.1.1.2 危化品物流运作的概念

危化品物流运作，就是针对危化品运输、储存、装卸搬运、包装、流通加工、配送以及信息处理等业务而进行的物流过程。与普通商品的物流不同，危化品物流是危化品供应链中承担着最大风险的环节，其物流对象多样、性质复杂、危险性高、危害性大，因此，有关部门专门出台的标准要求更高，执行更严的法律、法规，以促进危化品物流产业的健康发展。

近年来，随着国家及有关部门对危化品的监督体制越来越健全，科技对社会生产的促进作用越来越大，危化品物流运作也逐渐开始应用越来越多的新技术和新设备，不仅从技术上提高了整个产业的服务水平，还增强了危化品物流在供应链中的安全性。然而，由于其发展的时间比较短，再加上国内大环境的影响，危化品物流产业本身还存在一些问题，如资源不匹配、从业门槛低、员工素质不高等，这些都是危化品物流产业迫切需要解决的问题。

危化品作为一种特殊的货物，其物流运作也属于物流业中的一种特殊类型，相较于普通货物的物流，危化品物流不仅具有品类多、货物性质不同、危险性大及危害后果严重等特点，对专业技能的要求更高，对信息管理和监测的要求更严格。此外，据交通部统计，截至 2018 年，危化品的运输总量已经超过 16 亿吨，而危化品安全事故更是每年将近 5 万起。也有数据表明，危化品事故约一半概率发生在物流运作环节，其中运输环节发生的事故占 30% 以上，仓储环节发生的事故约占 10%。危化品的特性决定了它存在各种各样的危险，在运输、仓储时要综合考虑各种因素，利用专用的工具来降低供应链中各个环节的风险。因此，本章主要研究危化品物流运作过程中运输和仓储两个环节的风险因素识别。

2.1.1.3 扎根理论方法

扎根理论（Grounded Theory，GT）是一种基于实证数据构建理论的质性研究方法。进行扎根研究的前提，通常是先建立一个理论假设，从实际现象出发，再从原始资料中总结出一个经验观点，然后提升到一个体系。它是由下而上构建基本理论的一种方式，是通过系统地收集数据，找出能够体现事物性质的核心概念，再利用这些概念间的关联来构建相应的社会学理论。

扎根理论的首要任务就是在宏观与微观操作假说之间构建实质理论（也就是具体时间与空间上的理论），同时也不排除构建普遍意义上的形式理论。但是，构建形式理论的前提是构建实质理论，即先要存在实质理论，才有可能在各种相关实质理论的基础上构建出形式理论，其原因就在于：扎根理论把知识看作一种累积，它是先由事实到本质的理论，再到形式的理论。形式理论的建立，既要有丰富的数据资源，又要有实质性理论的支持。

逐步编码作为扎根理论的核心步骤，由开放性编码、主轴编码和选择性编码三个层面组成，在此基础上，对采集到的数据进行分解与概念化，之后提炼出概念与类别，并建立与实践相符的理论体系。本章通过“自下而上”归纳演绎的方式对危化品物流运作风险进行分析，以期帮助研究人员突破现有的理论假定，构建出更加符合现实和客观需要的危化品物流运作风险理论体系。

2.1.2　基于扎根理论危化品事故案例编码

本章主要研究危化品物流运作过程中的运输和仓储两个环节，故分别从运输和仓储两个方面进行扎根理论质性研究，不同作业环节得到不同的安全风险因素。

研究框架如图 2-1 所示。

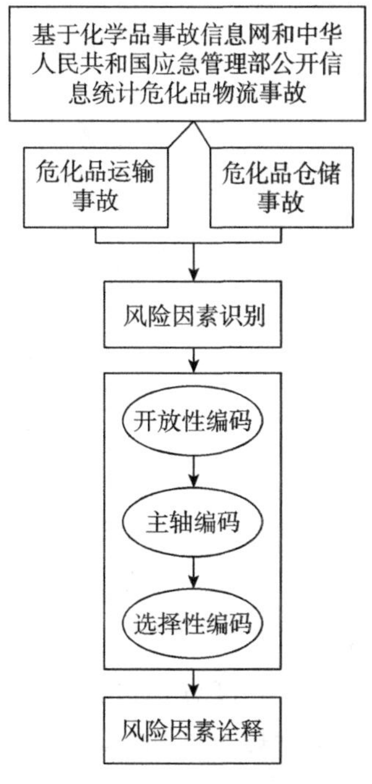

图 2-1　研究框架

2.1.2.1 危化品物流事故案例统计

为了保证所获得的资料的合理性和可行性，统计的事故案例均来自化学品事故信息网和中华人民共和国应急管理部公开信息，由于历史收集的事故数据资料具有一定的局限性，导致某些事故特征参量缺失，故从1978—2023年选取262起信息完整的危化品物流事故案例作为分析材料。部分事故案例如表2-1所示。

表2-1 危化品物流事故案例（部分）

序号	时间	地点	事故类型	事故原因	事故结果
1	1978/4/16	德国贝尔姆市瓦萨格化学化工厂	硝化甘油爆炸	工人运送操作失误	造成3人死亡、7人受伤
2	1981/8/1	辽宁省海城市化工厂	硫化氢中毒	在进行作业时未经置换和分析，未佩戴防护面具，盲目施救	造成5人死亡
3	1981/9/10	辽宁省彰武县石油公司油库	油罐爆炸	油罐注水时，将沉积的汽油注入，遇到明火发生爆炸	造成6人死亡
4	1984/3/31	河北保定石油化工厂	渣油罐焊接作业爆炸	该工厂违规运送温度过高的渣油，储罐内形成可燃性气体，员工违章进行焊接作业，遇火花引爆可燃性气体	造成16人死亡、6人受伤
5	2013/11/22	山东青岛中国石化东黄输油管道	管道泄漏爆炸	由于腐蚀变薄，管道发生断裂，导致原油渗漏。溢油在流动管道中掺入气体，使其达到爆炸临界值，现场处置人员利用水力破锤对地沟盖板钻孔破岩时，因冲击火花而触发了混气爆炸	造成62人死亡、136人受伤

因从危化品运输和仓储两个角度分别进行扎根理论编码，故将262起危化品事故案例分为危化品运输事故案例和危化品仓储事故案例，其中危化品运输事故案例115起，危化品仓储事故案例146起，部分事故案例见表2-2

和表 2-3。

表 2-2　危化品运输事故案例（部分）

序号	时间	地点	事故类型	事故原因	运作环节
1	1978/4/16	德国贝尔姆市瓦萨格化学化工厂	硝化甘油爆炸	工人运送操作失误	在运输作业过程中
2	1989/6/3	苏联乌德市	液化石油气管道泄漏	输送管道破损，导致液化石油气泄漏	在运输作业过程中
3	1997/7/18	河南省尉氏化工总厂	高压管道爆炸	设备问题，化学反应	在运输作业过程中
4	2000/1/27	广西石油公司贵港分公司	输油管线泄漏	油管焊接处出现裂缝，管道内汽油泄漏，一名外来务工人员好奇用打火机点燃，引起火灾	在运输作业过程中
5	2004/12/13	湖北省浠水县福瑞德化工公司	管道火灾爆炸	该公司相关部门变换工段变炉出口至热交换器的管道发生泄漏，引起火灾爆炸	在运输作业过程中

表 2-3　危化品储仓储事故案例（部分）

序号	时间	地点	事故类型	事故原因	运作环节
1	1981/8/1	辽宁省海城市化工厂	硫化氢中毒	在进行作业时未经置换和分析，未佩戴防护面具，盲目施救	在仓储作业过程中
2	1981/9/10	辽宁省彰武县石油公司油库	油罐爆炸	油罐注水时，将沉积的汽油注入，遇到明火发生爆炸	在仓储作业过程中
3	1985/5/9	山东德州石油化工厂	液氯钢瓶爆炸	操作工曾发现瓶内流出无色透明的粘稠液体，但未引起重视，将气瓶推到液氯充装平台上放置，随后被误充入液氯。由于瓶内残存的芳香烃与液氯发生剧烈化学反应，产生高温高压，导致气瓶超压爆炸	在仓储作业过程中

续表

序号	时间	地点	事故类型	事故原因	运作环节
4	1993/8/5	深圳市清水河危险物品储运公司	危化品仓库爆炸	干杂仓库被违章改作危化品仓库，危化品与杂物发生化学反应，着火爆炸	在仓储作业过程中
5	2003/4/17	山东省聊城市蓝威化工有限公司	化学品中毒	当地突然下了一场大雨，导致储存二氯异氰尿酸钠半成品的库房（改造后的库房）附近出现积水，雨水顺着库房的门槛流入库房，将储存在库房中的二氯异氰尿酸钠半成品浸泡其中，引发了强烈的化学反应和热量释放，从而引发自燃，生成有害的化学气体	在仓储作业过程中

2.1.2.2 基于扎根理论的危化品运输风险因素识别

本小节以危化品物流事故的统计数据为基础，对危化品物流运作风险的有关问题进行深入的研究，并对115起危化品运输事故案例进行初步的分类和标记，然后开始进行扎根理论研究。对危化品运输事故发生原因进行三级编码扎根分析，构建理论模型，并用于扎根理论饱和度检验。为了确保危化品物流运作风险辨识的严谨性和科学性，对危化品运输风险因素的识别应严格遵循扎根编码程序。

1. 开放性编码

开放性编码是进行扎根理论研究的首要步骤，首先需要对采集到的原始资料进行无序排列，通过重复的查询分析，对概念赋予新的意义，并不断提炼和整合原始数据。在编码过程中，先要摒弃脑海中预设的全部概念，对原文进行逐字、逐词和逐句的初步编码，提取与数据最为接近的概念，再对相似的概念进行深度压缩，得到相似概念的分类。因为所采集到的数据数量过多，故不能列出整个开放性编码流程，表2-4为代表性内容的开放性编码结果示例，所有编码过程都按照该模式进行。

表 2-4　代表性内容开放性编码结果

事故原因	概念化	范畴化
工人运送操作失误	运送操作失误	运送操作不当
输送管道破损，导致液化石油气泄漏	危化品运输管道破损	危化品运输管道破损
由于驾驶员躲避行人，操作不当，造成车辆侧翻	驾驶员躲避行人，操作不当	避险措施不当
管道长年腐蚀变薄，在压力作用下管道破裂，致使丙烯泄漏，遇火源发生爆炸	输送管道腐蚀变薄，遇火源爆炸	危化品运输管道腐蚀、物质反应
车辆存在运输安全隐患，不符合放行条件	车辆存在运输安全隐患，不符合放行条件	非法车辆、违规行为

对于同一事故原因语句可能包含多个概念的，分别划入多个概念，例如，“油管焊接处出现裂缝，管道内汽油泄漏，一名外来务工人员好奇用打火机点燃，引起火灾”，将其划入“运输管道零件破损”“物质反应”两个概念下。通过围绕危化品运输风险研究进行展开，依据人工编码，对所收集的事故发生原因进行重新整合与收敛，对 115 起典型事故案例进行分析，得到管理不当、非法驾驶、违规行为、高温天气、外部撞击等 39 个范畴，如表 2-5 所示。

表 2-5　运输风险概念范畴

范　畴							
运送操作不当	施救措施不当	避险措施不当	制动措施不当	操作不当	运输管道破损	物质反应	运输管道零件破损
管道零件质量缺陷	外部撞击	运输设备老化	运输管道被腐蚀	疲劳驾驶	轮胎起火	交通事故	运输设备零件松动
运输设备零件故障	非法车辆	违规行为	低温天气	大雨天气	超速驾驶	运输设备零件不牢	大雾天气
安全意识薄弱	未配备防护用品	高温天气	货物混装	管理不当	制动系统失效	责任意识不强	路面坑洼
轮胎爆裂	包装损坏	车辆超载	非法驾驶	路面结冰	运输设备失控	运输轨道断裂	

2. 主轴编码

主轴编码的目标是对开放性编码后获得的范畴进行结构、因果、功能和时间等方面的关联，之后进行归纳，并从中发现类别间的内在逻辑联系，进而提炼出更高级的主范畴。通过对39个开放性编码所获得的类别进行集成和分类，按照类别之间的属性和内部关系，将内容相似且关联程度高的类别进行归纳关联，获得10个主范畴，主轴编码结果如表2-6所示。

表2-6 主轴编码结果

主范畴	范　畴
操作不当	运送操作不当、施救措施不当、避险措施不当、制动措施不当、操作不当
自然天气	高温天气、大雨天气、低温天气、大雾天气
运输设备故障	运输管道破损、运输管道零件破裂、管道零件质量缺陷、运输设备老化、运输设备零件松动、运输设备零件故障、运输设备零件不牢、制动系统失效、运输设备失控
违法驾驶	疲劳驾驶、非法车辆、超速驾驶、车辆超载、非法驾驶
路面状况	路面坑洼、路面结冰
三方导致	外部撞击、交通事故、运输轨道断裂
车胎故障	轮胎起火、轮胎爆裂
管理不当	违规行为、未配备防护用品、货物混装、包装损坏
安全责任	责任意识不强、安全意识薄弱
危化品自身性质	物质反应、运输管道被腐蚀

物质反应、运输管道被腐蚀两个范畴提取出主范畴“危化品自身性质”，是指受危化品自身理化性质的影响，包括化学和物理性质。高温天气、大雨天气、低温天气、大雾天气4个范畴均包含“天气”一词，这4个范畴用“自然天气”进行归纳。运输管道破损、运输管道零件破裂、管道零件质量缺陷、运输设备老化、运输设备零件松动、运输设备零件故障、运输设备零件不牢、制动系统失效、运输设备失控这几个范畴均与危化品运输设备有关，故将此归纳为“运输设备故障”主范畴。轮胎起火、轮胎爆裂均与运输车辆的车胎状态有关，故将这两个范畴提取为主范畴“车胎故障”。运送操作不当、避险措施不当、制动措施不当、操作不当、施救措施不当这5个“不当

措施”范畴，故提取为主范畴“操作不当”。疲劳驾驶、超速驾驶、非法车辆、车辆超载、非法驾驶均是危化品运输过程中的非法违章驾驶行为，因此这几个范畴可以提取为“违法驾驶”。违规行为、货物混装、包装损坏以及未配备防护用品均以管理方面为主，因此可以将这几个范畴提取为主范畴“管理不当”。路面结冰、路面坑洼均是考虑危化品运输过程中路面的情况，故将这两个范畴提取为主范畴“路面状况”。责任意识不强、安全意识薄弱这两个范畴均指的是危化品运输中工作人员的安全技能和防范意识缺失，因此将以上两个范畴提取为主范畴“安全责任”。外部撞击、交通事故以及运输轨道断裂是指危化品运输事故的发生是由外部车辆等物体的碰撞导致，故将两个范畴提取为主范畴“三方导致”。主轴编码的内涵如表 2-7 所示。

表 2-7　主轴编码的内涵

主范畴	内　涵
危化品自身性质	危化品易燃、易爆、腐蚀等性质
自然天气	危化品运输过程中的天气、温度、湿度等状况
运输设备故障	危化品运输过程中所涉及的设备或设备零件出现问题
车胎故障	运输车辆车胎爆裂或起火
操作不当	危化品运输过程中出现的由驾驶员行为操作方面导致的问题
违法驾驶	运输过程中发生的违反法律、违反规章制度的状况
管理不当	运输过程中危化品货物乱放、混装超载等状况
路面状况	运输过程中道路路面、路基、构造物及附属设施等状况
安全责任	驾驶员对安全的重视程度、自觉意识、施救能力及专业技能
三方导致	运输过程中第三方碰撞或第三方故障情况

3. 选择性编码

在对原始资料、概念、范畴，特别是在类别之间对比研究的过程中，扎根理论进入第三个编码阶段——选择性编码。选择性编码是指选择核心编码，系统性地联系其他范畴，证实其相关性，并对尚未完备的概念加以补充。之后通过对主轴编码的主范畴进行归纳分析，并对比总结原始数据资料，深入比较范畴和主范畴，最后得到“危化品自身性质不稳定”“运输环境不稳定”“运输设备不稳定”“运输人员行为不稳定”“管理失误”5 个核心范畴，如表

2-8 所示。

表 2-8　选择性编码结果

核心范畴	主范畴
危化品自身性质不稳定	危化品自身性质
运输环境不稳定	自然天气、路面状况、三方导致
运输设备不稳定	运输设备故障、车胎故障
运输人员行为不稳定	操作不当、安全责任
管理失误	管理不当、违法驾驶

4. 理论饱和性检验

扎根理论中的理论饱和是指随着数据收集的不断发展，不再产生新的话题或理解，各相关概念类的性质以及它们之间的联系已经被探索、穷尽和界定，而仅仅依靠现有的数据已经无法发现新的特征，也无法对新的理论有更深刻的认识，这样使得新的理论更加完整和可信。此外，重新选取了 50 个危化品运输事故案例进行编码分析，并未生成其他范畴，由此可以得到以上理论框架达到饱和状态。

5. 危化品运输风险因素诠释

（1）危化品自身性质不稳定。

危化品类型繁多，其物理、化学性质各不相同，且具有易燃、易爆、腐蚀、毒害等危险性，如果危化品在运输过程中出现安全事故，不但会危及周围地区人民的生命健康和财产安全，而且会对周围的生态环境产生危害。除此之外，危化品还具有随周围环境温度变化而变化的特点，如果与外部火源或外部气压发生接触，极易发生火灾和爆炸事故。当前，部分危化品的包装质量达不到国家规定的要求，所以在运输过程中可能出现大量的破损事故。危化品长途运输是我国危化品运输的重要组成部分，在输送过程中，由于长期的振动，危化品的外包装会出现破损，从而引发危化品泄漏、爆炸、燃烧等事故。在运输过程中，危化品本身的物理和化学特性也会对运输设备造成损伤，如腐蚀破损等，从而引发危化品泄漏、爆炸和燃烧等危险事故。

（2）运输环境不稳定。

在危化品运输过程中，复杂的交通环境会加剧危化品运输风险，从而加大交通事故发生的概率。运输环境因子包括气象条件、交通条件、道路环境以及周围人群密度等。道路宽度、设计形状以及路面状况直接决定了运输环境的质量。在狭窄、陡峭、弯道多的路段，行车难度也会大大增加，不利于驾驶员进行危化品运输作业。当运输工具在多雨、多冰的道路上行驶时，极易发生侧滑、刮擦、碰撞等意外。危化品运输车辆行驶在人流、车流密集的区域时，存在较大的安全风险，很容易导致重大生命和财产损失。在雨、雪、雾等恶劣天气条件下，由于路面湿滑、结冰等，车辆制动性能会受到很大的影响；在大雾天气下，视线会变得很差，这会让驾驶变得更加困难，很可能会导致汽车相撞、翻车，引发危化品运输事故。在高温环境下，危化品的理化性质会随温度的升高而发生变化；在输送过程中，高温也会使装载危化品的储罐内部气压升高，易引发自燃、爆炸等事故。

（3）运输设备不稳定。

危化品在运输过程中，其车辆和设备的安全可靠与否，对运输的安全至关重要。运输工具和装备的新旧程度、磨损状况、使用的安全工艺等都会对危化品运输安全产生重要影响。如果运输车辆、管路设备、零部件存在老化、破损程度较高或轮胎出现故障，很可能对危化品运输的安全性产生不利的影响，极易引发交通事故。动力、轴距、制动和最小转向半径是危化品运输工具的主要参数，运输工具的性能越差，安全隐患就越大。因为危化品本身具有特殊的理化性质，所以对运输工具的要求也会更加严格，因此，要根据危化品的性质和形状，来选择合适的运输工具。

（4）运输人员行为不稳定。

运输人员作为运输危化品车辆的操作者，是危化品运输过程中最关键的影响因素。危化品运输与一般货运的运输作业流程有很大的区别，要求运输人员具备较强的体能和专业技术，因此，在上岗前，运输人员必须具备相应的资格和证书。除此之外，一些企业对运输人员进行的安全培训教育内容和学时有限，大多数情况下，都是将重点放在理论知识上，而忽视了实际操作培训、道德教育和心理疏导。在开展物流作业之前，运输人员需要对所载危化品的危险性有一个全面的了解，如果不能对其进行识别，就不能在突发事件中采取相应的应急措施，从而会增加事故的损失。在危化品运输过程中，若运输人员的素质不高、安全责任感不强，很有可能会出现疲劳驾驶、超速、闯红灯等不安全行为，使运输事故的发生率大大提高。

(5) 管理失误。

在危化品物流运作过程中，人与人的关系并不会直接引起危化品事故，但人与人之间关系的复杂性是间接影响危化品运输安全的必要因素。许多物流事故的发生大多是因为企业安全管理制度不健全，从而造成员工安全责任意识不强以及安全防范意识薄弱。危化品物流管理面临着两个主体的风险：政府和危化品企业。目前，我国的安全监管机构还存在一些问题，如法规不完善、安全监督力度不够、管理部门之间相互交叉等。危化品物流运作的法律、法规、标准体系和管理法规有很多，但是各个区域的标准并不一致。各个部门都有自己的职责，不健全的协作管理机制，有可能导致危化品管理工作做得不够好、相关标准存在局限性、未形成完善的体系、实际可操作性不高。除此之外，很多危化品企业只注重经济效益，却忽视了对员工的安全教育、技能培训、技术状态管理和对货物的有效管理，这就造成了相关的物流人员在工作中出现了超速、不按照相关规定进行作业、危化品货物乱放和混放等现象，同时还出现了使用违法车辆运输等问题，从而使事故的发生概率大大提高。

2.1.2.3 基于扎根理论的危化品仓储风险因素识别

本章通过对危化品仓储事故进行统计，对146起危化品仓储事故案例进行初步整理与标注，并进入扎根理论分析阶段。通过对危化品仓储事故发生原因进行扎根三级编码分析，得出仓储风险因素，并用于扎根理论饱和度检验。

1. 仓储风险开放性编码

通过对危化品仓储事故发生原因进行概念化及范畴化编码，得到以下编码结果，如表2-9所示。

表2-9 开放性编码过程

事故原因	概念化	范畴化
仓库员工违反安全规程，不合理地存放化学品发生火灾，在消防队员灭火过程中，该仓库又发生了二次爆炸	违反安全规程、不合理存放危化品	违规作业、仓库布局不合理

续表

事故原因	概念化	范畴化
油罐本身存在缺陷，遭受雷击，爆燃着火	危化品储罐本身存在缺陷、遭受雷击	危化品仓储设备质量缺陷、雷击天气
干杂仓库被违章改作危化品仓库，危化品与杂物发生化学反应，着火爆炸	干杂仓库被违章改作危化品仓库，危化品与杂物发生化学反应	非法改装、物质反应
库房过量存放化学品、厂房布局不合理、仓库与办公室混用，对职工随便吸烟无限制	危化品库房过量存放，布局不合理，仓库与办公室混用，对职工随便吸烟无限制	仓库过量存放、员工个人素质低
作业人员不按规定操作，未对罐内气体成分进行化验，未采取安全防护措施，直接进入储罐作业。施救人员在没有佩戴任何防护工具的情况下，盲目施救，导致爆炸事故扩大	违反操作规程、未对气体成分分析检测、未采取安全防护措施	违规操作、施救措施不当、安全意识薄弱

围绕危化品仓储风险展开研究，按照人工编码，对所收集事故的发生原因进行重新整合与收敛，对 146 起典型事故案例进行分析，得到仓储设备维护不及时、非法改装、违规行为、高温天气、物质反应等 30 个范畴，如表 2-10 所示。

表 2-10　仓储风险概念范畴

范　畴							
违规行为	施救措施不当	员工专业技能不熟练	物质反应	操作不当	员工责任意识不强	仓储设备零件质量缺陷	仓储设备功能不全
仓储设备破损	仓储设备故障	仓储设备维护不及时	雷击天气	仓储设备零件故障	非法行为	仓库过量存放	员工个人素质低
非法改装	仓储设备堵塞	高温天气	员工安全意识薄弱	货物混放	大雨天气	仓储设备被腐蚀	非法运营
仓储设备系统失效	仓储设备零件老化	仓储安全设施不完善	仓储设备零件装配错误	低温天气	仓库布局不合理		

2. 主轴编码

通过对开放性编码后获得的30个类别进行集成和分类，按照类别之间的属性和内部关系，对内容相似、关联程度高的类别进行归纳连接，获得了8个主范畴，如主轴译码结果如表2-11所示。

表2-11 主轴编码形成的主范畴

主范畴	范畴
制度执行	违规行为、操作不当、非法行为、非法改装、非法运营
自然天气	高温天气、大雨天气、低温天气、雷击天气
操作技能	员工专业技能不熟练、员工责任意识不强、员工个人素质低、员工安全意识薄弱
管理能力	施救措施不当、仓储安全设施不完善
维修保养	仓储设备维护不及时
设施设备	仓储设备零件质量缺陷、仓储设备功能不全、仓储设备破损、仓储设备故障、仓储设备零件故障、仓储设备堵塞、仓储设备系统失效、仓储设备零件老化、仓储设备零件装配错误
库存管理	仓库过量存放、货物混放、仓库布局不合理
化学反应	物质反应、仓储设备被腐蚀

违规行为、操作不当、非法行为、非法改装以及非法运营指的是现场员工存在操作不规范或者存在违反法律章程的现象，故将这几项范畴提取为主范畴“制度执行”。高温天气、大雨天气、低温天气、雷击天气均是自然天气，故提取为主范畴“自然天气”。而员工专业技能不熟练、员工责任意识不强、员工安全意识薄弱和员工个人素质低均能反映出该员工的操作技能不规范和不熟悉仓储工艺以及操作规程，故将此提取为主范畴“操作技能”。施救措施不当是指员工在施救时并未采取正确的救援行为，如未佩戴防护用品或盲目施救等。除此之外，仓储安全设施不完善指的是未设置必要的安全警示标识，而这两项均是由上级管理不严格导致的，因此将它们提取为主范畴“管理能力”。仓储设备维护不及时是指未对设备进行定期、及时的维护修复工作，因此将该项范畴提取为主范畴“维修保养”。仓储设备零件质量缺陷、仓储设备破损、仓储设备系统失效以及仓储设备零件故障等都是仓储设备设施出现问题，因此将这几项提取为主范畴“设施设备”。而仓库过量存放、货

物混放以及仓库布局不合理均与仓库管理有关，故将这三项提取为主范畴“库存管理”。物质反应和仓储设备被腐蚀都是由危化品自身的理化性质导致的，故提取为主范畴“化学反应”。主轴编码的内涵如表 2-12 所示。

表 2-12　主轴编码的内涵

主范畴	内　涵
操作技能	不熟悉仓储工艺以及仓储操作规程
管理能力	制度缺失、警示标识不完善、未佩戴防护用品或佩戴不到位等
制度执行	仓储中发生的现场操作不规范、习惯性非法违章的状况
维修保养	仓储设备维修不及时，保养不到位
设施设备	危化品仓储中所涉及的设备或设备零件出现问题
库存管理	仓库内危化品乱放、混放，以及布局不合理等
化学反应	危化品易燃、易爆、腐蚀等性质
自然天气	危化品仓储过程中的天气、温度、湿度等状况

3. 选择性编码

采用基于主轴编码的选择性编码方法，从主范畴中发掘出核心范畴，并对它们之间的逻辑关系进行系统性的分析。通过对主轴编码得出的主范畴进行归纳分析，并对比总结原始数据资料，深入比较范畴和主范畴，最后得到“操作标准不规范”“设施设备不稳定”“库存管理不高效”“自然条件不可控”4 个核心范畴，如表 2-13 所示。

表 2-13　选择性编码结果

核心范畴	主范畴
操作标准不规范	操作技能、制度执行、管理能力、维修保养
设施设备不稳定	设施设备
库存管理不高效	库存管理
自然条件不可控	化学反应、自然天气

4. 理论饱和性检验

此外，重新选取了 50 个危化品仓储事故案例进行逐级编码，结果发现未生成其他范畴，由此可以得到以上理论框架处于饱和状态。

5. 危化品仓储风险因素诠释

（1）操作标准不规范。

在危化品仓储作业中，规范操作是确保仓储作业品质与效率的关键。在仓储工作中，操作标准不规范是指工作人员未能很好地掌握操作方法和程序，容易产生不规范的操作行为。另外，在长期的工作中，员工的安全意识、责任意识淡薄，容易造成员工忽略作业规程的重要作用，从而产生粗心大意等现象。在繁杂、严谨的工作氛围中，员工也会因工作压力或时间紧迫，而忽视了作业规程。企业的管理与操作人员的职业素养较低，缺少所需的危化品专业知识与训练，对危化品的危险性没有足够的认识，也会导致违章指挥、违章作业现象时有发生。除此之外，还存在管理方面的规章制度不完善、安全培训落后、隐患整改不力、设备安全检查和检修不到位等原因。

（2）设施设备不稳定。

在危化品仓储设备方面，我国企业普遍采用的仓储设备有两种：一种是储罐，用于储存液体、气体等危化品；另一种是仓库，用于储存各种有害化学物质，如固态钢瓶、液态钢瓶等。对于设备因素，多为设备发生故障，导致储罐破裂形成泄漏源，最常见的因素为腐蚀、安全附件缺失，以及储罐与管道接头处连接不紧密进而导致泄漏。另外，也有作业人员误开阀门、液位检测不准、储存过量造成储罐超压、违规维修等因素。

（3）库存管理不高效。

未按照规定设置专门的仓库，将不同性质的危化品随意混放；库房里存放危化品，但没有明确的安全标识，也没有安全技术说明；危化品的维护不到位等都是企业危化品库存管理不高效的直接表现。由于危化品未按照分类、分开、分区的仓储原则进行储存，危化品之间发生反应从而导致仓储失效，或者危化品本身具有腐蚀性，对包装物进行腐蚀发生泄漏，导致仓储失效。如果危化品仓库不能满足仓储要求，如存在通风不良、静电防护不到位、地面湿滑等情况，就会使危化品仓库达不到高效管理的标准，这就增加了危化品仓储事故发生的概率。

（4）自然条件不可控。

极端天气包括雨雪导致的低温以及炎热导致的高温等，是导致危化品仓储意外事故的主要原因之一。另外，危化品本身的理化性质也是导致仓储事故的重要原因。从原料、中间产物、成品到副产品，危化品的类型非常多，以危险化学原料为主要成分的危险源都存在于危化品的仓储过程中，各种具有易燃性、易爆性、毒性等特点的危化品都非常危险，这是仓储事故发生的间接因素，并且决定着仓储事故后果的严重程度。

2.1.2.4　小结

本章以事故统计数据为依据，采用扎根理论定性研究方法，以危化品运输事故案例和危化品仓储事故案例为基础材料，采用三级编码方法，分别对危化品运输风险和仓储风险因素进行辨识，识别出风险因素。

基于扎根理论的危化品运输风险因素包括：

（1）通过开放性译码得出管理不当、非法驾驶、违规行为、高温天气、外部撞击、疲劳驾驶、轮胎起火、非法车辆、制动措施不当等39个范畴。

（2）通过主轴译码提取出操作不当、违法驾驶、运输设备故障、自然天气、路面状况、三方导致、车胎故障、管理不当、危化品自身性质、安全责任10个主范畴。

（3）通过选择性译码归纳出“危化品自身性质不稳定”“运输环境不稳定”“运输设备不稳定”“运输人员行为不稳定”“管理失误”5个因素作为核心范畴，整理分析出大致范畴和概念，并通过了饱和性检验。

基于扎根理论的危化品仓储风险因素包括：

（1）通过开放性译码得出仓储设备维护不及时、仓库过量存放、货物混放、非法改装、仓库布局不合理、员工专业技能不熟练、员工个人素质低等30个范畴。

（2）通过主轴译码提取出制度执行、自然天气、操作技能、管理能力、维修保养、设施设备、库存管理、化学反应8个主范畴。

（3）通过选择性译码归纳出“操作标准不规范”“设施设备不稳定”“库存管理不高效”“自然条件不可控”4个因素作为核心范畴，整理分析大致范畴和概念，并通过了饱和性检验。

2.2 基于ISM的危化品物流安全影响因素研究

危化品具有腐蚀性和放射性等特性，是对人体、设备及环境有潜在危害的化学物质。具有易燃、易爆、毒害等特殊性质，使其在物流运输过程中存在着巨大的安全风险，一旦发生危化品安全事故，事故发生地周围的人民生命财产及社会公共安全将会受到不可避免的负面影响。据统计，我国八成以上的危化品涉及物流运输，该类型事故不同于一般运输事故，具有不可预知性、时间紧迫性和极高危险性，危化品安全事故往往会带来燃烧、爆炸甚至更严重且不可估量的后果，引发经济损失、造成人员伤亡、导致环境污染等一系列社会问题。目前，我国各类企业和机构的危化品需求量大幅增加，由此危化品事故量也随之增加。因此，分析危化品物流安全的影响因素及其层次关系，并据此提出合理的管控策略，减少危化品运输事故率，提升危化品物流安全，对于现实应用有重要的理论意义。Zografos 等建立了一个决策支持系统，为危险货物运输路径选择和应急反应设施选址提供决策支持。李俊韬和刘丙午在借鉴国外危险品物流管理的基础上，提出了制定法规政策、严格流程管理、责任标准化、管理信息化等风险控制管理方法。肖亮在构建危化品风险评价指标体系时，认为危化品数量和种类、人员管理、应急预案等是重要的安全管理因素。冯树民和殷国强从规划层面考虑了基于周边人口与财产危险品路径规划问题。种鹏云和帅斌研究了恐怖袭击下运输环境变化对危化品物流的影响，测度了运输环境变化与风险对应的指数关系。Fabiano 等根据危险货物运输事故统计数据，充分考虑了公路运输状况、天气条件等因素的影响，构建了基于事故现场的危化品运输过程风险评估、事故概率估算以及死亡人数评估模型。任常兴等基于危化品自身特点以及相关风险因素构建了危化品现实风险分级指数法。但很少有研究者将数字技术水平的影响加入影响因素的研究当中，因此，基于相关学科物流、供应链、数据分析等方面的知识，对危化品物流安全方向进行研究和探索，本节将危化品的物流安全作为研究对象，明确制约其服务水平的各类因素，利用解释结构模型（ISM）建立危化品物流安全影响因素的结构模型，分析各因素之间的结构关系，最后计算各因素的权重，分析不同指标对危化品物流运输安全的影响程度，从而采取有针对性的措施进行改善，以提升危化品物流安全性和应急管理能力。

2.2.1　解释结构模型方法

2.2.1.1　概念

解释结构模型方法是现代系统工程中应用广泛的一种用于分析和解决复杂多因素问题的静态分析方法，可以得到要素之间的复杂相互关系和层次。它的基本思想是通过将系统变量层级分解的方法，把复杂的系统分解为若干个子要素，基于数学计算，将系统构造成一个多层级的结构模型，从而把错综复杂的因素关系转化为直观明晰的图示结构。这种方法可以克服运用简单方法处理因素相互关系时的局限性，适用于分析多变量、复杂关系和不明确结构的系统，该模型实际上是用节点和有向连接边构成的有向连接图来描述的一个系统结构。

2.2.1.2　具体操作步骤

1. 影响因素指标体系的构建

通过调查或者技术手段找出问题的组成要素或影响因素，确定危化品物流安全影响因素指标体系，要素应较为精炼，且没有冗余重复的要素。

2. 建立邻接矩阵 $\boldsymbol{A}$

邻接矩阵描述的是因素之间的两两因果关系。邻接矩阵的值只能为 0 或 1，从行的方向看，如果值为 1，则代表行名的元素对列名的元素有影响，要素自身的因果关系则无须判断，故对角线的值固定为 0。其中，因果关系的判断可以根据 ISM 小组讨论结果或者采用德尔菲方法确定。

3. 计算可达矩阵 $\boldsymbol{M}$

邻接矩阵代表要素之间的直接关系，而可达矩阵代表要素之间的传递是否会带来间接的影响关系，可达矩阵的每一行为该要素能够到达的情况。先将邻接矩阵 $\boldsymbol{A}$ 加上单位矩阵 $\boldsymbol{I}$ 获得新矩阵，依据布尔运算法则对新矩阵进行幂次方运算，直到式（2-1）成立为止：

$$\boldsymbol{M}=(\boldsymbol{A}+\boldsymbol{I})n+1=(\boldsymbol{A}+\boldsymbol{I})n\neq(\boldsymbol{A}+\boldsymbol{I})n-1 \tag{2-1}$$

其中，矩阵 $\boldsymbol{M}$ 中的元素 mij 为 1，表示因素 Si 和因素 Sj 之间存在可以到达的路径；如果元素 mij 为 0，则表示因素 Si 和因素 Sj 之间不存在可以到达的路径。

4. 可达矩阵的层级分解

根据可达矩阵 $\boldsymbol{M}$，归纳整理各个影响因素之间的影响关系和被影响关系，其中影响关系称为可达集，用 R（Si）表示；被影响关系称为先行集，用 Q（Si）表示。则式（2-2）和式（2-3）

$$R(Si)\cap Q(Si) = Z(Si) \tag{2-2}$$

$$R(Si) = Z(Si) \tag{2-3}$$

为确定最高等级要素的条件，在确定最高等级要素之后，从表中删除该要素，然后根据判断条件确定下一级要素，直到最后一级要素被划分出来。

5. 构建解释结构模型

根据上述矩阵分析结果，明晰各要素之间的联系，构建一个多级递阶结构模型。

2.2.2 模型构建

2.2.2.1 危化品物流安全影响因素指标体系的构建

通过对文献的梳理，按照事前预防、事中应急、事后改善的逻辑总结出多个影响危化品物流安全的因素，并对其进行提取和精炼，最终归纳出 12 个方面的影响因素，如表 2-14 所示。

表 2-14 危化品物流安全影响因素

影响因素	影响因素文献参考来源	逻辑位置
自然条件	危化品交通运输安全风险管理策略探讨	事前预防
作业人员素质	危化品交通运输安全风险管理策略探讨	
信息采集能力		
数据传输能力		
感应技术水平		
应急管理能力	基于 ISM 和 MICMAC 模型的危化品物流风险影响因素研究	事中应急
路况信息	重特大危化品道路运输事故原因与预防	事后改善
法规制度	基于 ISM 的危险品物流风险影响因素研究	
危化品理化性质	危化品公路运输事故致因分析及安全管理对策	
运输设备设施	危化品公路运输事故致因分析及安全管理对策	
风险预警	风险控制视角下的危险品物流管理策略研究	
实时监管系统	风险控制视角下的危险品物流管理策略研究	

将上述影响因素分别以 $S1 \sim S12$ 命名，且概念如下：

$S1$ 自然条件：自然天气条件。恶劣天气会使驾驶员的视线模糊，影响运输安全；不可抗的自然灾害，一旦发生，将造成整个危化品运输系统瘫痪。

$S2$ 作业人员素质：作业人员是指各个环节中参与作业的所有人员，其素质包括安全责任意识、专业技术能力、心理生理素质、规范作业程序、人员疏散和路径规划能力以及避免安全事故的能力，若作业人员的上述能力不足，将会增加事故损失。

$S3$ 信息采集能力：包括危化品数据和车载信息的采集。

$S4$ 数据传输能力：信号接收和发送的及时性以及准确性。

$S5$ 感应技术水平：碰撞感应系统、温度传感器、液位传感器、湿度传感器、罐体压力/流量变送器等方面。

$S6$ 应急管理能力：应急救援设备、应急资源配置、应急反应以及合理配置资源的能力；制定应急预案，加强应急反应能力有助于预防事故发生且减少事故损失。

*S*7 路况信息：主要包含运输路况、交通状况、沿途人员和财产密度等，非良好的运输路况会影响危化品的理化性质，交通状况不仅影响物流安全的不确定性，还会决定事故发生的潜在影响范围。

*S*8 法规制度：安全管理规程和体系、经济补贴和惩罚、危化品物流行业标准，规章制度是指企业或集体为了保证正常活动，保障活动各环节安全有序进行而制定的具有指导性与约束性的文字规范。

*S*9 危化品理化性质：主要是指物流主体——危化品的物理性质和化学性质，这些物品本身的不安全特性正是引发事故的内在因素。

*S*10 运输设备设施：物流运作过程中将危险、有害因素控制在安全范围内，以及减少、预防和消除潜在危险所配备的设施，投入费用购买的各种作业设备和运输设施。

*S*11 风险预警：包括风险评估、风险计算和动态报警。

*S*12 实时监管系统：基于计算机信息技术的实时定位系统，危化品状态检测。

2.2.2.2 危化品物流安全影响因素 ISM 模型构建

（1）对 12 个因素建立 12×12 方形矩阵表示其逻辑关系，建立邻接矩阵 ***A***，如表 2-15 所示。邻接矩阵是一个布尔矩阵，表示危化品物流安全系统中各个因素之间的关系，***A*** 中默认的元素为 0。

表 2-15 危化品物流安全影响要素邻接矩阵

	*S*1	*S*2	*S*3	*S*4	*S*5	*S*6	*S*7	*S*8	*S*9	*S*10	*S*11	*S*12
*S*1	0	0	0	0	0	1	1	0	1	0	1	0
*S*2	0	0	0	0	0	1	0	0	0	0	0	0
*S*3	0	0	0	0	1	0	0	0	0	0	1	0
*S*4	0	0	0	0	1	0	0	0	0	0	1	0
*S*5	0	0	0	0	0	1	0	0	0	0	1	0
*S*6	0	1	0	0	0	0	0	0	0	0	0	0
*S*7	0	0	0	0	0	0	0	0	0	0	0	0
*S*8	0	1	0	0	0	0	0	0	0	0	0	0
*S*9	0	0	0	0	0	0	0	0	0	0	0	0

续表

	S1	S2	S3	S4	S5	S6	S7	S8	S9	S10	S11	S12
S10	0	0	1	1	0	1	0	0	0	0	0	0
S11	0	0	0	0	0	1	0	0	0	0	0	0
S12	0	1	0	0	0	1	0	0	0	0	1	0

（2）建立可达矩阵 **M**，如表 2–16 所示，矩阵采用布尔代数算法，计算逻辑为（**A**+**I**）*n*=（**A**+**I**）*n*+1=**M**。

表 2–16　危化品物流安全影响要素可达矩阵

	S1	S2	S3	S4	S5	S6	S7	S8	S9	S10	S11	S12
S1	1	1	0	0	0	1	1	0	1	0	1	0
S2	0	1	0	0	0	1	0	0	0	0	0	0
S3	0	1	1	0	1	1	0	0	0	0	1	0
S4	0	1	0	1	1	1	0	0	0	0	1	0
S5	0	1	0	0	1	1	0	0	0	0	1	0
S6	0	1	0	0	0	1	0	0	0	0	0	0
S7	0	0	0	0	0	0	1	0	0	0	0	0
S8	0	1	0	0	0	1	0	1	0	0	0	0
S9	0	0	0	0	0	0	0	0	1	0	0	0
S10	0	1	1	1	1	1	0	0	0	1	0	0
S11	0	1	0	0	0	1	0	0	0	0	1	0
S12	0	1	0	0	0	1	0	0	0	0	1	1

（3）分解各因素之间的关系。*R*（*Si*）表示可达矩阵的可达集合，*Q*（*Si*）表示可达矩阵的前因集合，*Z*（*Si*）表示可达集合与前因集合的交集，根据 *R*（*Si*）=*Z*（*Si*）这一条件进行层级的分解，结果如表 2–17 所示。

表 2–17　危化品物流安全影响要素的可达集、先行集和层级

构成要素	可达集	先行集	交集	层级
S1	S1、S2、S6、S7、S9、S11	S1	S1	3
S2	S1、S6	S1、S2、S3、S4、S5、S6、S8、S10、S11、S12	S1、S6	1

续表

构成要素	可达集	先行集	交集	层级
S3	S2、S3、S5、S6、S11	S3、S10	S3	4
S4	S2、S4、S5、S6、S11	S4、S10	S4	4
S5	S2、S5、S6、S11	S3、S4、S5、S10	S5	3
S6	S2、S6	S1、S2、S3、S4、S5、S6、S8、S10、S11、S12	S2、S6	1
S7	S7	S1、S7	S7	1
S8	S2、S6、S8	S8	S8	2
S9	S9	S1、S9	S9	1
S10	S2、S3、S4、S5、S6、S10	S10	S10	5
S11	S2、S6、S11	S1、S3、S4、S5、S11、S12	S11	2
S12	S2、S6、S11、S12	S12	S12	3

（4）建立危化品物流安全影响因素的解释结构模型。

将危化品物流安全影响因素分为三层，第一层为表层因素，包含第一级因素——作业人员素质、应急管理能力、路况信息和危化品理化性质；第二层为中间层因素，包含第二层级因素——法规制度和风险预警；第三层为深层因素，包含第三、第四和第五层级因素——自然条件、感应技术水平、实时监管系统、信息采集能力、数据传输能力和运输设备设施，如图 2-2 所示。

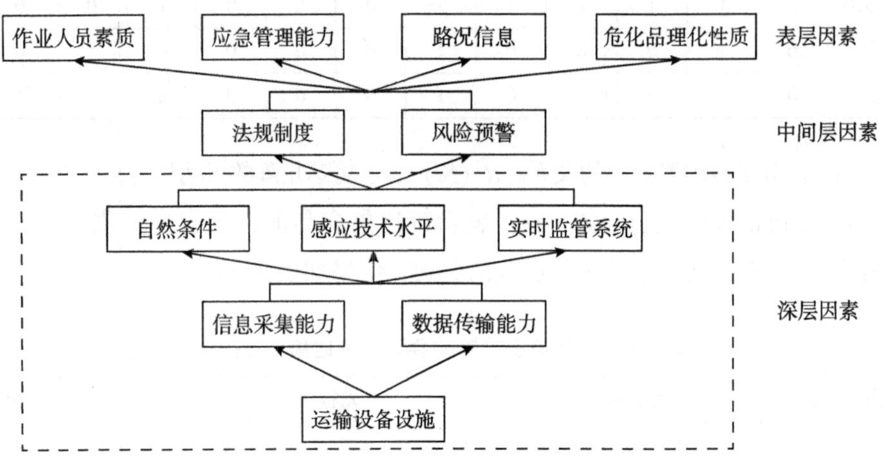

图 2-2　危化品物流安全的解释结构模型

2.2.2.3　危化品物流安全影响因素权重的确定

比例标度及其含义如表 2-18 所示。

表 2-18　比例标度及其含义

标　度	定　义
1	表示因素 i 与 j 相比，同等重要
3	表示因素 i 与 j 相比，前者比后者略显重要
5	表示因素 i 与 j 相比，前者比后者明显重要
7	表示因素 i 与 j 相比，前者比后者强烈重要
9	表示因素 i 与 j 相比，前者比后者极端重要
2，4，6，8	表示上述判断的中间值
1~9 的倒数	表示因素 i 与 j 比较的标度值等于 i 与 j 比较的标度值的倒数

首先，构造表层因素、中间层因素和深层因素的判断矩阵，运用 Matlab 软件计算出各个元素的权重系数 Wi，并进行一致性检验，以确保权重系数的合理性。各层因素判断矩阵及计算结果如表 2-19、表 2-20、表 2-21 所示。

表 2-19　表层因素判断矩阵及计算结果

变量	S2	S6	S7	S9	Wi
S2	1	1/3	3	1/3	0.1303
S6	3	1	5	1/5	0.2335
S7	1/3	1/5	1	1/7	0.0526
S9	3	5	7	1	0.5836

表 2-20　中间层因素判断矩阵及计算结果

变量	S8	S11	Wi
S8	1	1/2	0.3333
S11	2	1	0.6667

表 2-21　深层因素判断矩阵及计算结果

变量	S1	S3	S4	S5	S10	S12	Wi
S1	1	1/4	1/4	1/5	1/8	1/6	0.0321

续表

变量	S1	S3	S4	S5	S10	S12	Wi
S3	4	1	1	1/2	1/3	1/2	0.1081
S4	4	1	1	1/2	1/3	1/2	0.1081
S5	5	2	2	1	1/2	1/3	0.1643
S10	8	3	3	2	1	2	0.3372
S12	6	2	2	3	1/2	1	0.2501

运用 Matlab 软件计算出各因素权重，并按权重进行排序，排序结果如表 2-22 所示。

表 2-22　各因素权重排序

序号	变量	Wi	序号	变量	Wi
1	S11	0.6667	7	S5	0.1643
2	S9	0.5836	8	S2	0.1303
3	S10	0.3372	9	S3	0.1081
4	S8	0.3333	9	S4	0.1081
5	S12	0.2501	11	S7	0.0526
6	S6	0.2335	12	S1	0.0321

排在第一的是风险预警。作为中间层因素中权重最高的因素，风险预警直接影响危化品的物流安全，应不断提升风险评估和风险计算能力，提升动态报警的及时性，从而提升应急反应管理水平。

排在第二的是危化品理化性质。作为表层因素中权重最高的因素，物流对象皆为如黄磷、乙酸乙酯和硫酸等具有易燃性、易爆性或腐蚀性的化学物品，上述物品的不安全特性正是其物流过程中产生安全风险的内在原因。

排在第三的是运输设备设施。作为深层因素中权重最高的因素，设备正常、未老化是保证危化品物流安全的前提，应该通过提高运输设备设施的有效性来减小事故发生率。

排在第四的是法规制度。一套健全且完善的法律及企业规章制度是企业或整个行业的经营活动规范化、制度化、标准化的基础，应通过不断完善法规制度，尽可能地避免人对于物的不安全行为。

2.2.2.4　影响因素的层级、权重划分结果分析

由上述建立的解释结构模型可以看出，影响危化品物流安全的因素可以分为五级，清晰地体现了各影响因素之间的关系。危化品物流安全主要受风险预警、危化品理化性质、运输设备设施、法规制度的影响，并且风险预警所占权重远大于其他因素。下面根据各因素之间的影响关系，从表层、中间层和深层三个层次对模型结构进行分析。

表层因素包括作业人员素质、应急管理能力、路况信息、危化品理化性质四个方面。作业人员安全责任意识受到生理心理素质、制度和培训情况、专业技术能力的影响，物流从业人员专业技术能力的不足和安全责任意识的缺失会直接加大危化品物流安全事故的损失，作业人员的不当操作还会通过影响物流设备和安全设施而产生安全风险。沿途人员财产密度越大，造成的潜在安全风险就越大。应急预案制定得越完善，就越能在事故中快速反应，有效减少事故损失，既要在危化品物流规划过程中规避人口密集区，也要在应急管理中及时对事故地区的人员进行疏散。及时有效地采取应急救援措施对于安全事故发生后控制事故后果、减少人员伤亡、避免损失过大具有积极意义。

中间层因素包括法规制度和风险预警两个方面，它们通过影响表层因素间接影响危化品物流安全。健全的法规制度在不同环节都有极高的掌控力，能够最大限度地降低危化品物流安全风险。作业程序的合理优化可以极大地降低危化品物流安全事故的发生率。法规制度和风险预警也影响着作业人员的素质以及应急管理能力。

深层因素包括信息采集能力、数据传输能力、自然条件、感应技术水平、运输设备设施和实时监管系统六个方面。设备设施的缺乏、老化和不完善都会影响作业人员的安全行为，从而导致危化品物流事故的发生。天气条件影响着道路交通状况以及危化品理化性质，若出现雨、雪、浓雾等天气会影响驾驶员的视野，雨、雪等也会使道路与轮胎之间的摩擦力变小，进而导致交通事故的发生。高温和低温等极端天气条件将直接影响危化品的稳定性，从而降低危化品物流安全性。近年来数例危化品运输过程中出现的安全问题表明应该完善危化品物流安全检测系统，这些事故的发生都是有迹可循的，其

运输过程的危险性给物流工作带来了一定的难度，建立和完善安全监测系统，有助于作业人员及时准确地做出反应，降低事故发生率，减少多方人员的经济损失和时间成本消耗。当危化品安全监测系统不够完善时，作业人员容易处于被动状态，无法避免潜在危险。

2.2.3 小结

基于上述分析，危化品物流安全应从以下几个方面加以改进。

(1) 提升风险预警能力。应该在事故发生前预防和规避潜在危险，以便让作业人员及时应对，即控制运输路径，使其尽量远离人口聚集区和城市中心；风险预警对于规范作业程序、纠正危险状态下的货物运输路线有良好的监督作用。

(2) 完善法规制度。相关法律法规和政策制度是控制危化品物流安全风险的基础，主要用于规范各相关利益主体的权利、职责和义务。其影响因素众多，针对危化品的理化性质，制定安全物流运输方案和事故发生时的应急预案，从源头加强对危化品的管理，规范危化品物流作业程序，减少物流过程中由人为因素造成的危化品事故。

(3) 加强应急管理能力。当地政府应提前了解应急物资需求，做到需求与供给相吻合，企业应与运输过程中的各部门做好协调工作，实现信息的共建共享并保证其实时性，提高工作效率，使救援工作高效运转；应急管理组织的构建要以提供突发性灾难事件所需物资为目标，保证其灵活调度、合理组织运输与配送；应急配置也直接影响应急救援的快速响应，应结合现有应急资源设施有效减小安全风险及其破坏范围。

(4) 提升作业人员素质。应对全体作业人员进行安全教育和技能培训，危化品物流过程所有相关人员都应熟悉危化品的理化性质及物流相关规章和操作，并通过真实案例讲解、考试等形式不断加强人员安全素质。

(5) 详细了解路况信息。可能途经路段的沿途人员财产密度越大，潜在的安全风险就越大，直接关系着事故的影响范围。危化品事故损失通常用受影响的人口和财产来衡量，在事前规划运输路线时，应尽量避开人员密集区和城市商业区，选择人口稀疏的郊区等地，从而降低物流过程中的潜在风险，减小事故影响范围和损失。

总之，由于危化品物流涉及因素众多，应当采取多部门协作模式，从事前、事中和事后三个方面进行优化。事前合理规划，尽力在事故源头控制危险源，灾后快速响应，尽可能规避不够完善和及时的应急救援带来的次生危害，有效降低危化品事故的社会影响；在实时监管系统所采集数据的基础上，结合历史数据，分析事故风险的规律与趋势，根据分析结果识别当前事故隐患并及时排除，把事故制止在萌芽状态。

本文采用ISM方法构建危化品物流安全的层次结构模型，并从不同角度对各层级不同影响因素之间的关系进行简单分析。深层因素对危化品物流安全具有决定性作用，中间层因素对危化品物流安全起到关键作用，而表层因素直接影响危化品物流安全及后续影响。利用Matlab确定了各影响因素的权重，表明政府和企业在提升危化品物流安全方面应该有所侧重，对权重较高的影响因素要给予更多重视且采取针对性措施。本章通过对各因素之间关系的分析有针对性地提出建议，但由于某些因素之间的关系过于复杂，且该研究对象并不是完全处于静态，随着社会的发展，可能会有所变化，应该在以后的研究中不断改进该方面的不足。

◉ 本章参考文献

[1] 李严锋. 物流运作管理［M］. 北京：机械工业出版社，2008.

[2] 陈怡宇. Z企业危化品仓库仓储管理优化研究［D］. 重庆：重庆工商大学，2023.

[3] 谷玉红. 从一则“昆山集装箱爆燃”案看危化品的物流之路［J］. 对外经贸实务，2019（6）：70-73.

[4] 成泽. H危化品物流公司安全风险因素分析与管控研究［D］. 镇江：江苏大学，2019.

[5] GLASER B G，STRAUSS A L. The discovery of grounded theory：Strategies for qualitative research［M］. Chicago：Aldine，1968：377-380.

[6] GLASER B G. Theoretical sensitivity：Advances in the methodology of grounded theory［J］. Journal of Investigative dermatology，1978，2（5）：368-377.

[7] 余慕溪，王林秀，袁亮，等. 基于扎根理论的矿区土地退出影响因素分析［J］.

科学决策，2019，26（1）：65-84.
[8] 任常兴，吴宗之. 危险品道路运输风险分级指数法研究 [J]. 安全与环境学报，2006，(04)：126-129.
[9] 李志刚. 扎根理论方法在科学研究中的运用分析 [J]. 东方论坛，2007（4）：90-94.
[10] HENNINK M M，KAISER B N，MARCONI V C. Code saturation versus meaning saturation：How many interviews are enough? [J]. Qualitative health research，2017，27（4）：591-608.
[11] 李嘉雯. 危化品道路运输风险辨识及安全评价研究 [D]. 西安：西安科技大学，2021.
[12] 胡益新，孙丽娜，高鹦鹉. 化工企业危险化学品的仓储管理分析 [J]. 化工管理，2022（17）：89-92.
[13] 玄军伟. 化工园区危险化学品储存风险管控模型研究 [D]. 北京：首都经济贸易大学，2018.
[14] 王利，张昊天. 基于 ISM 和 MICMAC 模型的危化品物流风险影响因素研究 [J]. 物流技术，2019，38（9）：74-78，124.
[15] ZOGRAFOS K G，ANDROUTSOPOULOS K N. A decision support system for integrated hazardous materials routing and emergency response decisions [J]. Transportation research part c：emerging technologies，2008，16（6）：684-703.
[16] 李俊韬，刘丙午. 中外危险品物流管理比较研究 [J]. 中国流通经济，2010，24（11）：53-56.
[17] 肖亮. 危险源企业风险评价指标体系的构建 [J]. 统计与决策，2007（9）：68-69.
[18] 冯树民，殷国强. 规划层面的危险品运输路径优化模型 [J]. 哈尔滨工业大学学报，2012，44（8）：53-56.
[19] 种鹏云，帅斌. 基于复杂网络的危险品运输网络抗毁性测度分析 [J]. 中南大学学报（自然科学版），2014，45（5）：1715-1723.
[20] FABIANO B，CURRO F，REVERBERI A P，et al. Dangerous good transportation by road：From risk analysis to emergence planning [J]. Journal of loss prevention in the process industries，2005，18（4-6）：403-413.
[21] 梅强，成泽，刘素霞. 基于 ISM-ANP 的危化品物流安全风险因素研究 [J]. 工

业安全与环保，2019，45（11）：64-68，98.

［22］唐孝玉，李文瑛，曹桂银，等. 基于ISM和AHP的物流企业服务竞争力影响因素研究［J］. 湘南学院学报，2020，41（5）：56-62.

［23］王旭磊，孙春薇. 危险化学品公路运输事故致因分析及安全管理对策［J］. 公路交通科技，2022，39（1）：167-174.

［24］王欢欢，李润求，涂源原，等. 基于扎根理论与灰色关联的危化品道路运输事故致因分析［J］. 湖南科技大学学报（自然科学版），2022，37（1）：17-23.

［25］刘森，何晓君. 基于Fuzzy-ISM模型的物流园区选址影响因素分析［J］. 物流技术，2021，40（7）：37-42，119.

［26］赵江平，赵腾飞，杨震，等. 基于P-ISM的危化品道路运输事故应急管理研究［J］. 物流科技，2020，43（3）：39-43，69.

［27］张昊天. 危化品物流风险影响因素与监管问题演化博弈研究［D］. 镇江：江苏科技大学，2020.

［28］梁帅，武彧. 危化品交通运输安全风险管理策略探讨［J］. 中国储运，2022，（12）：137-138. DOI: 10. 16301/j. cnki. cn12-1204/f. 2022. 12. 024.

［29］王建豪，曹瑞祥，宁泽辉，等. 重特大危险化学品道路运输事故原因与预防［J］. 山东交通学院学报，2021，29（03）：17-24.

［30］张冠湘，邓思琪，付余，等. 风险控制视角下的危险品物流管理策略研究［J］. 软科学，2017，31（08）：91-94. DOI: 10. 13956/j. ss. 1001-8409. 2017. 08. 20.

［31］张冠湘，付余，卢敏，等. 基于ISM的危险品物流风险影响因素研究［J］. 管理现代化，2016，36（04）：113-115.

第3章

危化品物流风险耦合分析

3.1 危化品运输风险耦合作用分析

3.1.1 液氨运输风险耦合的构成

风险的耦合，是由风险物质引起的耦合，通过风险链传播，当风险与其他风险因素相互作用时，就会产生耦合作用，从而导致风险水平值的变化，偏离人们的预期，从而导致损失。

由本章参考文献［1-7］可知，学者们对于风险因素的类别多是基于人—机—环—管四个方面。人（Man）—机（Machine）—环（Environment）—管（Management）是安全管理理论中的四大要素，这四大要素构成一个完整的系统（MMEM系统）。其最初是从工业制造企业管理中“人机料法环”引申而来的，并被广泛地应用于多个领域。时至今日，人—机—环—管系统工程已经成为一门涉及生产作业、安全管理、经济效率和成本控制等方面的应用十分广泛的综合理论学科。除此之外，该划分方式已经成为系统内因素分析的普遍方式，它的最大优势是把人、设备、环境及管理看作系统的四大要素，通过对各个系统的性能、特性进行深入的研究，利用四个子系统之间的相互连接、信息传递、影响关联等，将它们融为一体，形成一个互相关联的复杂系统。

本文主要通过文献分析对液氨泄漏事故风险因素进行初步梳理、筛选及归类，并基于企业调研的方式进行补充，最终确定由人员因素、机的因素、环境因素、管理因素共同构成液氨运输泄漏风险因素。由此本章根据风险耦合涉及的因素数量，将液氨运输泄漏风险耦合划分为单因素耦合、双因素耦合及多因素耦合三种类型。

1. 液氨运输泄漏事故单因素风险耦合

液氨运输泄漏事故的单因素风险耦合是指人—机—环—管四类因素下风险因子之间的耦合。例如，在人的风险因素中，驾驶员疲劳驾驶与错误判断路况之间存在一定的耦合，疲劳驾驶在一定程度上会影响驾驶员的反应力与判断力，当驾驶员在运输途中处于疲劳状态时，往往会因此影响对路况的判断。由于单因素耦合的因素属于同一类，因此相较于其他耦合风险，该种耦合风险的发生频率较高，范围也较广。液氨运输泄漏事故单因素风险耦合如图 3-1 所示。

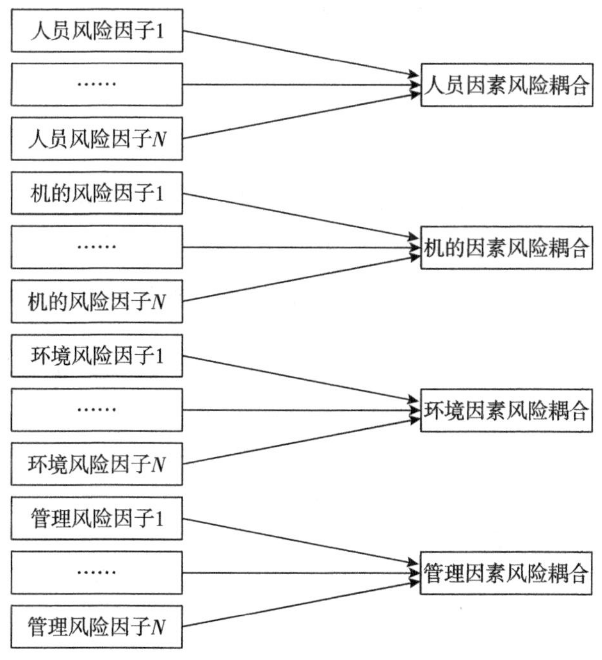

图 3-1　液氨运输泄漏事故单因素风险耦合

2. 液氨运输泄漏事故双因素风险耦合

液氨运输泄漏事故的双因素风险耦合即人—机—环—管四类风险因素中不同类别的两个风险因子进行耦合造成的风险。例如，人员因素中的安全意识薄弱与机的风险因素中的设备未定期检修耦合，这就是人—机因素风险耦合。液氨运输泄漏事故双因素风险耦合如图 3-2 所示。

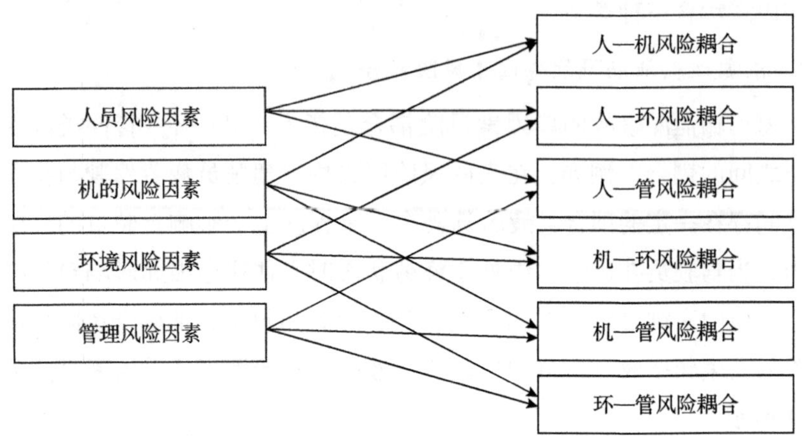

图 3-2　液氨运输泄漏事故双因素风险耦合

3. 液氨运输泄漏事故多因素风险耦合

多因素风险耦合是指 3 个及 3 个以上风险因素之间发生的耦合。耦合的风险因素越多，带来的危害也就越大。但是基于概率学的角度，当多种因素参与耦合时，发生事故的概率会降低，即只有当多种因素同时发生变化时，才会导致事故的发生。液氨运输泄漏多因素风险耦合如图 3-3 所示。

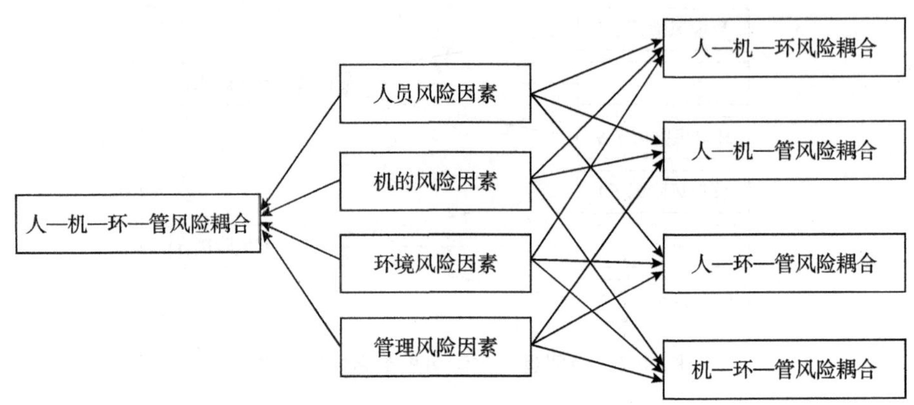

图 3-3　液氨运输泄漏事故多因素风险耦合

3.1.2　液氨运输泄漏事故风险因素耦合过程

液氨运输风险系统具有一定的自我调节作用，因此单一因素的耦合作用几乎很少引发严重的安全事故，当风险发生耦合时，系统内部会对风险进行阻断，防止其达到临界点，使风险的耦合方向处于“负耦合”或“零耦合”状态。液氨运输系统中的人、机、环、管系统都存在不同程度的缺陷或错误，它们在攻破了自己的防护系统后，会沿着运输系统继续运行，在发现其他因素的时候，这些风险会以极快的速度传播，通过风险耦合的振荡，将突破风险的临界点，如果风险的临界点超过风险阈值，就会引起液氨道路运输风险增大，甚至产生新的风险。液氨运输泄漏风险体系的形成机理如图 3-4 所示。

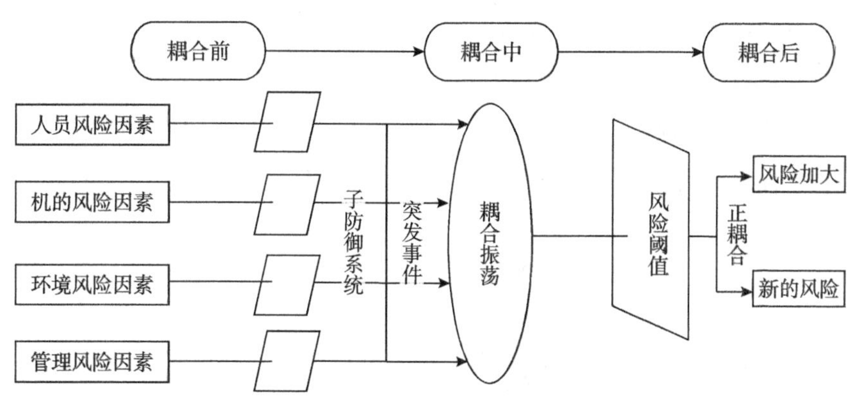

图 3-4　液氨运输泄漏风险体系的形成机理

3.1.3　基于 *N–K* 模型的液氨运输风险耦合作用度量

3.1.3.1　基于 *N–K* 模型的液氨运输风险耦合分析

1993 年，考夫曼（Kauffman）在研究生物基因组合进化问题时提出了 *N–K* 模型，该模型主要包含两个重要参数 N 和 K。N 代表系统中组元的总数，如果系统中有 N 个组元，每个组元有 n 种状态，那么就有 n^N 种组合方式；K 代表组元之间相互依赖关系的数量，K 的最小值为 0，最大值为 $N-1$，当 K 达到一定数值时，组元间的关系便可形成网络。

利用 *N–K* 模型分析液氨运输泄漏风险耦合，其本质就是利用人—机—环—管四类元素间的交互信息 T 值，来度量因素与系统间的关系。T 值越大，表面耦合程度就越高，事故发生的风险就越大。T 的计算公式如下：

$$T(a,b,c,d)=\sum_{h=1}^{H}\sum_{i=1}^{I}\sum_{j=1}^{J}\sum_{k=1}^{K}P_{h,i,j,k}\cdot\log_2(P_{h,i,j,k}/(P_{h\cdots}\cdot P_{\cdot i\cdot\cdot}\cdot P_{\cdot\cdot j\cdot}\cdot P_{\cdots k})) \tag{3-1}$$

式中，a、b、c、d 分别表示人、机、环、管四类风险因素；h（$h=1$，…，H）、i（$i=1$，…，I）、j（$j=1$，…，J）、k（$k=1$，…，K）为人在第 h 种状态、机在第 i 种状态、环境在第 j 种状态、管理在第 k 种状态下发生耦合的概率；$P_{h\cdots}$、$P_{\cdot i\cdot\cdot}$、$P_{\cdot\cdot j\cdot}$、$P_{\cdots k}$ 分别表示人、机、环、管在 h、i、j、k 状态下的概率。

1. 双因素耦合风险计算公式

双因素耦合风险是指影响液氨运输事故的两个风险因素之间的相互作用和影响所导致的风险。整合影响液氨运输风险的人—机—环—管四大因素，可得出六种不同的双因素耦合风险，其 T 值的计算公式如下：

$$T_{21}(a,b)=\sum_{h=1}^{H}\sum_{i=1}^{I}P_{hi\cdot\cdot}\cdot\log_2(P_{hi\cdot\cdot}/(P_{h\cdots}\cdot P_{\cdot i\cdot\cdot})) \tag{3-2}$$

$$T_{22}(a,c)=\sum_{h=1}^{H}\sum_{j=1}^{J}P_{h\cdot j\cdot}\cdot\log_2(P_{h\cdot j\cdot}/(P_{h\cdots}\cdot P_{\cdot\cdot j\cdot})) \tag{3-3}$$

$$T_{23}(a,d)=\sum_{h=1}^{H}\sum_{k=1}^{K}P_{h\cdot\cdot k}\cdot\log_2(P_{h\cdot\cdot k}/(P_{h\cdots}\cdot P_{\cdots k})) \tag{3-4}$$

$$T_{24}(b,c)=\sum_{i=1}^{I}\sum_{j=1}^{J}P_{\cdot ij\cdot}\cdot\log_2(P_{\cdot ij\cdot}/(P_{\cdot i\cdot\cdot}\cdot P_{\cdot\cdot j\cdot})) \tag{3-5}$$

$$T_{25}(b,d)=\sum_{i=1}^{I}\sum_{k=1}^{k}P_{\cdot i\cdot k}\cdot\log_2(P_{\cdot i\cdot k}/(P_{\cdot i\cdot\cdot}\cdot P_{\cdots k})) \tag{3-6}$$

$$T_{26}(c,d)=\sum_{j=1}^{J}\sum_{k=1}^{K}P_{\cdot\cdot jk}\cdot\log_2(P_{\cdot\cdot jk}/(P_{\cdot\cdot j\cdot}\cdot P_{\cdots k})) \tag{3-7}$$

2. 多因素风险耦合计算公式

同理可得，将人—机—环—管四类因素进行整合，得出四种三因素耦合风险和一种四因素耦合风险。多因素耦合风险 T 的计算公式如下：

$$T_{31}(a,b,c)=\sum_{h=1}^{H}\sum_{i=1}^{I}\sum_{j=1}^{J}P_{hij\cdot}\cdot\log_2(P_{hij\cdot}/(P_{h\cdots}\cdot P_{\cdot i\cdot\cdot}\cdot P_{\cdot\cdot j\cdot})) \tag{3-8}$$

$$T_{32}(a,b,d)=\sum_{h=1}^{H}\sum_{i=1}^{I}\sum_{k=1}^{K}P_{hi\cdot k}\cdot\log_2(P_{hi\cdot k}/(P_{h\cdots}\cdot P_{\cdot i\cdot\cdot}\cdot P_{\cdots k})) \tag{3-9}$$

$$T_{33}(a,c,d)=\sum_{h=1}^{H}\sum_{j=1}^{J}\sum_{k=1}^{K}P_{h\cdot jk}\cdot\log_2(P_{h\cdot jk}/(P_{h\cdots}\cdot P_{\cdot\cdot j\cdot}\cdot P_{\cdots k})) \tag{3-10}$$

$$T_{34}(b,c,d)=\sum_{i=1}^{I}\sum_{j=1}^{J}\sum_{k=1}^{K}P_{\cdot ijk}\cdot\log_2(P_{\cdot ijk}/(P_{\cdot i\cdot\cdot}\cdot P_{\cdot\cdot j\cdot}\cdot P_{\cdots k})) \tag{3-11}$$

$$T_4(a,b,c,d)=\sum_{h=1}^{H}\sum_{i=1}^{I}\sum_{j=1}^{J}\sum_{k=1}^{K}P_{hijk}\cdot\log_2(P_{hijk}/(P_{h\cdots}\cdot P_{\cdot i\cdot\cdot}\cdot P_{\cdot\cdot j\cdot}\cdot P_{\cdots k})) \tag{3-12}$$

3.1.3.2　液氨泄漏事故风险耦合实例研究

1. 数据收集

通过调查液氨危化品运输事故相关案例，同时根据 NRCC 平台所显示的液氨事故案例信息，收集2013—2022年的国内相关液氨事故案例，共计45起液氨泄漏事故，根据事故发生原因判断安全风险事件，如表3-1所示。

表3-1　液氨泄漏事故案例安全风险事件

年份	事故类型	安全风险事件
2022	液氨泄漏	运输车泄压表损坏
2021	液氨泄漏	驾驶员判断路况错误
	液氨泄漏	罐体顶部安全阀损坏
	液氨泄漏	工作人员操作错误导致垫片损坏
2019	液氨泄漏	液氨输转泵出现故障
	液氨泄漏	暴雨导致路面湿滑，造成车辆碰撞
	液氨泄漏	其他车辆未仔细观察路况，造成车辆碰撞
	液氨泄漏	液氨管道检修过程中发生泄漏
	液氨泄漏	装卸过程中货仓发生液氨泄漏
2018	液氨泄漏	卸载过程中驾驶员私自发动车辆，扯断连接阀
	液氨泄漏	天气炎热，罐车内部受热膨胀，导致罐体顶部泄漏
	液氨泄漏	驾驶员疲劳驾驶，造成车辆侧翻

续表

年份	事故类型	安全风险事件
2017	液氨泄漏	液氨罐体阀门破损
	液氨泄漏	车辆追尾，车尾部液料进口装置被撞损坏
	液氨泄漏	员工不熟悉操作流程，错误地打开阀门
	液氨泄漏	车体过重，车辆右倾导致液氨输入管变形发生泄漏
	液氨泄漏	设备管道老化
2016	液氨泄漏	罐体压力过大，阀门爆开
	液氨泄漏	后车追尾，槽罐车尾部变形压迫罐体下方管道破裂
	液氨泄漏	安全阀与桥洞发生轻微剐蹭，安全阀破裂
	液氨泄漏	设备故障
	液氨泄漏	液氨倒罐时员工操作失误
	液氨泄漏	工人维护液氨罐体时发生泄漏
2015	液氨泄漏	收液氨管线的放空管焊缝出现裂缝
	液氨泄漏	法兰垫破裂
	液氨泄漏	阀门发生故障
	液氨泄漏	液氨罐压力表螺栓十分松弛，且压力表管老化
	液氨泄漏	冷却泵出现故障，制冷压力过高，导致泄压阀自动泄压
	液氨泄漏	氨气房的其中一个冷却器部件开裂，有裂痕
2014	液氨泄漏	操作人员在检修中误操作，错将液氨管道割破
	液氨泄漏	液氨机房一压缩机缸盖磁垫损坏
	液氨泄漏	液氨槽罐车尾部法兰螺栓松动
	液氨泄漏	液氨钢瓶阀门锈蚀
	液氨泄漏	冷库存储液氨的容器焊点破损
	液氨泄漏	驾驶员操作不当，造成槽罐车发生泄漏
	液氨泄漏	冷库管道中的液氨因温度升高发生泄漏
2013	液氨泄漏	水与混合物中的液氨发生化学反应
	液氨泄漏	氨瓶阀门老化破裂
	液氨泄漏	槽罐车的液下泄压阀出现故障
	液氨泄漏	存储液态氨的罐子管道锈蚀
	液氨泄漏	槽罐内安全阀出现故障

续表

年份	事故类型	安全风险事件
2013	液氨泄漏	液氨管路系统管帽脱落
	液氨泄漏	液氨罐阀门出现裂缝
	液氨泄漏	液氨罐阀门周边出现缝隙
	液氨泄漏	员工在卸料过程中操作不当，导致液氨泄漏

用 1 和 0 分别表示人—机—环—管四类风险因素是否发生耦合，共有 16 种可能的风险耦合形式。根据表 3-1 中的事件发生原因，对其进行分类，分别计算各种情况下事件发生的次数与频率，具体计算结果如表 3-2 所示。表 3-2 中，n_{1000}、P_{1000} 分别表示只有人为单因素参加耦合时，事故发生的次数、频数，其他情况依此类推。

表 3-2　2013—2022 年我国液氨泄漏事故风险耦合次数与频率

耦合方式	变量	发生次数及概率					
单因素耦合	次数	$n_{0000}=0$	$n_{1000}=7$	$n_{0100}=12$	$n_{0010}=0$	$n_{0001}=0$	
	频率	$P_{0000}=0.0000$	$P_{1000}=0.1556$	$P_{0100}=0.2667$	$P_{0010}=0.0000$	$P_{0001}=0.0000$	
双因素耦合	次数	$n_{1100}=7$	$n_{1010}=1$	$n_{1001}=2$	$n_{0110}=4$	$n_{0101}=7$	$n_{0011}=0$
	频率	$P_{1100}=0.1556$	$P_{1010}=0.0222$	$P_{1001}=0.0444$	$P_{0110}=0.0889$	$P_{0101}=0.1556$	$P_{0011}=0.0000$
多因素耦合	次数	$n_{1110}=0$	$n_{1101}=4$	$n_{1011}=0$	$n_{0111}=0$	$n_{1111}=1$	
	频率	$P_{1110}=0.0000$	$P_{1101}=0.0889$	$P_{1011}=0.0000$	$P_{0111}=0.0000$	$P_{1111}=0.0222$	

2. 耦合风险值计算

（1）单因素风险耦合分析。

根据表 3-2 可计算四种单因素风险下发生和不发生液氨泄漏事故的概率。例如，人为因素不参与风险耦合时，液氨泄漏事故发生的概率为：$P_{0\cdots}=P_{0000}+P_{0100}+P_{0010}+P_{0001}+P_{0011}+P_{0110}+P_{0111}=0.5112$，同理可计算出其他三类因素分别参与和不参与风险耦合时发生事故的概率。计算结果如表 3-3 所示。

表 3-3 单因素风险概率

因素	$P_{0\cdots}$	$P_{1\cdots}$	$P_{\cdot0\cdot\cdot}$	$P_{\cdot1\cdot\cdot}$	$P_{\cdot\cdot0\cdot}$	$P_{\cdot\cdot1\cdot}$	$P_{\cdots0}$	$P_{\cdots1}$
概率	0.5112	0.4889	0.2222	0.7778	0.8667	0.1333	0.6889	0.3111

（2）双因素风险耦合分析。

当人员和管理两类风险因素都不参与风险耦合时，液氨运输泄漏事故发生的概率为：$P_{0\cdot\cdot0}=0.3556$。同理可得，其他双因素风险耦合的概率如表 3-4 所示。

表 3-4 双因素风险耦合的概率

因素	$P_{00\cdot\cdot}$	$P_{01\cdot\cdot}$	$P_{10\cdot\cdot}$	$P_{11\cdot\cdot}$	$P_{0\cdot0\cdot}$	$P_{0\cdot1\cdot}$	$P_{1\cdot0\cdot}$	$P_{1\cdot1\cdot}$
概率	0.0000	0.5111	0.2222	0.2667	0.4222	0.0889	0.4444	0.0444
因素	$P_{0\cdot\cdot0}$	$P0_{\cdot\cdot1}$	$P_{1\cdot\cdot0}$	$P_{1\cdot\cdot1}$	$P_{\cdot00\cdot}$	$P_{\cdot01\cdot}$	$P_{\cdot10\cdot}$	$P_{\cdot11\cdot}$
概率	0.3556	0.1556	0.3333	0.1556	0.2000	0.0222	0.6667	0.1111
因素	$P_{\cdot0\cdot0}$	$P_{\cdot0\cdot1}$	$P_{\cdot1\cdot0}$	$P_{\cdot1\cdot1}$	$P_{\cdot\cdot00}$	$P_{\cdot\cdot01}$	$P_{\cdot\cdot10}$	$P_{\cdot\cdot11}$
概率	0.1778	0.0444	0.5111	0.2667	0.5778	0.2889	0.1111	0.0222

（3）多因素风险耦合分析。

当机、环境和管理三类因素都不参与耦合时，事故发生的概率为：$P_{\cdot000}=0.1556$。具体计算结果见表 3-5。

表 3-5 多因素风险耦合的概率

因素	$P_{000\cdot}$	$P_{100\cdot}$	$P_{010\cdot}$	$P_{001\cdot}$	$P_{110\cdot}$	$P_{101\cdot}$	$P_{011\cdot}$	$P_{111\cdot}$
概率	0.0000	0.2000	0.4222	0.0000	0.2444	0.0222	0.0889	0.0222
因素	$P_{00\cdot0}$	$P_{10\cdot0}$	$P_{01\cdot0}$	$P_{00\cdot1}$	$P_{11\cdot0}$	$P_{10\cdot1}$	$P_{01\cdot1}$	$P_{11\cdot1}$
概率	0.0000	0.1778	0.3556	0.0000	0.1556	0.0444	0.1556	0.1111
因素	$P_{0\cdot00}$	$P_{1\cdot00}$	$P_{0\cdot10}$	$P_{0\cdot01}$	$P_{1\cdot10}$	$P_{1\cdot01}$	$P_{0\cdot11}$	$P_{1\cdot11}$
概率	0.2667	0.3111	0.0889	0.1556	0.0222	0.1333	0.0000	0.0222
因素	$P_{\cdot000}$	$P_{\cdot100}$	$P_{\cdot010}$	$P_{\cdot001}$	$P_{\cdot110}$	$P_{\cdot101}$	$P_{\cdot011}$	$P_{\cdot111}$
概率	0.1556	0.4222	0.0222	0.0444	0.0889	0.2444	0.0000	0.0222

根据式（1-2）~式（1-12），可分别计算出液氨泄漏事故双因素与多因

素的耦合风险值 T，计算结果见表3-6。

表3-6　液氨泄漏事故不同类型因素耦合风险值

双因素耦合风险	T_{21}(a,b)	T_{22}(a,c)	T_{23}(a,d)	T_{24}(b,c)	T_{25}(b,d)	T_{26}(c,d)
T值	0.2782	0.0109	0.0002	0.0021	0.0126	0.0119
多因素耦合风险	T_{31}(a,b,c)	T_{32}(a,b,d)	T_{33}(a,c,d)	T_{34}(b,c,d)	T_{4}(a,b,c,d)	—
T值	0.2895	0.2978	0.0684	0.0314	0.3990	—

根据表3-6可知，双因素和多因素风险耦合时液氨泄漏事故的耦合风险数值排序为：$T_4>T_{32}>T_{31}>T_{21}>T_{33}>T_{34}>T_{25}>T_{26}>T_{22}>T_{24}>T_{23}$。

3.1.3.3　液氨泄漏事故风险耦合计算结果分析

由上述计算结果可知，液氨泄漏事故的风险耦合值与参与风险因子的个数成正比，即在人—机—环—管四种因素的耦合作用下，液氨运输泄漏的风险值是最大的。虽然计算结果显示，$T_{21}>T_{33}>T_{34}$，但是在实际运输过程中，在人—环—管和机—环—管等多因素的耦合作用下，风险仍大于双因素耦合作用下的风险。

在三因素风险耦合中，T_{32}(a,b,d)>T_{31}(a,b,c)>T_{33}(a,c,d)>T_{34}(b,c,d)，人—机—管因素参与的耦合作用造成的液氨泄漏风险最大，其次是人—机—环和人—环—管参与的相互耦合作用，造成液氨泄漏风险最小的是机—环—管参与的相互耦合作用。导致液氨泄漏事故发生的前三个风险耦合形式都有人员因素的参与，说明液氨泄漏事故发生的主要原因是人员因素。当人员因素方面存在问题，并与其他类型的因素相互作用时，会加大液氨运输泄漏事故的风险。

在双因素风险耦合中，T_{21}(a,b)>T_{25}(b,d)>T_{26}(c,d)>T_{22}(a,c)>T_{24}(b,c)>T_{23}(a,d)。人—机因素耦合时，液氨运输泄漏的风险最大，其次是机—管、环—管、人—环因素耦合，而机—环和人—管因素耦合作用造成的液氨运输泄漏风险相对较小。上述结果说明，人和机两个因素对双因素耦合的影响较大，需要加强对这两个风险因素的管控，以降低事故发生的可能性。

3.1.4 A公司液氨运输事故风险因素耦合关系分析

3.1.4.1 A公司液氨运输风险因素的确定

本节选取A公司运输经营范围内的二类压缩气体和液化气体危险品——液氨，通过调查液氨危化品运输事故相关案例，同时根据NRCC平台所显示的液氨事故案例信息，收集近十年来的国内相关液氨事故案例，共计45起液氨泄漏事故，根据事故发生原因提取风险因素。同时根据专家的反馈意见及相关研究成果，最终确定了液氨运输事故的风险因素，如表3-7所示。

表3-7 液氨运输事故风险因素

人员因素			
安全意识薄弱	违规操作	操作不当	疲劳上岗
专业能力不足	驾驶员错误判断路况	心理素质不稳定	
机的因素			
设备老化磨损	设备故障	液氨特性	设备未定期维护
管道超压	管道超温	超重	
环境因素			
工作火花	接地不良	高温	暴雨
雷电	静电积累		
管理因素			
安全培训不到位	缺乏应急管理措施	安全管理机制不健全	设备管理不到位

3.1.4.2 A公司液氨道路运输风险同质因素的因果关系

1. 人员风险因素因果关系分析

人员风险因素主要包括安全意识薄弱、违规操作、操作不当、疲劳上岗、心理素质不稳定、专业能力不足、驾驶员错误判断路况七种。人的不安全行为是由以上七种风险因素作用于人所致，同时这类风险因素也会影响其他类别的风险因素，加大人的风险。由图3-5可以看出，安全意识薄弱会导致疲劳上岗、违规操作、操作不当等多种行为的发生；驾驶员忽视安全问题疲劳驾驶时，会由于反应力和判断力受到影响，最终导致其错误地判断路况，难以正确地识别风险或规避风险；员工的专业能力代表了员工对运输设备和仪器使用的熟练程度，当员工的专业能力不足时，往往会发生操作失误，对整个作业流程造成影响；当上述风险因素都处于不安全状态时，最终都会导致液氨运输事故。风险因素参与越多，液氨运输事故的危险性也就越大。

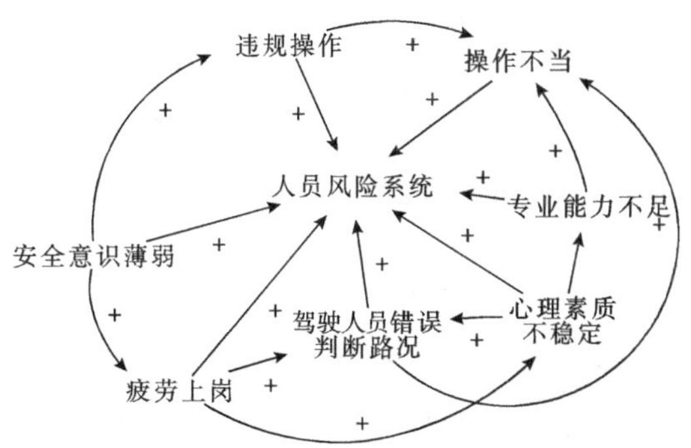

图 3-5　液氨运输事故人员风险因素因果关系图

2. 机的风险因素因果关系分析

机的七种风险因素都会直接作用于液氨运输设备，并且各风险因素之间还会相互影响。例如，设备设施在液氨运输和储存的日常工作中，往往会因为时间和液氨特性的影响，造成一定的磨损与老化，同时也会缩短寿命周期，最终造成设备故障，进而发生液氨运输泄漏事故。机的因果关系如图 3-6 所示。机的风险系统的风险因素主要包含以下几种：液氨特性、设备未定期维护、管道超压、管道超温、超重、设备故障和设备老化磨损，这七种因素都会直接或者间接地导致机的风险系统事故的发生。例如，液氨对运输设备设施会有一定的侵蚀或腐蚀作用，会加快设备的老化磨损；缺少对设备的定期检查维护，会导致设备在工作状态下发生故障，在一定程度上会加大运输风险；管道超温、超压会导致管道破损，进而造成液氨泄漏；超重会导致罐体变形，超压会导致安全阀损坏，使阀门失效，最终造成液氨泄漏事故的发生。

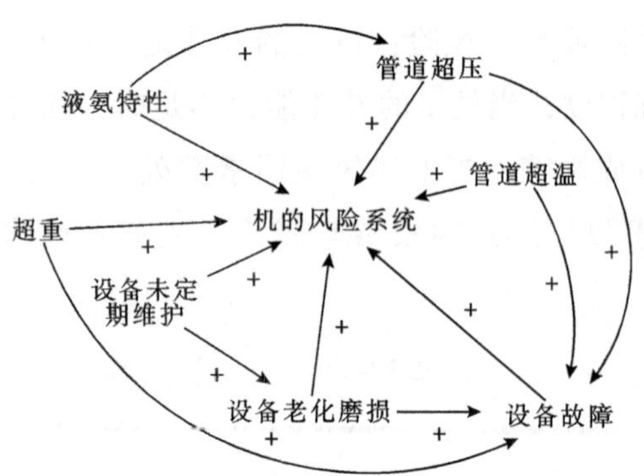

图 3-6 液氨运输事故机的风险因素因果关系图

3. 环境风险因素因果关系分析

图 3-7 显示了环境风险系统中各因素之间的关系。环境风险因素主要包括工作环境风险和自然环境风险两大类。工作环境风险是指人们在工作时产生的风险，主要包括工作火花、接地不良、静电积累；自然环境风险是指由自然环境导致的风险，如高温、暴雨、雷电。由图 3-7 可知，自然环境因素对环境因素的直接作用是最为直接的，暴雨会使运输车辆无法正常行驶，严重的话会发生运输事故，导致车辆碰撞，带来难以挽回的损失；高温天气会使液氨受热膨胀，发生泄漏。

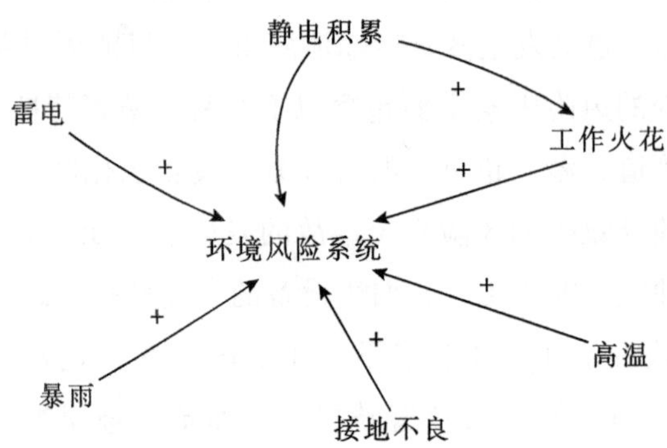

图 3-7 液氨泄漏事故环境风险因素因果关系图

4. 管理风险因素因果关系分析

管理风险系统的风险因素都会直接或者间接地作用于管理系统，引起管理风险因素的出现，同时也会对其他的风险因素造成一定的影响。管理风险系统的风险因素因果关系如图 3-8 所示。由此可以看出，操作人员缺少安全培训，会导致其在面对突发状况时，由于缺乏相关经验而出现违规操作或操作不当等行为，加大事故发生概率；当液氨运输事故出现时，如果缺乏应急措施或者应急管理机制不完善，都会防碍救援的有效开展，最终使风险变得更大。

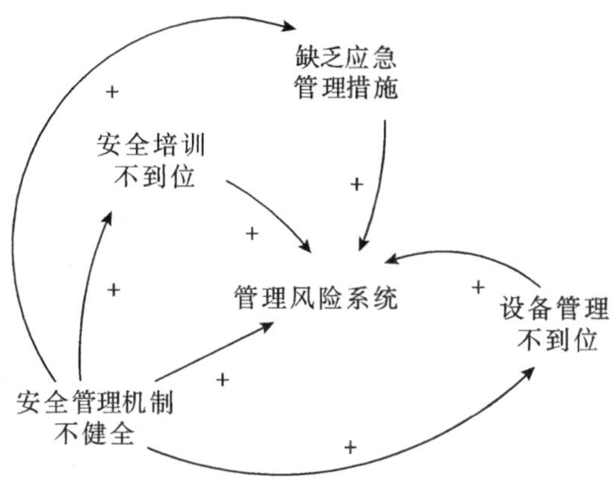

图3-8　液氨泄漏事故管理风险因素因果关系图

3.1.4.3　A公司液氨运输风险异质双因素的因果关系

A公司液氨道路运输风险系统包括人—机—环—管风险系统。异质多因素耦合作用是由以上风险系统相互耦合形成的，根据前文耦合度的计算结果，在异质双因素耦合因果关系分析中，本节选取其中耦合度最大的人—机系统，对其系统耦合风险因果关系进行分析。

对于A公司液氨运输系统来说，操作人员直接面对的就是液氨运输设备设施和液氨的保存。在设备设施存在问题的情况下，一些操作人员会由于紧张慌乱，难以保持镇定，在遇到设备故障的时候手足无措，造成操作不当。同时，人为因素也会对设备造成影响，即操作者违规操作或操作不当会导致设备表现欠佳或出现故障。如图3-9所示，人员因素和机的因素风险相互影响。

机系统耦合风险中，可能存在人为因素造成了机的风险，或者机的风险因素造成了人的不规范行为。在人为因素中，主要表现在操作人员的安全意识薄弱上，导致违规操作或对设备设施的操作不当，就会引发设备故障，造成运输设备的安全事故；或者相关人员的安全意识薄弱，就会忽略对设备设施的检修维护，进而导致机的风险。同时，设备未定期检修、超重、管道超压、管道超温等都会造成设备设施超负荷运行，对操作人员的心理素质造成负面影响，进而引发人的不安全行为，造成操作不当。所以，在人—机系统中，应充分考虑人与设备之间的匹配和协调，因为运输设备是不动的，而人是不确定的，所以在进行液氨道路运输作业时，要充分考虑相关人员的安全意识，规避人与设备之间的矛盾。

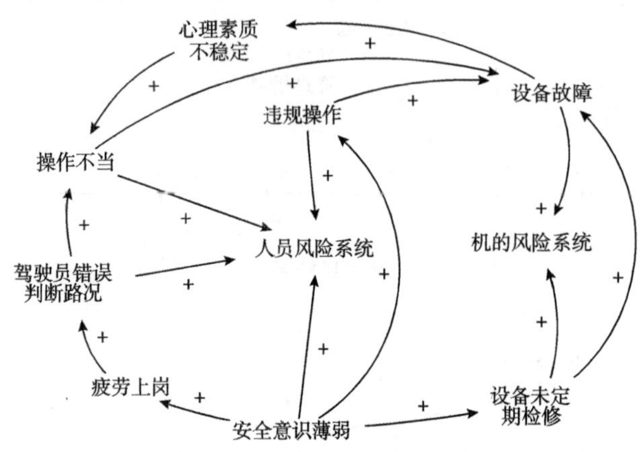

图 3-9　人—机系统耦合风险因果关系

3.1.4.4　A 公司液氨运输风险异质三因素的因果关系

异质三因素耦合主要分为人—机—管、人—机—环、人—环—管和机—环—管四种，本小节以人—机—管为例，对其因果关系进行分析，如图 3-10 所示。

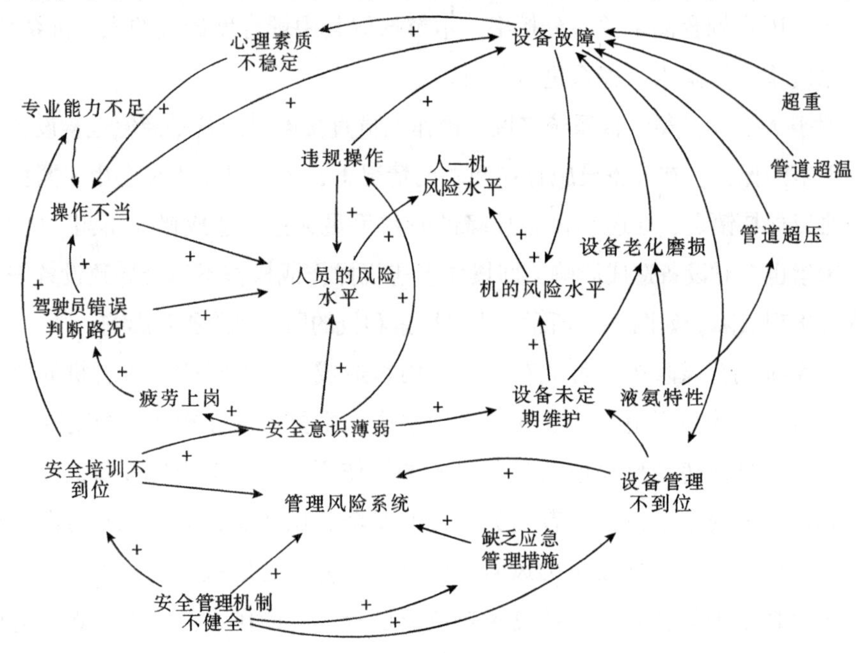

图 3-10　人—机—管系统耦合风险因果关系

在人—机—管风险耦合系统中，管理因素扮演着重要角色。对人的不安全行为进行管理，可以降低人员造成的风险，降低运输设备和人员的耦合风险；同时，加强对交通运输工具的管理，可以降低运输设备造成的风险，降低人与机器设备之间的联系。除此之外，由于人—机的风险程度降低，管理工作的难度也会随之减小。由图 3-10 可知，管理因素与人员因素和机的因素耦合途径是人员安全培训对安全意识的影响，忽略设备定期检修的重要性，导致机的风险生成。

3.2　基于系统动力学的液氨道路运输风险耦合仿真研究

3.2.1　系统动力学概述

1. 系统动力学方法简介

1956 年，福雷斯特（Forrester）教授创立了系统动力学，该学科综合了自然学科和社会学科，是一门分析和解决系统问题的学科，同时，系统动力学既做定性研究也做定量研究。系统动力学根据系统内部构成因素互为因果的反馈特征，从系统内部结构出发，探寻问题产生的根本原因，重点研究系统的行为模式与特征，并在此基础上，利用计算机技术，借助模型仿真分析，探寻系统结构与行为规律间的动态关联。

2. 系统动力学建模步骤

系统动力学建模操作流程如图 3-11 所示。

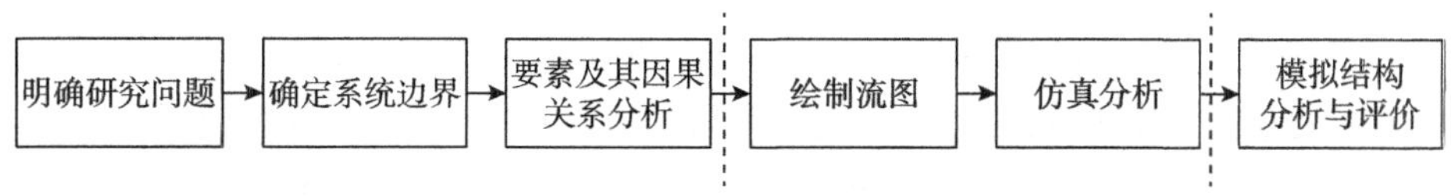

图 3-11　系统动力学建模操作流程

3.2.2　A 公司液氨道路运输风险双因素耦合作用仿真

根据前文的风险耦合计算结果，得出人—机系统的风险耦合值较大，因此，该小节研究人—机系统的耦合作用仿真，故该模型的边界是液氨道路运输系统中的人员子系统和机的子系统。人员子系统包括安全意识薄弱、违规操作、操作不当、疲劳上岗、专业能力不足、驾驶员错误判断路况及心理素质不稳定七个方面，机的子系统包括设备老化磨损、设备故障、液氨特性、设备未定期维护、管道超压、管道超温、超重七个方面。

1. 影响因子的因果关系图

人—机风险耦合系统中各风险因素之间的因果关系如图 3-12 所示，本文从人的行为、设备的安全运输两个角度出发，研究人的不安全行为和设备安全运输对液氨运输的整体风险水平造成的影响。它的主要反馈环路如下：

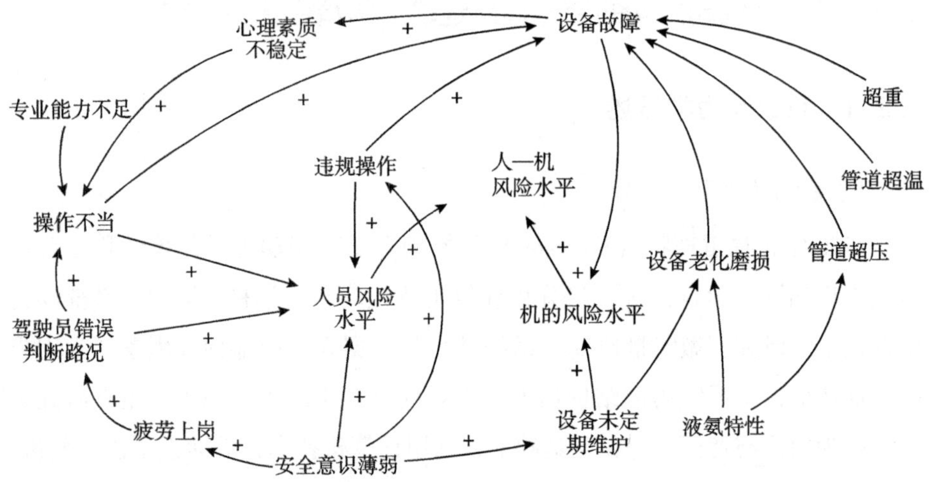

图 3-12　人—机风险耦合系统中各风险因素之间的因果关系

液氨特性→设备老化磨损→设备故障→心理素质不稳定→操作不当→人员风险水平→人—机风险水平；

液氨特性→设备老化磨损→设备故障→机的风险水平→人—机风险水平；

液氨特性→管道超压→设备故障→机的风险水平→人—机风险水平；

安全意识薄弱—设备未定期维护→设备老化磨损→设备故障→机的风险→人—机风险水平；

安全意识薄弱→疲劳上岗→驾驶员错误判断路况→人员风险水平→人—机风险水平。

2. 影响因子的系统动力学流图

(1) 建立流位流率和变量集（见表 3-8）。

表 3-8　人—机系统流位流率和变量集

变量名称		变量实际含义
水平变量	L1（t）	人员风险子系统的风险水平
	L2（t）	机的风险子系统的风险水平
	L1-1（t）	安全意识薄弱风险水平
	L1-2（t）	违规操作风险水平
	L1-3（t）	操作不当风险水平
	L1-4（t）	疲劳上岗风险水平
	L1-5（t）	专业能力不足风险水平
	L1-6（t）	驾驶员错误判断路况风险水平
	L1-7（t）	心理素质不稳定风险水平
	L2-1（t）	设备老化磨损风险水平
	L2-2（t）	设备故障风险水平
	L2-3（t）	液氨特性风险水平
	L2-4（t）	设备未定期维护风险水平
	L2-5（t）	管道超压风险水平
	L2-6（t）	管道超温风险水平
	L2-7（t）	超重风险水平
速率变量	R1	人员风险子系统的风险水平变化量
	R2	机的风险子系统的风险水平变化量
	R11	安全意识薄弱风险水平变化量
	R12	违规操作风险水平变化量
	R13	操作不当风险水平变化量
	R14	疲劳上岗风险水平变化量
	R15	专业能力不足风险水平变化量
	R16	驾驶员错误判断路况风险水平变化量
	R17	心理素质不稳定风险水平变化量
	R21	设备老化磨损风险水平变化量

续表

变量名称		变量实际含义
速率变量	R22	设备故障风险水平变化量
	R23	液氨特性风险水平变化量
	R24	设备未定期维护风险水平变化量
	R25	管道超压风险水平变化量
	R26	管道超温风险水平变化量
	R26	超重风险水平变化量
常量	C1	安全意识薄弱和疲劳上岗的耦合系数
	C2	安全意识薄弱和设备未定期维护的耦合系数
	C3	安全意识薄弱和违规操作的耦合系数
	C4	违规操作和设备故障的耦合系数
	C5	操作不当和设备故障的耦合系数
	C6	疲劳上岗和驾驶员错误判断路况的耦合系数
	C7	专业能力不足和操作不当的耦合系数
	C8	驾驶员错误判断路况与操作不当的耦合系数
	C9	心理素质不稳定和操作不当的耦合系数
	C10	设备老化磨损和设备故障的耦合系数
	C11	设备故障和心理素质不稳定的耦合系数
	C12	液氨特性和设备老化磨损的耦合系数
	C13	液氨特性和管道超压的耦合系数
	C14	管道超压和设备故障的耦合系数
	C15	管道超温和设备故障的耦合系数
	C16	超重和设备故障的耦合系数
	C17	设备未定期维护和设备老化磨损的耦合系数

（2）构建系统动力学流图。

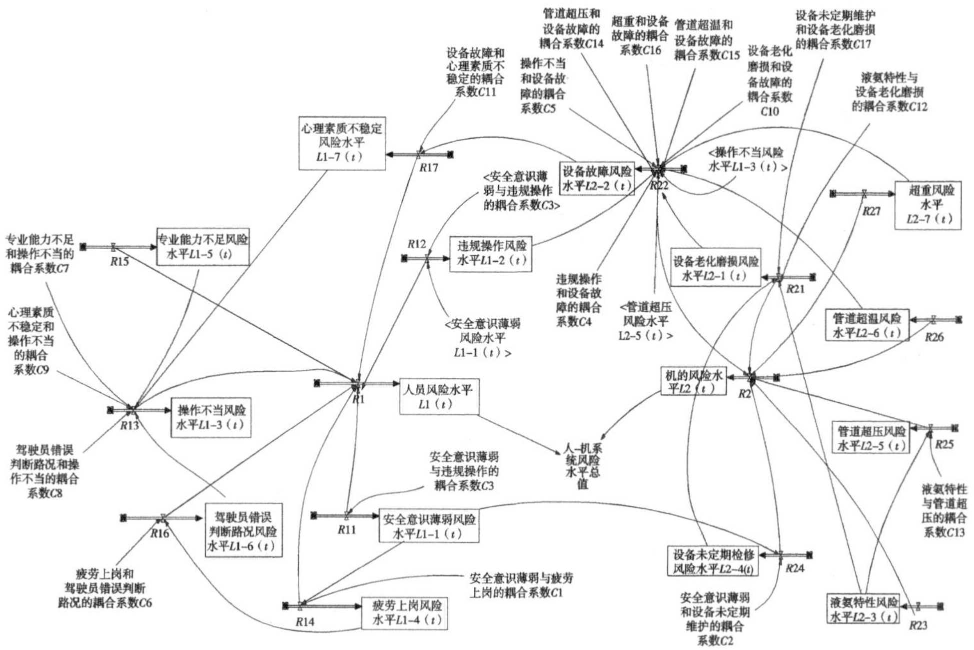

图 3-13　人—机风险耦合的系统动力学流图

3. 变量赋值

本节选取危化品运输公司 A 为研究对象，通过调研的方式，了解该企业的基本情况。

A 公司为一家危化品运输企业，专业从事罐装天然气、石油气及液态氨等危化产品运输工作，无储存资质，针对城市物流配送、干线运输等提供全方位的危化品物流运输方案。其主要运输方式为公路运输，自有 4.2 米、6.8 米、7.2 米、9.6 米、12.5 米危化品运输车辆 20 余辆，社会合作车辆 80 余辆，可承担全国范围可达区域的陆运往返运输、城市配送、整车和零担配载等多种形式的危化品运输业务。同时运营和建设 3 个集装罐堆场，拥有各种规格形式的危化品集装罐，提供专业的 24 小时集装罐技术服务。公司的经营范围包括提供普货及危险品类别第 2 类、第 3 类、第 4 类、第 5 类第 1 项、第 6 类（剧毒货物除外）、第 8 类危化品货物的全国范围可达区域的运输、配送服务。

（1）权重的确定。

邀请A公司的工作人员以及相关专家进行问卷调查，采用专家评分方式构建判断矩阵，使用AHP方法确定人员风险因素和机的风险因素的相关权重，如表3-9所示。

表3-9　人员风险因素和机的风险因素的权重值

风险因素	风险指标	指标权重
人员风险因素	安全意识薄弱	0.3184
	违规操作	0.1975
	操作不当	0.1607
	疲劳上岗	0.0785
	专业能力不足	0.0972
	驾驶员错误判断路况	0.0586
	心理素质不稳定	0.0891
机的风险因素	设备老化磨损	0.1660
	设备故障	0.3407
	液氨特性	0.0861
	设备未定期维护	0.1745
	管道超压	0.0986
	管道超温	0.0507
	超重	0.0834

（2）风险水平值的确定。

综合相关风险研究的划分标准，制定本案例的液氨泄漏风险等级标准，如表3-10所示，以工作人员和专家的评分结果均值为风险水平变量初值，具体结果如表3-11所示。

表3-10　风险等级

预警程度	风险水平值
极度风险	[80，100)
重度风险	[60，80)
中度风险	[40，60)

续表

预警程度	风险水平值
低度风险	[20，40)
轻度风险	[0，20)

表 3-11　人—机耦合系统变量取值

变量名称		变量实际含义	赋值
水平变量	$L1\ (t)$	人员风险子系统的风险水平	33.33
	$L2\ (t)$	机的风险子系统的风险水平	31.89
	$L1-1\ (t)$	安全意识薄弱风险水平	36
	$L1-2\ (t)$	违规操作风险水平	34
	$L1-3\ (t)$	操作不当风险水平	33
	$L1-4\ (t)$	疲劳上岗风险水平	25
	$L1-5\ (t)$	专业能力不足风险水平	19
	$L1-6\ (t)$	驾驶员错误判断路况风险水平	21
	$L1-7\ (t)$	心理素质不稳定风险水平	26
	$L2-1\ (t)$	设备老化磨损风险水平	32
	$L2-2\ (t)$	设备故障风险水平	38
	$L2-3\ (t)$	液氨特性风险水平	18
	$L2-4\ (t)$	设备未定期维护风险水平	27
	$L2-5\ (t)$	管道超压风险水平	21
	$L2-6\ (t)$	管道超温风险水平	19
	$L2-7\ (t)$	超重风险水平	22
常量	$C1$	安全意识薄弱和疲劳上岗的耦合系数	0.816
	$C2$	安全意识薄弱和设备未定期维护的耦合系数	0.566
	$C3$	安全意识薄弱和违规操作的耦合系数	0.790
	$C4$	违规操作和设备故障的耦合系数	0.576
	$C5$	操作不当和设备故障的耦合系数	0.667
	$C6$	疲劳上岗和驾驶员错误判断路况的耦合系数	0.533
	$C7$	专业能力不足和操作不当的耦合系数	0.762
	$C8$	驾驶员错误判断路况与操作不当的耦合系数	0.675

续表

变量名称		变量实际含义	赋值
常量	$C9$	心理素质不稳定和操作不当的耦合系数	0.554
	$C10$	设备老化磨损和设备故障的耦合系数	0.635
	$C11$	设备故障和心理素质不稳定的耦合系数	0.717
	$C12$	液氨特性和设备老化磨损的耦合系数	0.579
	$C13$	液氨特性和管道超压的耦合系数	0.876
	$C14$	管道超压和设备故障的耦合系数	0.889
	$C15$	管道超温和设备故障的耦合系数	0.541
	$C16$	超重和设备故障的耦合系数	0.479
	$C17$	设备未定期维护和设备老化磨损的耦合系数	0.752

4. 人—机风险系统耦合作用仿真应用

（1）仿真运行。

引入系统中水平变量的初始值与参数方程，通过系统动力学软件 Vensim PLE，能直观地了解人—机风险因素耦合系统的风险水平总值的变动趋势，如图 3-14 所示。

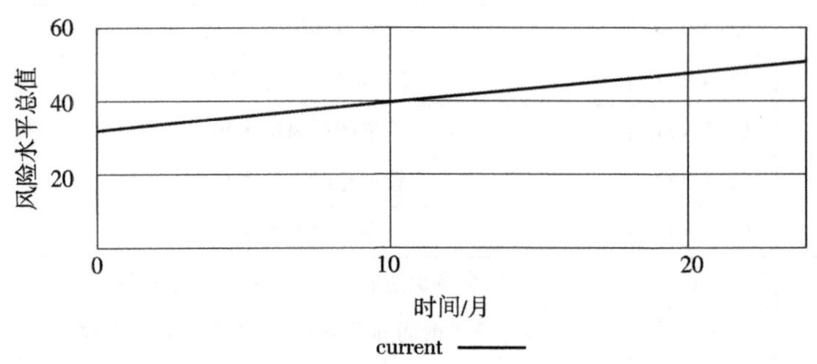

图 3-14　人—机风险因素耦合系统的风险水平总值

由图 3-14 可以看出，在引入耦合系数的情况下，人员因素和机的因素间的耦合作用导致风险逐渐增大，风险值不断累积，如果不对其进行及时的管控，就会产生巨大的风险，造成重大安全事故。通过仿真模拟，可以观察到风险系统和各风险因素的动态变化，从而对未来的发展趋势进行预测，进而对企业的液氨运输进行有效的监控。

（2）调整个别变量，分析耦合情况。

①改变单个耦合系数。

选取一个耦合系数，通过改变其数值大小，观察人—机系统的风险水平总值变化情况。本小节选取 $C9$ 作为变动的耦合系数，在原来数值的基础上，分别增加 50% 和减少 50%，观察人—机系统风险水平总值的变化情况。人—机系统风险水平总值变化情况如图 3-15 所示。

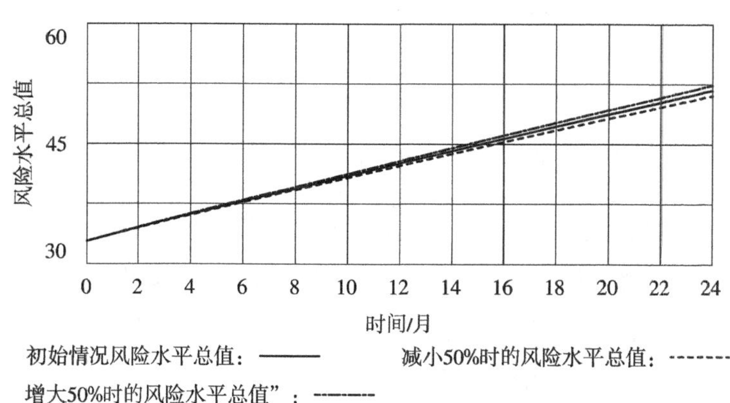

图 3-15　改变单个耦合系数时的人—机系统风险水平总值变化情况

从图 3-15 可以看出，心理素质不稳定和操作不当的耦合系数 $C9$ 增大 50% 会造成人—机系统风险增大，从第 6 月开始，风险水平总值的增长幅度发生变动，直线处于高速上升的趋势，斜率由小变大，风险同比例扩大。而心理素质不稳定和操作不当的耦合系数 $C9$ 减小 50%，人—机系统风险水平总值下降，总体增长速度逐渐减缓。通过上述对比，我们发现消弱风险因素间的耦合关系，可以有效地降低风险的规模和速度，从而增加防范和控制风险的准备时间。

②改变同质因素中的耦合系数。

本书选取同质人员耦合系数中的安全意识薄弱和违规操作的耦合系数 $C3$，同质机的耦合系数中的设备老化磨损和设备故障的耦合系数 $C10$，耦合系数同时减小 30% 的情况下，观察人—机系统风险水平总值变动情况，如图 3-16 所示。

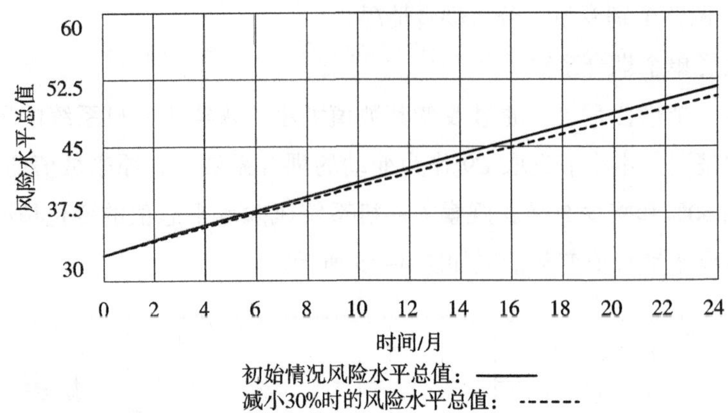

图 3-16　改变同质耦合系数后人—机风险水平总值变化情况

从图 3-16 可以看出，安全意识薄弱和违规操作的耦合系数 $C3$、设备老化磨损和设备故障的耦合系数 $C10$ 同时减小 30%，可以降低风险规模和风险增长速度。因此，降低耦合系数能够有效控制耦合作用风险，从而提高防范和控制风险的能力，减少液氨运输安全事故的发生。

③改变异质因素中的耦合系数。

改变异质人—机因素耦合系数：安全意识薄弱和设备未定期维护的耦合系数 $C2$、违规操作和设备故障的耦合系数 $C4$、操作不当和设备故障的耦合系数 $C5$，以及设备故障和心理素质不稳定的耦合系数 $C11$。将各耦合系数分别减小 30%，研究人—机系统的风险程度，如图 3-17 所示。

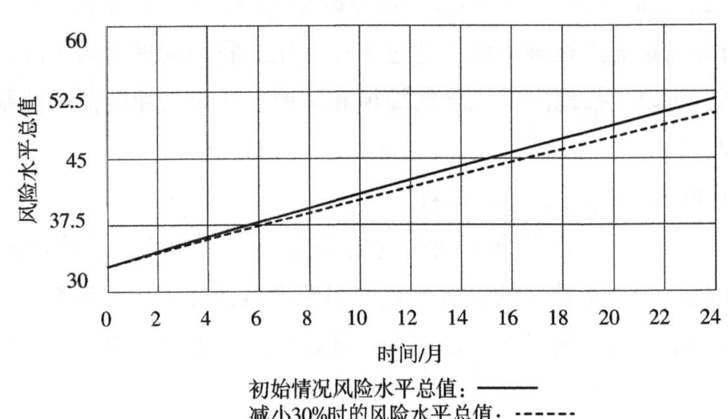

图 3-17　改变异质耦合系数后人—机风险水平总值变化情况

如图 3-17 所示，减小异质人—机耦合系数后，人—机系统风险水平总值的增加速度减慢。异质风险因素造成的风险时间长、危害大，需要企业在风险耦合作用加强之前介入进行及时的管理和控制，避免安全事故的发生。

3.2.3　对策和建议

人—机风险系统的仿真表明，不同因素之间的耦合系数越大，其引起的风险也就越大，而多个因素的综合作用所产生的风险要比两者引起的风险大。因此，要想减少 A 公司的液氨运输风险，必须采取相应的措施，降低风险的程度。本小节从分析耦合的基本理论出发，提出对策与建议，以降低 A 公司液氨运输中的风险因素耦合所带来的风险。

1. 控制子系统的单风险源

对各个子系统的风险进行监测，并及时地对其进行风险控制，加强对人员因素的控制，对运输设备和环境的变化进行监控，及时发现和识别潜在的风险，并制定相应的风险管理制度；完善应急管理措施，当某个子系统出现问题时，优先控制该系统和与之相连的系统，实现对风险源的精准控制，减少事故的发生。

2. 错开子系统的风险波峰

首先要明确子系统峰值出现的时间，以便在时间上错开波峰；其次要加强各子系统的独立性，在人员因素对液氨运输风险的影响程度较大时，要加强对人员因素的管控，避免人员因素和其他风险因素的碰撞，以减少事故的发生。

◉ 本章参考文献

[1] 施式亮，陈晓勇，刘勇，等. 基于 AHP 耦合度的危化品道路运输风险因素耦合特征 [J]. 湖南科技大学学报（自然科学版），2021，36（1）：23-29.

[2] 李丽，周荣义，王凌睿，等. 基于后悔理论的危化品公路桥梁运输风险评估 [J]. 安全与环境工程，2022，29（2）：71-77.

[3] 王旭磊. 危化品道路运输事故影响因素分析和安全对策 [J]. 公路交通科技，

2017, 34 (10): 115-121.

[4] 陈晓勇，施式亮，李润求，等. 基于 FUZZY-AHP 的危化品仓储安全等级综合评价模型与应用 [J]. 湖南科技大学学报（自然科学版），2017，32（1）：85-89.

[5] 卢建锋，王彪. 基于 ISM 和 BN 的危险品仓储系统安全风险评估 [J]. 消防科学与技术，2021，40（12）：1770-1774.

[6] 涂源原，李润求，王欢欢，等. 基于改进分级指数法的危化品道路运输风险评估 [J]. 湖南科技大学学报（自然科学版），2021，36（4）：8-14.

[7] GUO J, LUO C, MA K J. Risk coupling analysis of road transportation accidents of hazardous materials in complicated maritime environment [J]. Reliability engineering & system safety, 2023: 229.

[8] 曲和鼎，王恒毅. 安全软科学的理论与应用 [M]. 天津：天津科技翻译出版社，1990.

[9] 何志. L 机场空管安全保障能力评估研究 [D]. 贵阳：贵州大学，2019.

[10] 杨奇峰. 煤矿顶板事故风险因素耦合机理及防控策略研究 [D]. 徐州：中国矿业大学，2023.

[11] FLEMING L, SORENSON O. Technology as a complex adaptive system: Evidence from patent data [J]. Research policy, 2001, 30 (7): 1019-1039.

[12] 王焕新，刘正江. 基于 N-K 模型的海上交通安全风险因素耦合分析 [J]. 安全与环境学报，2021，21（1）：56-61.

[13] VANCOUVER J B, TAMANINI K B, YODER R J. Using dynamic computational models to reconnect theory and research: Socialization by the proactive newcomer as example [J]. Journal of management, 2010, 36 (3): 764-793.

第4章

融合风险因素的危化品运输流程优化

近年来，我国化工行业发展迅速，带动了危化品物流行业的高速发展。危化品涉及汽车、地产、进出口贸易等各领域，危化品运输需求也伴随着化工行业规模的不断扩大而日益提升。危化品物流一直深受化工行业的重点关注，由于其承运货物的特殊性，要求物流环节的专业化管理水平不断提高，对运输、装卸、搬运、配送、包装等具体流程操作的规范性有了更为严苛的要求。运输作为现代危化品物流中不可或缺的重要环节，主要方式包括公路运输、水路运输、铁路运输与航空运输，但由于危化品公路运输的灵活性优势明显，在化工运输中一直占据主要地位。中国危化品物流网数据显示，截至 2023 年，公路运输量占整体危化品物流市场的 70%。

我国危化品公路运输企业超过 1.3 万家，虽然企业数量众多，但质量良莠不齐，现有的危化品运输企业多为大型国有化工企业下属子公司以及中小型民营企业，对现代物流理念的了解比较片面，缺乏专业化的运输管理，一些企业的管理水平较为低下。对此，我国相关部门出台了众多与运输相关的规章制度，如《危险货物道路运输安全管理办法》，用于保障危险货物道路运输安全，预防危险货物道路运输事故发生，进一步保障人民生命安全、环境安全和财产安全，对托运、装卸、车辆通行等环节提出了具体的管理要求。目前，我国危化品多数需要异地运输，供给与需求之间还存在较大差距，同时运输安全管理水平相对落后，相关人员安全意识较为薄弱，导致运输事故时有发生。例如，2020 年浙江温岭“6·13”槽罐车爆炸事故造成 20 人遇难、170 余人受伤；2022 年 5 月 6 日新疆吐乌大高速上发生公路油罐车撞击火灾事故。中国应急管理部 NRCC 平台统计数据显示，2019 年至 2023 年第一季度的危化品公路运输一般以下事故共计 994 起，一般事故共计 55 起，较大事故共计 3 起，重大事故 1 起。

A 公司是一家专业从事危化品运输的企业，其主要经营项目是专业提供危化类产品的物流运输方案，运输环节是危化品行业最容易发生风险的部分，受到高温等恶劣天气、路况、车辆安全状况、运输人员素质、设备设施状况等诸多因素的影响。目前已知 A 公司在运输安全方面并未发生重大危化品风险事故，但一般安全事故时有发生，例如，员工在未计量罐内容量的情况下，私自开启阀门进行卸车作业。业务流程作为运输业务的关键要素，其流程风险水平影响着运输能力的优劣，A 公司应在考虑风险因素的背景下进行运输业务流程的优化，进而提高公司运输环节的风险管理水平，减少运输过程中事故的发生。

本章通过相关技术和方法的应用，以降低危化品业务流程风险水平为目标，进行融合风险因素的流程优化。在以往流程优化的研究中，大多是通过缩短流程时间对业务流程进行重组优化，或是对运输成本和风险之间进行博弈，从而得到最优解。本章的研究对象为危化品，把风险因素作为主要分析目标，通过相关业务流程优化方法、业务流程建模方法以及风险分析方法，进行融合风险因素的运输流程优化。从不同角度对业务流程进行优化研究，进一步丰富了现阶段的业务流程优化相关研究。

A 公司从事危化品运输业务，风险不可避免地存在于其业务流程中，运输风险事故的发生对个人、公司以及社会都会造成不同程度的财产损失和人员伤亡。本研究通过对 A 公司进行实地考察、调研以及访谈，得到 A 公司运输业务流程现状，通过识别危化品运输流程中存在的风险因素，进行融合风险因素的运输业务流程优化，并针对其风险因素采取相应的风险管控措施，提高 A 公司运输业务的风险管理水平。同时，为与 A 公司情况相似的危化品运输企业提供有益的参考。

4.1　相关研究与技术路线

4.1.1　国内外研究现状

4.1.1.1　危化品运输相关研究

目前国内外在危化品运输方面的相关研究主要涉及路径优化、风险优化及流程优化三个方面。

1. 运输路径优化方面

例如，Wang 等（2023）提出一种多目标混合整数线性规划优化模型，在考虑成本因素的前提下，进行危化品公路运输路线的优化。Song 等（2023）采用双目标优化方法，优化轨道—卡车网络中危险货物运输的服务模式和路线，采用 MMAS 算法进行模型验证。国内学者李景娜等（2019）以时间窗为约束条件，通过规划危化品运输路径来减少危化品运输事故。李树民（2020）调查了 339 起危化品交通运输事故，分析事故形成机理，构建道路运输风险指标体系，建立运输风险—成本的双目标选线模型并结合算法求解，得到最优路径。郭硕等（2022）构建并改进基于 EDAS 方法的危化品道路运输路径决策模型，确定危化品道路运输的最优路径。

2. 运输风险优化方面

例如，Wang 等（2019）运用物联网和大数据技术针对化工园区的危险废物管理进行系统优化，减少危险废物运输的潜在风险。Men 等（2022）通过定义多目标交通网络设计模型，完成优化运输风险和运输成本的目标。国内学者李树峰等（2020）针对危化品企业的应急管理体系，对应急预案管理、应急队伍建设以及应急演练方面进行风险优化，并提出相应的对策建议。叶益健（2023）构建了基于因子学习的危化品车辆道路运输风险分析模型，通过风险预测进行运输风险优化。

3. 运输流程优化方面

Roy 等（2021）开发了基于混合整数非线性规划的模型，针对危化品供应链流程安全和供应链经济两方面进行流程优化，以危险限值和利润两个指标权衡最优解。Wang 等（2021）针对危化品废物的逆向物流网络进行流程优化，提出多目标混合整数确定性和随机数学模型以最大限度地降低运输风险。朱思文（2019）利用 DMAIC 方法对石油运输进行执行、结算、处理及维修方面的流程优化，有效提升了流程效率并实现了信息化改进。胡贵彦等（2023）通过构建 Petri 网模型来优化铁路整车货物运输发送端与接收端作业流程，提高作业效率。

4.1.1.2 危化品运输风险因素相关研究

目前国内外学者对于危化品运输风险因素的识别已有一定成果。例如，Zhou 等（2020）基于故障树分析方法（FTA）对危化品运输安全风险进行研究，运输风险主要分为主要风险（自然火源、人工火源、静电、操作不当、设备故障）、一般风险（车辆振动、搬运不当、未安全检查）和次要风险（自然环境条件）。Han 等（2021）建立了危化品运输企业发展水平评价指标体系，以 A 公司选择危化品运输公司为例，采用层次分析法确定指标权重。Jiang 等（2021）从事故影响对象、事故分析模块、事故原因数量三个方面分析了事故成因。Ma 等（2021）分析了 94 起危化品道路运输事故案例，基于 FRAM 分析方法和专家判断对危化品道路运输系统进行风险因素的识别，共确定 32 个风险因素，并计算风险因素的可能性和后果的权重。Cengiz 和 Dogan（2022）采用模糊 AHP 方法对运输成本、事故风险、运输速度、容量、灵活性、服务面积和损坏成本进行权重评估，并确定运输方式。Jiang 等（2022）利用 STEP 分析 54 项法律法规以及 24 起事故案例，使用 CREAM 分析并获得每项紧急活动的人为错误概率。Chang 等（2022）统计了 2015—2019 年的 483 起危化品道路事故案例，基于层次分析法进行风险因素分类并确定权重，分为危化品危险程度、雨天、超速、超载、疲劳驾驶五类，同时利用 TruckSim 软件对危化品运输车辆进行事故仿真。Cheng 等（2023）使用动态贝叶斯网络发现驾驶员的状态、道路类型、天气因素和车辆之间的距离对危化品运输事故造成的社会风险具有重要影响。刘刚（2019）综合考虑了危化品的种类、运输规模、运输路径、作业气象条件和特殊时段、装卸作业工作负荷、停车场地、场所负荷、运输时间等要素特征，构建改进型危化品道路运输定量风险评估模型。哈建东（2023）基于模糊层次分析法构建危化品运输道路风险指标体系，分为人员因素、危化品因素、运输设备、运输环境、组织管理五类。严晨等（2023）基于 ARM 和 ISM 方法对危化品罐车事故进行致因分析，将风险因素大致分为管理、环境、人员以及设备因素，并细分为 9 类、23 个子风险因素。唐箫等（2023）基于改进的模糊层次分析法将影响危化品道路运输事故的风险因素分为人员、车辆、道路、环境、管理、危化品 6 个一级风险源指标，以及 23 个二级风险因素指标。

4.1.1.3　基于 Petri 网的危化品业务流程建模相关研究

Petri 网建模方法最早是由德国科学家卡尔·亚当·佩特里（Carl Adam Petri）于 1962 年首先提出的，用来描述计算机系统事件之间的因果关系。国外学者最早将 Petri 网建模方法应用于危化品流程建模，主要研究危化品的生产流程或装卸活动，以及基于 Petri 网的危化品业务流程风险评价。例如，Srinivasan 和 Venkatasub-ramanian（1996）最先提出赋时着色 Petri 网融合风险因素框架，针对化工厂的产品生产流程进行建模分析。Balasubramanian 等（2002）构建了用于分析液态氨负载过程的通用 Petri 网模型，开发了故障机制融入子 Petri 组件，仿真证明其危险识别的可行性。Nivolianitou 等（2004）以气态氨的码头装卸活动为例，对比三种事故分析技术，并使用 Petri 网进行业务流程建模，发现 Petri 网更能表现事件的时间特性。Kamil 等（2019）采用广义随机 Petri 网对化学工厂的多米诺效应事故可能性及其传播模式进行建模，该模型有助于监控过程风险。Zhou 和 Reniers（2020）提出一种考虑否决因素的加权模糊 Petri 模型，模拟风险因素之间的关系，以化工产品生产工艺为例验证其可行性。目前国内学者在危化品业务流程中使用 Petri 网建模的研究相对较少，崔晓颖（2015）基于广义随机 Petri 网对石油管道事故应急救援流程进行建模，依据灰数理论进行性能分析，并设计实时巡检预警系统。杜轶波（2015）提出一种工作流赋权性能着色 Petri 网，对危化品物流储运流程进行建模与优化，同时基于 RFID 与 WSN 技术构建危化品物流智能检测信息系统。金浩等（2022）提出一种多层模糊变权 Petri 网模型，对深远海溢油回收作业进行建模，并推导其风险演化路径和初始原因。温福妍等（2022）通过 Petri 网构建船舶海上加油作业过程模型，得到存在安全隐患的节点。古莹奎等（2023）提出一种分层模糊 Petri 网风险评估方法，利用专家知识和 Petri 网层次分解原则，构建系统故障模式和故障原因之间的因果关系。

4.1.1.4 文献述评

综合上述文献内容可知：

（1）目前国内外学者对于危化品运输的相关研究主要聚焦在危化品运输路径优化和风险优化两个方面，面向危化品运输全过程的流程优化研究相对较少，而且在现有研究中，并未充分考虑影响危化品运输流程的风险因素。

（2）目前国内外学者对于危化品道路运输风险因素的识别已有一定的研究成果，由于研究内容的不同，风险因素的识别存在一定的差异。风险因素主要分为人员、车辆、道路、环境、管理、危化品理化性质等，但具体的风险因素需要根据相应危化品运输流程进行识别。

（3）Petri 网最早由国外学者应用于危化品流程建模，但大多数的研究聚焦在危化品的生产阶段以及装卸搬运活动，危化品运输流程建模方面的研究较少。风险因素在流程中的融合已有一定的研究成果，多数处于完善阶段，但为本研究提供了一定的参考价值。

综上所述，在现有研究中，缺少对运输流程中存在的风险因素进行全面性、系统性的识别、演化及融合的研究，并且已有研究重点关注时间—成本、成本—风险角度的流程优化问题，而面向危化品此类特殊货物，需要将流程风险作为主要研究对象，已有研究为本研究进一步识别危化品运输流程中存在的风险因素提供了参考价值。本章以 A 公司危化品运输流程现状为研究背景，首先采用故障树、事件树以及相关事故案例进行风险因素的识别研究。然后融合所识别的风险因素对运输流程进行优化，并基于随机着色 Petri 网对优化后的运输流程模型进行建模，运用马尔可夫链等风险分析方法对所构建的 SCPN 模型进行性能分析，比较不同风险因素对整体运输流程的影响程度，同时为 A 公司的危化品运输提出相应的风险管控对策。

4.1.2 研究方法与技术路线

本章围绕 A 公司危化品运输流程优化进行研究，首先，简要介绍 A 公司及其危化品经营范围、组织结构以及危化品运输现状；通过对 A 公司的运输现场进行业务流程调研，梳理其危化品运输业务流程。其次，根据国内过往真实事故案例、文献归纳以及A公司实际运输风险，探究其危化品运输业务流程中存在的风险事件，利用故障树分析其流程风险因素。接着对A公司危化品运输业务流程进行融合风险因素的建模优化，以液氨运输业务为研究对象，构建A公司融合风险因素的液氨运输作业流程SCPN模型。最后，通过马尔可夫链对运输流程进行性能分析，基于风险函数得到不同风险因素影响下的运输流程风险波动情况，并针对运输流程中的风险事故演化提出进一步的安全管理办法。

4.1.2.1　研究方法

（1）文献研究法。通过查阅和整理危化品运输流程优化、Petri网流程建模、道路运输风险因素等相关文献，深入了解危化品运输行业的研究热点及理论方法，在已有学者研究基础上，构建融合风险因素的运输流程优化方法。

（2）故障树分析法。故障树分析法是通过确定流程事故或故障事件发生的原因，对故障事件进行递进式演化分析，利用相应逻辑符号描述其因果关系，形成一种特殊的倒立树状图。本研究借助故障树识别出危化品运输流程中存在的风险因素及其风险事件演化过程。

（3）Petri网模型。Petri网可以形式化地定义为$PN=\{P,T,F,M0\}$，通过库所、变迁、有向弧和标记的有机组合完成对运输流程的建模，赋予其含义进行数字图形化表示，同时验证其可达性、合理性、有界性等性质。本书将在第4.2.3节基于随机着色Petri网构建融合风险因素的液氨运输流程模型。

4.1.2.2　技术路线

本章通过识别风险因素及其演化过程，融合风险因素对危化品运输业务流程进行优化研究，技术路线如图4-1所示。

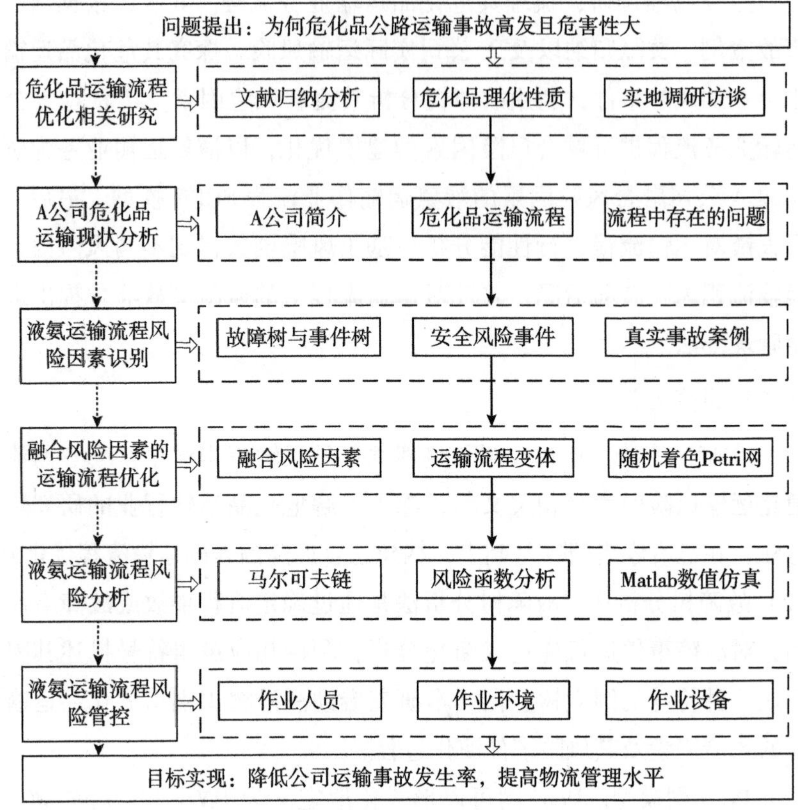

图 4-1　技术路线

4.2　相关理论与方法

4.2.1　危化品的概念物流

4.2.1.1　危化品的概念

根据现行《危险化学品安全管理条例》（2013 年国务院令第 645 号）第三条，危险化学品是指具有毒害、腐蚀、爆炸、燃烧、助燃等性质，对人体、设施、环境具有危害的剧毒化学品和其他化学品。我国根据不同的标准对化学品有着不同的分类，目前沿用国家标准《危险货物分类和品名编号》（GB 6944—2012），把危化品分为 9 类。

表 4-1　危化品分类目录

危化品分类	具体内容
第 1 类：爆炸品（硝铵炸药、梯恩梯等）	①有整体爆炸危险的物质和物品，如高氯酸 ②有迸射危险，但无整体爆炸危险的物质和物品 ③有燃烧危险并有局部爆炸危险或局部迸射危险或这两种危险都有，但无整体爆炸危险的物质和物品，如二亚硝基苯 ④不呈现重大危险的物质和物品 ⑤有整体爆炸危险的非常不敏感物质 ⑥无整体爆炸危险的极端不敏感物质
第 2 类：气体	①易燃气体，如乙炔、丙烷、氢气、液化石油气、天然气、甲烷等 ②非易燃无毒气体，如氧气、氮气、氩气、二氧化碳等 ③毒性气体，如氯气、液氨、水煤气等
第 3 类：易燃液体	如油漆、香蕉水、汽油、煤油、乙醇、甲醇、丙酮、甲苯、二甲苯、溶剂油、苯、乙酸乙酯、乙酸丁酯等
第 4 类：易燃固体、易于自燃的物质、遇水放出易燃气体的物质	①易燃固体、自反应物质和固态退敏爆炸品，如硝化棉、硫磺、铝粉等 ②易于自燃的物质，如保险粉等 ③遇水放出易燃气体的物质，如金属钠、镁粉、镁铝粉、镁合金粉等
第 5 类：氧化性物质和有机过氧化物	①氧化性物质，如双氧水、高锰酸钾、漂白粉等 ②有机过氧化物
第 6 类：毒性物质和感染性物质	①毒性物质，如氰化钠、氰化钾、砒霜、硫酸铜、部分农药等 ②感染性物质
第 7 类：放射性物质	铱-192、钋 210、镭 228、钍 230、钠 22、钴 60、碘 131、铅 210 等
第 8 类：腐蚀性物质	如盐酸、硫酸、硝酸、磷酸、氢氟酸、氨水、次氯酸钠溶液、甲醛溶液、氢氧化钠、氢氧化钾等
第 9 类：杂项危险物质和物品，包括危害环境物质	锂电池组：如 UN 3090、UN 3091、UN 3480 和 UN 3481 等

4.2.1.2　危化品物流

1. 物流

国家标准《物流术语》（GB/T 18354—2021）将“物流”定义为：“根据实际需要，将运输、储存、装卸、搬运、包装、流通加工、配送、信息处理等基本功能实施有机结合，使物品从供应地向接收地进行实体流动的过程。”

2. 危化品物流

按照《危险化学品安全管理条例》的规定，危化品物流是指运输危化品的物流行业，也指其储存、配送等相关操作过程，包括危化品客户准备、物品整理、发运、装载、交付、货运保险、物流报关等运输事务。

3. 危化品运输

“运输”就是商品的载运和输送。目前，在运输行业，当需要运输的货物被要求由具有特定运输资质的车辆进行运输，则认为此类危险货物专指危化品货物，否则视为普通货物运输。传统货物运输流程主要包括发货、在途运输、接收三个阶段。

4.2.2 业务流程优化相关理论

4.2.2.1 业务流程的基本概念

迈克尔·哈默（Michael Hammer）与詹姆斯·钱皮（James A. Champy）在《企业再造：企业革命的宣言书》一书中对业务流程的经典定义：我们定义某一组活动为一个业务流程，这组活动有一个或多个输入，输出一个或多个结果，这些结果对客户来说是一种增值。简言之，业务流程是企业中一系列创造价值的活动的组合。业务活动可以输入一个或多个起点，进而输出不同结果，是企业在业务完成过程中创造客户价值的活动。业务流程目前并没有明确的定义，各学者从自身研究目的出发对业务流程进行了定义。

4.2.2.2 业务流程优化

业务流程优化实质上是对业务流程管理再造或活动优化的过程，企业需要发展，业务流程的不断优化体现为阶段性战略目标的实现、战略定位的变化以及战略思维的提升。流程优化需要符合企业的发展策略，通过一系列活动不断完善并优化业务流程，在服务质量、成本以及效率上实现突破性改变，从而提升企业的市场竞争优势，最终达到令顾客满意的目的。企业在其发展的不同阶段需要制定不同的流程优化策略来实现提高企业绩效的总体目标。业务流程优化的基本过程如图 4-2 所示。

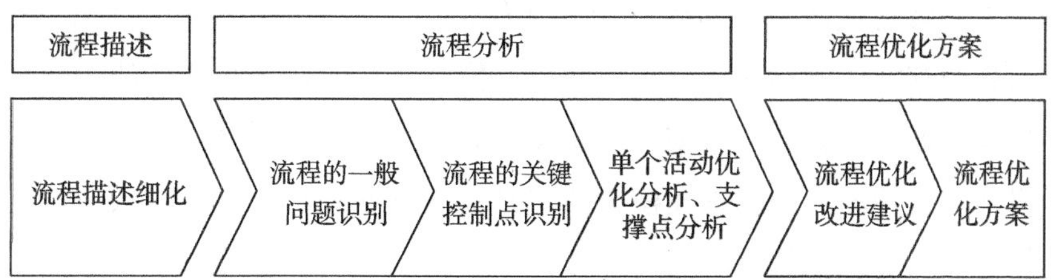

图 4-2　业务流程优化的基本过程

流程优化关键因素体现在以下三个方面。

1. 现有业务流程的扩展

公司是不断发展的，公司业务水平随之提升，公司面对业务的扩大需要不断丰富其业务流程，业务流程只有不断扩展、更新、优化，才能适应公司与时俱进的发展变化。

2. 业务流程的差异性

公司的业务板块是多样的，不同的业务对象需要构建不同的业务流程，规划流程对于公司业务来说具有必要性。不同部门之间的沟通协作需要针对不同的业务需求设置不同流程，以达到节约时间、提升效率的目的，从而更好地实现统一的规范化管理。

3. 业务流程的灵活性

业务流程的运行过程不是一成不变的，在传统的以职能为导向的中心管理模式中，流程服务于组织结构，在面对突发情况时，不能及时应对并处理。通过流程变体能够事先设置好流程转向，在遇到紧急事务时，流程可以灵活变通，保证业务活动的顺利、按时完成，减少效率低下、流程拖延、顾客抱怨等现象的发生。

4.2.2.3　业务流程建模方法

业务流程建模（BPM）是对业务流程进行系统性表达的方式，主要用于流程分析与重组，这种方式能够有效地提高系统分析效率和进行目标优化。企业的业务流程具有许多复杂的业务场景，良好的建模方法能够直观地表达不同应用场景的业务需求，流程建模的目的就是利用数学模型结合直观图形对系统中的复杂流程进行直观表示，实现对企业业务流程的高度还原。业务流程建模能够直观地表达业务流程的运行情况，同时可以借助相关的分析方法对流程中存在的问题进行分析、解决，使企业在实际进行业务流程优化时，能够根据模型做出相应的调整，以避免不必要的损失。

目前，常用的业务流程建模方法包括流程图建模、IDEF 建模、角色行为图建模链以及 Petri 网建模。

1. 流程图建模

该方法使用统一规定的标准符号描述流程运行，将业务流程活动分解为多个具体步骤并进行图形表示，同时结构化的程序设计可实现流程的有序运行，直观表示业务流程的运行情况。但是，该方法只能对业务流程进行基础的性能分析，并且对业务流程优化的支持能力较弱。

2. IDEF 建模

IDEF 建模方法通过计算机辅助制造流程，为企业提供了一种全面、深入描述内部运作的有效工具。目前 IDEF 建模衍生出了多种方法用于解决不同问题，其中包括 IDEF0、IDEF1、IDEF3、IDEF5 等。但是，该方法缺乏功能范围和问题定义，存在不支持动态建模的缺点。

3. 角色行为图建模

在业务流程模型构建过程中，角色行为图（RDA）是以岗位角色为导向，强调各角色的职责，以及角色之间的相互作用和活动关系。但是，该方法只能对模型进行整体分析，缺乏分解模型的能力，难以对较为复杂的业务流程进行描述。

4. Petri 网建模

Petri 网是一种数学建模工具，能够准确地描述业务流程中事件的并发等关系，具有较强的表达能力。此外，Petri 网具有多种分析方法，并且有较强的计算机化水平，可以直接通过计算机完成对业务流程模型的构建与分析。

以上四种业务流程建模方法的比较如表 4-2 所示。

表4-2　业务流程建模方法比较

项目	流程图建模	IDEF 建模	角色行为图建模	Petri 网建模
图形化表示	有	有	有	有
数学化表示	无	无	无	有
模型表达能力	一般	一般	一般	较强
对流程优化的支持	较弱	一般	较弱	较强
动态建模	不支持	不支持	不支持	支持
支持仿真	不支持	不支持	不支持	支持
理论基础	较弱	较完善	一般	较完善

由表4-2可知，Petri网建模方法具有很好的模型表达能力，理论基础较为完善，且支持动态建模和流程仿真。此外，针对Petri网模型已有多种分析方法，能够为流程优化提供较强的支持。

4.2.3　Petri 网建模方法

4.2.3.1　基本 Petri 网理论

Petri网适用于描述异步的、并发的计算机系统模型，主要用来解释事件与条件之间的因果关系，广泛应用于系统的建模、仿真和分析。系统流程状态是由库所（Place）中存在的令牌（Token）进行建模得到的，分为初始状态、可达状态、不可达状态和终止状态，变迁（Transition）的发生和完成引起系统状态的改变，正在进行的变迁没有确定的状态。令牌表示动态对象，可以转移；库所代表媒介、地理位置或条件，变迁代表事件、操作、转化或传输。

1. 基本Petri网的定义

基本Petri网是由P、T、F三种组元构成的有向图，即$N=(P,T,F)$，其中状态由库所表示，活动由变迁表示，变迁的功能是改变状态，库所的作用是确定变迁能否发生：

（1）$P=(P_1,P_2,P_3,\cdots,P_n)$为有限状态集合；

（2）$T=(T_1,T_2,T_3,\cdots,T_n)$为有限变迁集合（$P\cup T\neq\varnothing$，$P\cap T=\varnothing$）；

（3）$F\subseteq(P\times T)\cup(T\times P)$为流关系集；

(4) $dom(F) \cup cod(F) = P \cup T$, $dom(F) = \{x \mid \exists y:(x,y) \in F\}$, $cod(F) = \{y \mid \exists x:(x,y) \in F\}$;

P 为圆形节点，T 为方形节点，F 为网的流关系，即有向弧的集合，$dom(F)$表示有向弧起点的集合，$cod(F)$表示有向弧终点的集合，库所、变迁与流关系均不能为空。

2. 基本 Petri 网标识

在 Petri 网中，库所表示的状态及资源情况用库所中包含的令牌数$m(p)$表示，若 $m(p)=1$，则表示库所中含有一个令牌。各个库所中令牌的集合构成标识（Marking），标识的定义如下：设 $N=(P,T,F)$ 为一个 Petri 网，映射 $M:P\{0,1,2,3,\cdots\}$ 称为 Petri 网 N 的一个标识。

3. 基本 Petri 网变迁规则

Petri 网的运行是靠变迁完成的，变迁的发生意味着令牌转移，即从输入库所向输出库所移动。当变迁能够发生时，则称变迁是使能的，变迁的使能需要满足一定的变迁规则，变迁规则是判断在给定的标识下变迁是否能够发生的条件，其定义为：一个带有标识 M 的 Petri 网 $PN=(P,T,F,W,M)$，若 $\forall pi \in P$ 都有 $M(pi) \geqslant w(pi,tj)$ 且 $\forall pi \in P:M(pi)+w(pi,tj) \leqslant K(pi)$，其中，$w(pi,tj)$是 pi 到 tj 的连线权重，$K(pi)$为库所容量，则称变迁 tj 是使能的。

4.2.3.2 基本 Petri 网的性质

1. 可达性

可达性是 Petri 网的基本动态特性。Petri 网的初始标记 $M0$ 通过 1 个或 n 个变迁的发生形成一个新的状态标记 Mn，则 $M0$ 至 Mn 可达。按照变迁的使能规则，可达的所有状态标识的集合称为可达集，若某个标识无法从任何变迁可达，则在 Petri 网中，这种状态不会发生，会出现死锁现象。所以可达性是保证 Petri 网可以正常运行的重要性质。

2. 有界性

设 $PN=(P,T,F,M0)$ 为 Petri 网，$p \in P$，如果存在一个正整数 B，使得 $\forall M \in R(M0):M(p) \leqslant B$，那么称库所 p 为有界的。并称满足此条件的最小正整数 B 为库所 p 的界，记为 $B(p)$。即 $B(p)=\min\{B \mid \forall M \in R(M0):M(p) \leqslant B\}$，其

中 $R(M0)$ 为 M 的可达集，若每一个库所均是有界的，则称 PN 为有界的。

3. 活性

活性是判断 Petri 网中有无死锁的重要性质，其定义如下：设 $PN=(P,T,F,M0)$ 是一个 Petri 网，$M0$ 为初始标识，$t\in T$。如果对任何 $M\in R(M0)$，都存在 $M'\in R(M)$，使得 $M'[t>$，则称变迁 t 为活的。如果每个 t 都是活的，那么就称 PN 为活的 Petri 网。

4. 局限性

经典 Petri 网的局限性表现在以下四个方面：①初始输入库所至少含有一个令牌；②同类型资源如果在模型中平铺显示，结构将变得庞大；③基本模型不能反映时间和时间延时大小；④模型直观表示业务流程，但无法观察建模的层次结构。为了解决经典 Petri 网中的限制问题，开发了高级 Petri 网，在以下方面进行了扩展：

（1）令牌着色。表现出令牌建模对象的具体特征，通过定义颜色集来表现令牌着色对象的各种属性特征。例如，一个令牌可以代表一扇门（防盗门，1.5 米，钢制）。

（2）时间。业务流程运行按照时间先后顺序发生，为了方便分析，在变迁规则中设置时间延迟，令每一个令牌拥有一个时间戳，变迁决定生产出的令牌的延迟。

（3）层次化。复杂结构的 Petri 网模型，在某一节点可以进行展开，形成子网。子网是由库所、变迁以及可能包含的其他子网构成的网络。

（4）时序。增加时序逻辑的定义，以便更好地描述行为过程。

4.2.3.3　随机着色 Petri 网

在随机着色 Petri 网（SCPN）中，"随机"表示为每个变迁分配执行速率，使得在连续时间内能够对系统过程进行有效模拟。而"着色"表示将颜色集绑定到每个位置，不同的颜色集代表不同的系统资源。通过定义颜色集，实现了风险因素的整合，并通过状态转换反映了风险因素的演化过程。随机着色 Petri 网的定义如下。

定义 1　$SCPN$ 定义为一个八元组，即 $SCPN=(P,T,Arc,\sum,C,E,M0,$

λ)，其中：

（1）P 和 T 表示库所和变迁集合；Arc 表示有向弧集合，且 $P \cap T = P \cap Arc = Arc \cap T = \varnothing$；$Arc \in P \times T \cup T \times P$，$dom(Arc) \cup cod(Arc) = S \cup T$，其中 dom 和 cod 分别表示定义域和值域。

（2）Σ表示颜色集，用于描述令牌的数据类型。

（3）C 表示颜色集合，包括库所颜色集合 C（p）和变迁颜色集合 C（t）。

（4）E 表示弧表达函数，满足 $\forall a \in Arc$：$[Type(E(a)) = C(p)MS \cap Type(Var(E(a)) \subseteq \Sigma]$；弧表达式函数将每一条弧都映射到一个类型 $C(p)MS$ 的表达式中。

（5）$M0$ 表示为 $SCPN$ 的初始标识。

（6）$\lambda = \{\lambda 1, \lambda 2, \cdots, \lambda n\}$ 是变迁平均实施速率的集合，表示在可实施的情况下，单位时间内的平均实施次数。

定义 2 假设 $SCPN = (P, T, Arc, \Sigma, C, E, M0, \lambda)$，如果存在 $t \in T$，使得 $M0[t>M'$，则称 M'为从 $M0$ 可达的。如果存在变迁序列 $t1, t2, \cdots, tk$ 和标识序列 $M1, M2, \cdots, Mk$，使得 $M0[t1>M1[t2>M2, \cdots, Mk-1[tk>Mk$，则称 Mk 为从 $M0$ 可达的。

4.2.4 风险分析方法

4.2.4.1 事件树与故障树

1. 基本概念

故障树分析是由上而下的演绎式失效分析方法，利用布林逻辑组合低阶事件，分析系统中不希望出现的状态。故障树分析也用于化工领域的风险识别，针对顶端事件发生的原因进行优先次序排序。

事件树分析是按事故发展的时间顺序，由初始事件开始推理其可能引发的后果，从而进行危险源辨识的方法，将系统中可能发生的某种事故与导致事故的原因之间的逻辑关系用树形图进行表示。

2. 故障树分析步骤

故障树分析步骤：①熟悉系统，包括工作程序、各种参数、作业情况；

②调查事故，包括已发生的事故和可能发生的事故；③确定顶上事件，就是所要分析的对象事件；④确定目标，求出事故发生的概率并评价事故的严重程度；⑤调查原因事件，包括调查与事故有关的所有原因事件和各种因素；⑥画出事故树，从顶上事件起进行演绎分析，按照其逻辑关系绘制；⑦定性与定量分析，首先确定各基本事件的结构重要度排序，其次得到避免事故发生的最佳解决方案。

3. 事件树分析步骤

事件树分析步骤：①确定初始事件（可能引发本次事故的初始事件）；②识别能消除初始事件的安全设计功能；③编制事件树；④描述导致事故的顺序；⑤确定事故顺序的最小割集；⑥分析结果。

4.2.4.2　马尔可夫链

1. 马尔可夫链同构 SCPN

在一个连续时间内发生的 SCPN 中，一个变迁从可实施到实施需要延时，即从一个变迁 T 变成可实施到实施之间的时间被看成是一个连续随机变量 xi（正实数）且服从以下分布函数：$Ft(x)=P\{xi\leqslant x\}$。假定变迁延时 xi 服从参数为 λi 的指数分布，可以将一个连续时间的 SCPN 同构于马尔可夫链。

证明：假设 $SCPN=(P,T,Arc,\Sigma,C,E,M0,\lambda)$ 为有界、连续时间的随机着色 Petri 网，在初始标识下是可达的，那么 $\forall m\in M0$; $\forall Pi\in P$,$Pj\in P(0\leqslant ij\leqslant K)$。则有：

（1）SCPN 是可达的，可达标识集为 $R(M0)$。$R(M0)$ 可以看成是马尔可夫链的状态集 Mi，所以库所与马尔可夫链的状态相对应。库所状态的改变对应于马尔可夫链状态的改变。

（2）若存在库所状态的转变：$Pi\rightarrow Pj$，那么有马尔可夫链状态的转变：$M(Pi)\rightarrow M(Pj)$。

（3）在一个标识 M 下，如果有 N 个可实施的变迁，那么某一时刻这 N 个变迁的实施都是可能的，对某一个变迁 $ti\in N$ 实施的可能性为：$P[M(ti)=\sum_{tk\in N}\lambda k/\lambda i$。所以有：$P[Pi\rightarrow Pj,t]=P[M(Pi)\rightarrow M(Pj),t]=\sum_{tk\in N}\lambda k/\lambda i$。

综上可知：有限位置、有限变迁的、连续时间的 SCPN 同构于一个一维的连续时间的马尔可夫链。

2. SCPN 模型性能分析

在基本 Petri 网中加入时间元素，可以构成时间 Petri 网，时间 Petri 网模型可以用马尔可夫链来表示，具体转化步骤：①在 Petri 网的基础上，给出每个变迁发生的时间，形成时间 Petri 网，并画出该网的可达图；②在可达图的每一条弧线上添加对应变迁的平均实施速率，得到与其对应的马尔可夫链；③根据马尔可夫链，得到 Petri 网的可达标识集 M；④对马尔可夫链进行性能分析，具体步骤如下：

①确定状态转移矩阵 $\boldsymbol{Q}$。

$$\boldsymbol{Q}=[q_{ij}] \tag{4-1}$$

对于转移矩阵非对角线上的元素 q_{ij} 来说：

$$q_{ij}=\begin{cases} q_{ij}, & \text{从状态 } M_i \text{ 到状态 } M_j \text{ 存在连接线,则线上标注的时间为 } q_{ij} \\ 0, & \text{从状态 } M_i \text{ 到状态 } M_j \text{ 不存在连接线} \end{cases} \tag{4-2}$$

对于转移矩阵对角线上的元素 q_{ij} 来说，q_{ij} 的值与状态 M_i 相连接的所有连线上的标注之和为 O。即

$$q_{ij}=-\sum{}_k q_{ij} \tag{4-3}$$

式中，k 表示与 M_i 相连的状态个数。

②确定超定线性方程组。

在 SCPN 模型中，一个变迁从可实施到实施之间需要延时，假设一个变迁 T 由可实施到实施之间的随机延时被看成是一个连续随机变量 X_i，同时 X_i 服从指数分布，它的分布函数为：$\forall_t \in T, F_t=1-\mathrm{e}^{-\pi tx}$。通过将 SCPN 模型的每条弧上标注的实施变迁 t_i 转化为相对应的平均实施速率 λ_t，将 SCPN 模型同构于一维的连续时间的马尔可夫链。设马尔可夫链中 n 个状态的稳定状态概率是一个行向量 $\boldsymbol{X}=(X_1,X_2,\cdots,X_n)$，则根据马尔可夫链的性质，通过式（4-

4）计算稳定概率：

$$\begin{cases} XQ = 0 \\ \sum_i x_i = i \quad (1 \leqslant i \leqslant n) \end{cases} \tag{4-4}$$

③计算库所的繁忙率和变迁的托肯速率。

标识概率密度函数是在稳定状态下，每个库所 P 中所含有的托肯数目的概率，库所的繁忙率和变迁的托肯速率就是由可达标识的概率密度函数来确定的。解线性方程组可得每个可达标识的稳定概率为

$$P[M_i] = X_i (1 \leqslant i \leqslant n) \tag{4-5}$$

对于 Petri 网中的每个库所来说，其所包含的托肯数量的概率可以使用库所的繁忙率来表示。库所繁忙率不仅能够反映各个业务活动的运行效率，而且能够反映各个作业流程在系统流程中所占时间的比重。通过计算 Petri 网中的库所繁忙率，可以为业务流程的进一步优化提供基础。对于 $\forall p \in P$，$\forall i \in N$，令 $P[M(p)=i]$ 表示库所包含 i 个托肯的概率，则库所 P 的繁忙率就可以由稳定概率求出：

$$P[M(p) = i] = \sum P(M_j) \tag{4-6}$$

变迁的托肯速率 $R(t,p)$：$\forall t \in T$ 是指单位时间内流入 t 的后置位置 p 的平均托肯数。

$$R[t,p] = W(t,p) \times U(t) \times \lambda \tag{4-7}$$

式中，U（t）是变迁 t 的利用率，代表能够使变迁 t 发生的所有标识的稳定概率之和。即

$$U(t) = \sum_{M \in E} P[M] \tag{4-8}$$

式中，E 为可以使变迁 t 发生的所有可达标识的集合。

4.2.4.3 风险函数分析

在任一系统中，风险都是不可避免的，风险事故的发生是在某些风险因素的影响下，在特定的时间、场合内共同演化所导致的，同时风险的发生也具有不确定性、损害性和可测定性的特征，而风险管理的目标是尽可能避免和减少这些风险事故的形成。风险通常可表示为事件发生的概率及后果的函数，在考虑整体系统的风险时，由于连续事件的发生导致危险事故是一个重要的考量因素，其系统风险值的计算公式为

$$R_i = \sum_{i=1}^{n} P_{event(i)} \times I_{event(i)} \tag{4-9}$$

式中，R_i 表示系统风险值；P_{event} 表示事故的发生概率；I_{event} 表示事故可能后果。事故可能后果评定如表 4-3 所示。

表 4-3 事故可能后果

分值	人员伤亡	环境影响	财产损失/万元
1	一人轻微伤	无环境影响	≤1
3	一人严重伤害，需急救	局部可控的环境影响	(1，10]
5	一人永久性失能	局部不可控的环境影响	(10，100]
7	一人死亡或多人永久性失能	严重局部不可控的环境影响	(100，500]
10	多人死亡	重大不可控的环境影响	>500

4.2.5 MATLAB 数值仿真

MATLAB 软件是一种交互式计算机系统，可用于数据分析、深度学习、图像处理与计算机视觉、量化金融与风险管理等领域。它将数值分析、矩阵计算、科学数据可视化以及非线性动态系统的建模和仿真等多种功能集成于一个可视化窗口。此外，它还包含大量算法，方便实现用户所需的各种计算功能。MATLAB 具有强大的模拟计算能力，在行矩阵运算、绘制函数和数据等方面表现出色。本节利用 MATLAB 对风险事件概率波动、流程风险值结果进行数值仿真分析，同时研究各变量的变化情况。

4.3　A 公司危化品运输流程现状分析

4.3.1　A 公司现状

4.3.1.1　A 公司简介

本章所研究的 A 公司为一家危化品运输企业，专业从事运输罐装天然气、石油气及液态氨等危化产品，无储存资质，针对城市物流配送、干线运输等提供全方位的危险品物流运输方案。公司的主要运输方式为公路运输，自有 4.2 米、6.8 米、7.2 米、9.6 米、12.5 米危险品运输车辆 20 余辆、社会合作车辆 80 余辆，可承担全国范围可达区域的陆运往返运输、城市配送、整车和零担配载等多种形式的危化品运输业务。同时运营和建设 3 个集装罐堆场，拥有各种规格形式的危化品集装罐，提供专业的 24 小时集装罐技术服务。公司的经营范围包括提供普货及危险品类别第 2 类、第 3 类、第 4 类、第 5 类第 1 项、第 6 类（剧毒货物除外）、第 8 类危化品货物的全国范围可达区域的运输、配送服务。

A 公司的组织架构主要是以职能结构进行层次划分，总经理为公司第一负责人，其下职能主要有财务总监、总助、安全副总，负责包括财务部门、运营部门、车队队长和安全科长各部门之间的统筹协作，其中员工职能包括会计员、出纳员、行政助理、人力招聘、调度员、驾驶员、押运员、安全员、操作员以及监控员，如图 4-3 所示。

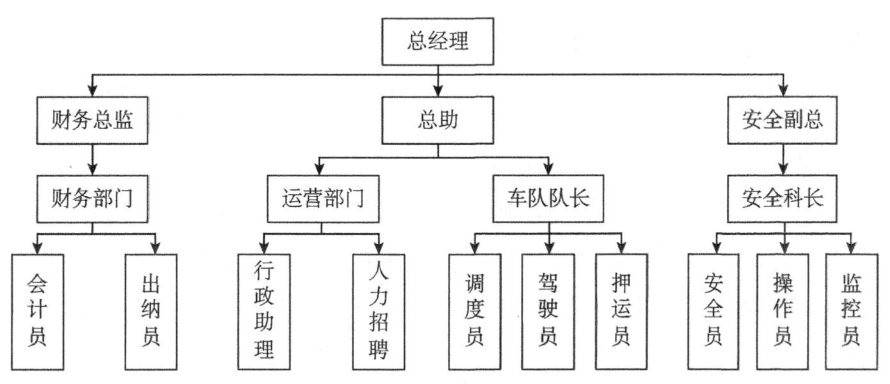

图 4-3　A 公司的组织架构

4.3.1.2 A公司危化品运输现状

A公司主要承接京津冀区域的危化品运输业务，主要运输产品为罐装天然气、石油气及液态氨等危化产品，依靠自有车队和社会合作车辆联合进行公路干线运输，城市辐射范围较广。目前A公司主要使用卫星定位服务平台，其主要功能包括实时定位、轨迹回放、录像回放、报表查询、信息管理与安全培训，用于实时监测车辆信息和驾驶员状态（运输前驾驶员使用身份ID卡进行识别确认）。可监测范围包括车牌号码、行驶速度、车辆状态、今日里程、位置信息、卫星信号强度以及车辆告警。A公司使用的卫星定位服务平台如图4-4所示。

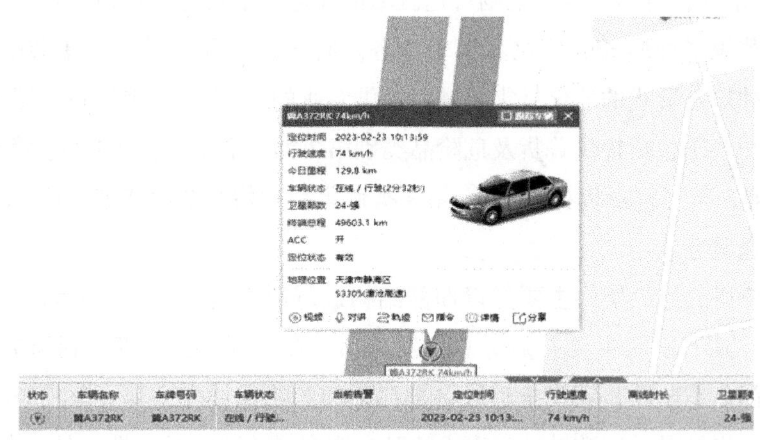

图4-4 卫星定位服务平台

4.3.2 A公司危化品运输业务流程

通过对A公司进行实地调研采访以及查阅相关资料得知，危化品运输业务主要涉及四个业务主体，包括货主、危化品运输公司、物流车队以及收货方，四方主体贯穿危化品运输业务全流程。同时，A公司危化品运输流程可大致分为三个阶段，包括出货提货作业阶段、运输途中作业阶段和货物达到作业阶段。A公司危化品运输业务流程如图4-5所示，具体业务流程描述如下。

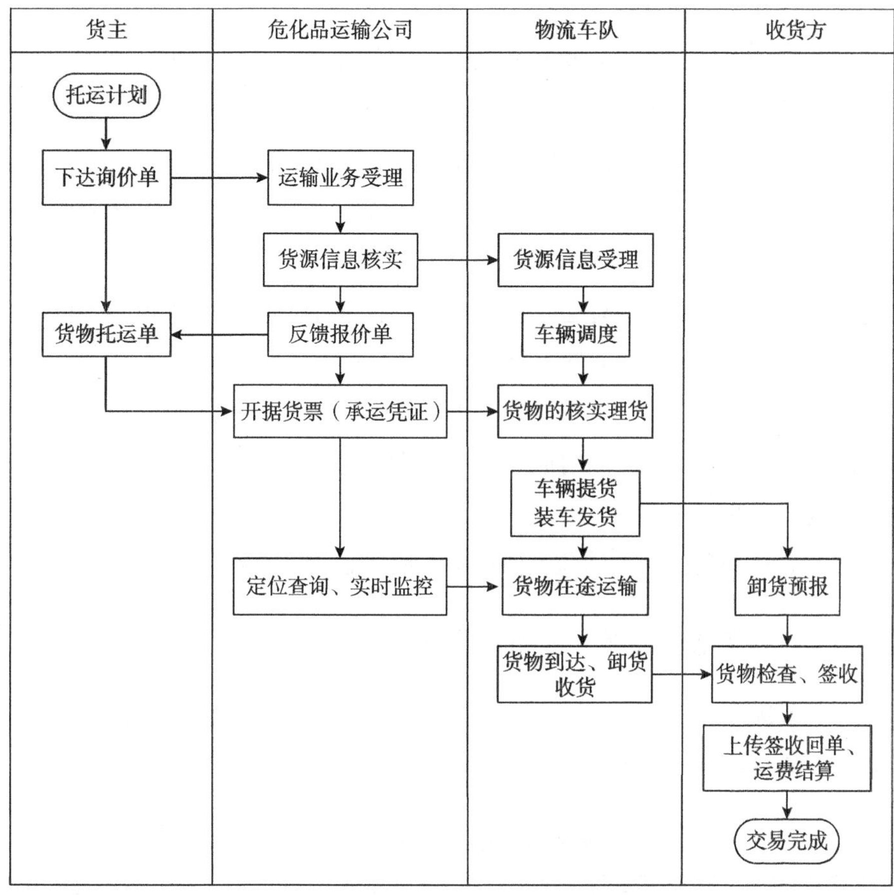

图 4-5　A 公司危化品运输业务流程

（1）货主根据业务需求设计托运计划，寻找符合相应资质的危化品运输公司下达询价单，并提供给危化品运输公司相关货物的货源信息：什么货物、什么包装、重量、体积、尺寸、装货地址、卸货地址、装卸货时间等。

（2）危化品运输公司在自身运输能力及条件满足货主需求的情况下承接运输业务，根据货主的运输需求设计运输计划，反馈报价单并核实相关货源信息。根据运输计划安排符合资质的车辆类型、车队人员进行统一调度。

（3）双方物流主体形成业务关系后，签订运输合同并形成货物托运单，运输公司根据货主提供的货源信息派遣车辆，进行下一步的装货工作。

（4）危化品运输公司开据货票（承运凭证），一份给货主，一份留档，一份等待收货方签收返回。

(5) 运输车辆到达发货地址，货主方安排相关工作人员进行交接，车队驾驶员与货主方共同在装货现场进行货物发货前的核实理货工作，点清货物数量，押运人员及车队驾驶员做好相应的安全保障措施。

(6) 货物在途运输，运输公司实时监控车队运输路径以及车队驾驶员身体状态。

(7) 装货完成后，运输公司需提前告知收货方运输车辆的预计到达时间，在货车将要到达目的地时通知收货方提前进行卸货准备。

(8) 车队押运人员与收货方进行货物交接，在收货方检查货物数量、质量完好后进行卸车作业，同时收货方在货票上签字并上传回单，运输公司通知货主进行运费结算。

(9) 运输公司凭回单结款收取运费，危化品运输业务交易完成。

4.3.3 A 公司液氨运输作业内容及流程

本小节选取 A 公司经营范围内的液氨——第 2 类危化品作为研究对象，其理化性质参数如表 4-4 所示。

表 4-4 液氨理化性质参数

名称	化学式	临界温度/℃	相对密度(水=1)	熔点/℃	沸点/℃	储存条件/℃	爆炸极限(空气)/%	蒸气压/kPa	接触限值/(mg/m^3)
液氨	NH_3	132.4	0.82	-78	-33.5	0~6	26~28	1013	30

液氨的理化性质特殊，其沸点为-33.5℃，恒低于环境正常温度，液氨发生泄漏后极易蒸发扩散，形成气团引发人员中毒，汽化后的液氨体积迅速膨胀，在密闭空间内导致物理爆炸。当液氨在空气中的浓度达到 26% 及以上的爆炸极限时，如果遇到高温或明火与空气中的氧气发生反应，会造成爆炸式燃烧，也称为化学爆炸。当液氨由于风险因素形成泄漏源后，可能出现的后续事件包括持续泄漏、扩散蔓延、达到爆炸极限，以及遇点火源等主要风险事件，其可能引发的事故后果包括设备维修、人员疏离、泄漏中毒、物理爆炸和火灾爆炸。图 4-6 所示为液氨发生泄漏可能引发后果的通用事件树。

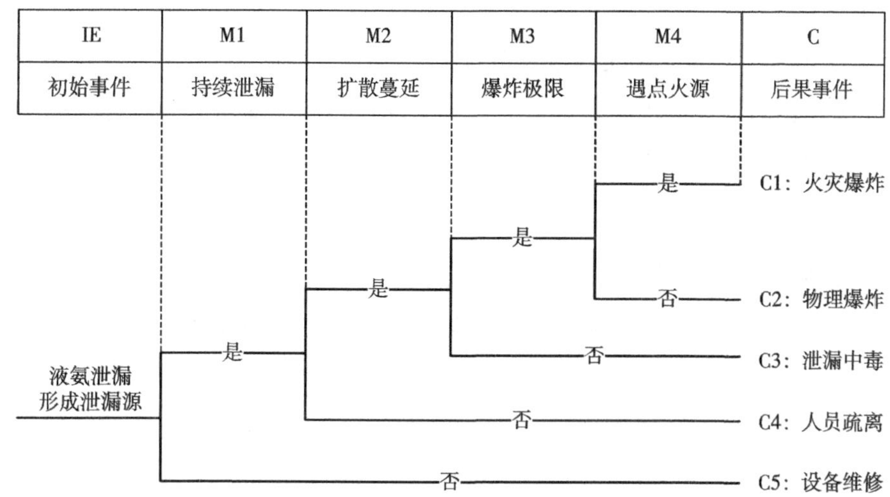

图 4-6　液氨泄漏通用事件树

本研究对 A 公司液氨运输作业现场进行调研，其主要设备包括液氨罐装站采用的 $100m^3$ 的液氨储罐两个、直联式液氨泵（输送泵）两个；A 公司使用的标准液氨槽车（$37m^3$）一辆；收货方使用的 $50m^3$ 的液氨储罐一个、直联式液氨泵两个，流程中涉及的流量计、阀门、管道、法兰等其余设备若干。为了进一步直观地表示液氨运输作业流程，简要绘制 A 公司液氨运输作业工艺流程，如图 4-7 所示。

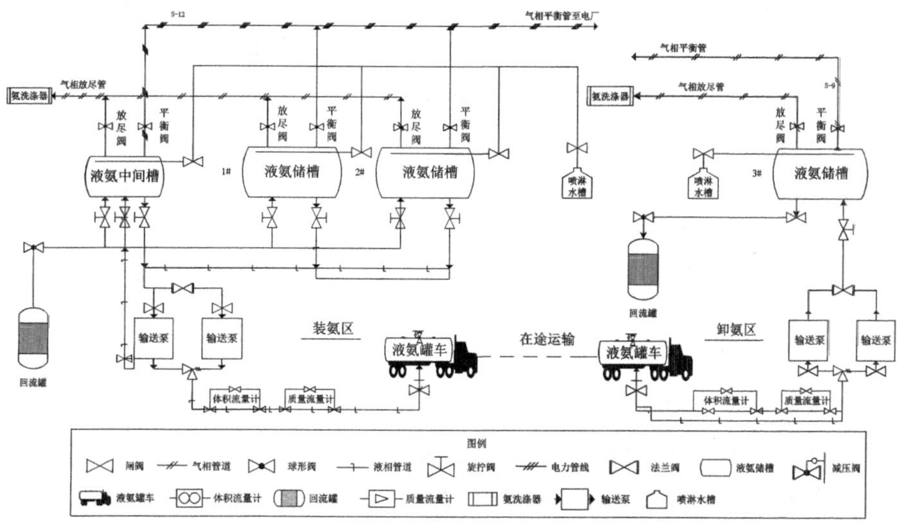

图 4-7　A 公司液氨运输作业工艺流程

4.3.3.1 出货提货作业内容及流程

A 公司的出货提货作业主要分为三个部分，包括装车准备作业、装车工作作业以及装车完毕作业，对此，本节详细介绍了每个阶段的具体作业流程。

1. 装车准备作业

①货主联系运输公司实施托运计划，告知操作员进行货源信息核实，包括提货人、提货时间和车辆信息等，提货车辆到达装货地点；②操作员引导驾驶员进行车辆过磅，停放至指定卸车地点，手刹制动并熄灭引擎，提醒并确认相关人员佩戴好防护用品，并告知液氨装卸相关规定；③操作员协同押运员复核货运信息，核实无误后可进行装车工作；④液氨卸载前，操作员检查装卸设备安全状态，引导驾驶员、押运员消除静电，之后连接地线，静止10~20 分钟，充分导出静电后开始卸车；⑤操作员测量液氨罐车的车内压力及液位，记录在册并保存，操作员同押运员确认液氨罐车可充装液氨量，确保罐内压力安全；⑥操作员检查装车泵、管道、阀门有无泄漏、开启，接地线完好等准备工作后，将液氨装车泵电源复位，准备工作结束。

2. 装车工作作业

①安装液氨罐车装料臂；②接通液氨罐车与储槽的气相平衡管；③接通液氨罐车与装料臂的液相、气相管道，操作人员打开液氨储槽顶部的压力平衡阀，观察液氨装料臂气相进口管处压力表的压力变化；④打开液氨装料臂气相进口管压力、液氨装料臂气相、液氨槽车气相的平衡阀，保证液氨槽车与液氨储槽、气相管道的压力一致；⑤打开安全阀（液氨储槽出口管道至装料臂）；⑥打开液氨装料臂液氨出口阀、液氨槽车液氨进口阀，检查现场管道、阀门有无漏点；⑦设定装车量，启动液氨装车控制仪；⑧启动液氨输送泵，操车人员密切监视自动定量装车系统运行，监控装车现场安全情况。

3. 装车完毕作业

①液氨装载量达到指定数值后，设置液氨装车控制仪自动停止装车；②关闭液氨罐车进口阀和气相平衡阀，关闭液氨装料臂的进口阀和气相进口管压力平衡阀；③打开氨洗涤器控制阀，打开液氨装料臂液氨进口管和气相管道上的泄压阀，压力为零后关闭，操作人员拆卸液氨槽车与液氨装料臂的

液相和气相管；④关闭液氨装车快速切断阀和前后隔绝阀，关闭液氨输送泵进出口阀门；⑤操作人员取下静电接地线，移去停车牌、轮胎止退器，引导车辆过磅计量办理出厂手续；⑥装车完毕后，进行出库前过磅计量，核对车辆磅数及罐体液位，确认无误后，办理交接签收手续。

出货提货作业流程如图 4-8 所示，装卸工作应严格按照《散装液体化学品罐式车辆装卸安全作业规范》执行。

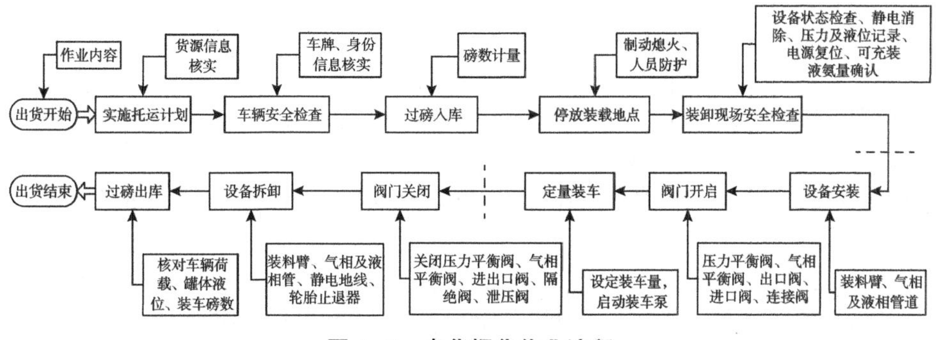

图 4-8　出货提货作业流程

4.3.3.2　运输途中作业内容及流程

货物的在途运输作业阶段主要包括运输过程跟踪和货物交接检查两部分，运输途中作业流程如图 4-9 所示。

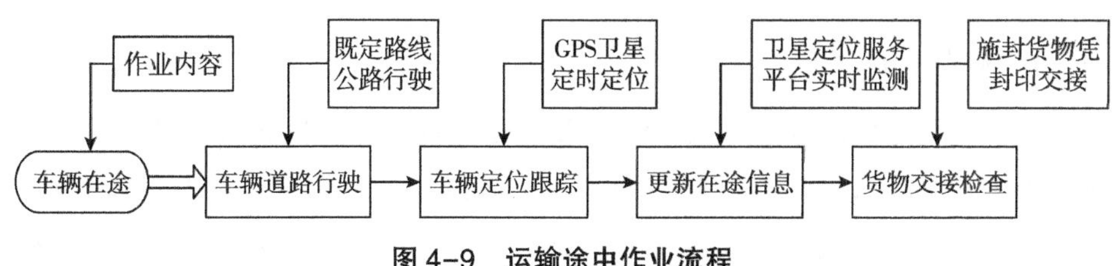

图 4-9　运输途中作业流程

1. 运输过程跟踪

车辆 GPS 定位跟踪，车载监控系统不定期查看车辆运输安全情况、驾驶员身体状态以及车辆运输在途信息，定期核实车辆运行轨迹，若发现异常，及时通过电话联系司机，查问情况并记录事件，若无异常，则在系统中更新车辆在途信息。

2. 货物交接检查

施封的货物凭封印交接，对已施封而未在货物运单或票据封套上注明的货车，按不施封货车交接，对液氨罐车上部封印，交接时不检查。

4.3.3.3 货物到达作业内容及流程

A公司的货物到达作业主要分为三个部分，包括卸车准备作业、卸车工作作业以及卸车完毕作业。货物到达作业流程如图4-10所示。

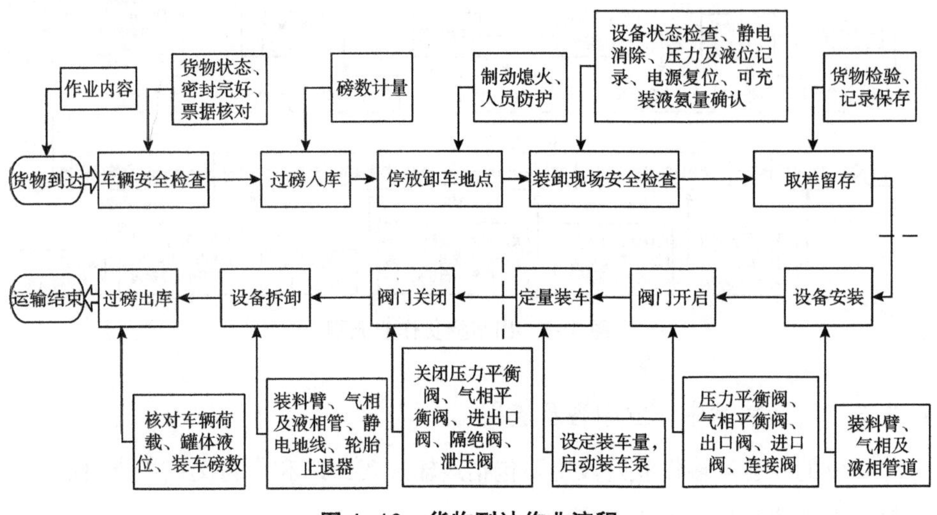

图4-10 货物到达作业流程

1. 卸车准备作业

①氨车到达后接应通知人，值班人员通知氨车押运员和驾驶员进行登记和书面告知，确认所有人员并书面签字；②操作员根据危化品装卸车查验、核准登记表，对液氨罐车进行安全检查，检查货物状态、密封是否完好，在交接货物时，进行票据与现车的核对，并办理货运票据的交接签证；③引导液氨槽车进入卸氨区，押运员根据运单及货票所列的项目与收货人进行过磅计量交接，确认无误后进行卸车作业；引导车辆停放至指定卸车位置，待氨车停稳后进行制动，引导押运员及驾驶员进行静电消除；④操作员进行现场安全检查，包括检查消防设施是否合格、应急设施是否完善、逃生通道是否畅通、卸车区周围30米内有无动火作业，相关单位进行卸车前告知，无关人员撤离等；⑤操作员督促押运员和驾驶员正确佩戴防护用品，对卸车管和槽车连接情

况进行细致检查，确认连接无问题；⑥操作员通知氨车押运员，打开氨车阀门进行检测，确认无漏点，同时在监督人员的陪同下取样留存。

2. 卸车工作作业

①安装液氨装料臂；②连接液氨槽车与液氨储槽气相平衡管；③将液氨槽车液相管道、气相管道与液氨装料臂连接好，槽车押运员和岗位人员双方核实确认打开液氨储槽顶部压力平衡阀，注意液氨装料臂气相进口管处压力表压力变化；④操作人员打开装料臂液相、气相阀门，并进行检测，无漏点方可卸氨；⑤开启液氨罐的液相、气相阀门，打开卸氨泵的进出口阀门准备卸氨；⑥微开装料臂液相、气相阀门，无泄漏后开启卸氨泵进行卸氨；⑦操作员督促押运员和驾驶员在紧急切断装置附近位置待命；⑧卸氨过程中注意观察输送泵的运行工况，同时观察就地液位是否正常。

3. 卸车完成作业

①卸氨完成后，先停运卸氨泵，关闭液氨罐液相、气相阀门，关闭装料臂液相、气相阀门，将卸氨泵内的氨气排空；②通知氨车押运员，对装料臂处的液相、气相阀门处进行放空排净后方可拆卸；③卸车完毕后，使用便携式氨泄漏仪对氨管道和储罐进行认真的检查，确认现场无漏点；④操作人员取下静电接地线，移去停车牌、枕木、轮胎止退器，引导车辆过磅计量并办理出厂手续。

4.3.4　A 公司危化品运输问题和原因分析

对 A 公司的运输现场进行实地调研后发现，其在危化品运输流程管理上主要存在员工操作不规范、员工安全意识薄弱、风险因素客观存在等问题。下面针对 A 公司危化品运输业务中存在的问题进行原因分析，并为后续方案设计指明方向。

A 公司危化品运输一般安全事故时有发生，2019 年至 2023 年第一季度的一般及以下危化品运输事故数量如图 4-11 所示。

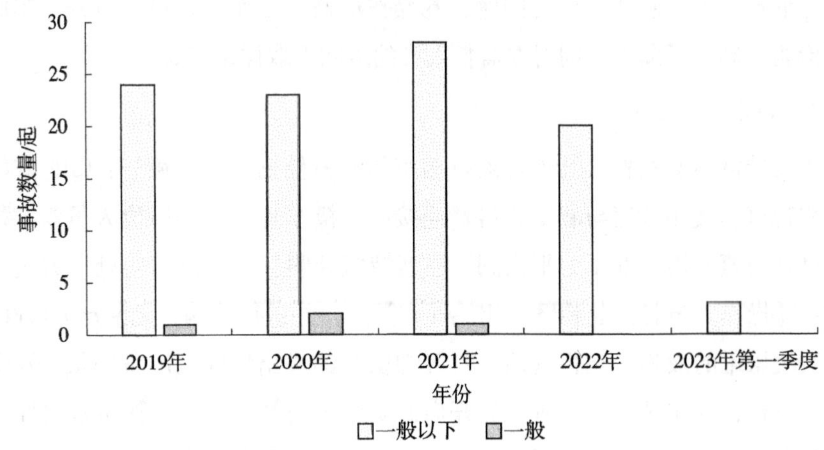

图 4-11　A 公司 2019 年至 2023 年第一季度一般及以下危化品运输事故数量

员工操作不规范是由于某些员工的习惯性操作行为，未严格遵守规程进行作业，同时在操作中，未充分考虑不规范作业行为所带来的风险。员工安全意识薄弱是由于对员工缺乏相应的安全培训教育，员工对危化品的理化性质没有充分了解，不同作业人员对于危化品的知识储备、安全学习、安全教育存在层次性和差异性，相关的专职安全管理人员配备不到位，一些驾驶员、押运员的安全责任意识不强，容易导致事故发生。风险因素客观存在是由于A 公司危化品运输流程中必定存在着某些风险因素，A 公司并未充分考虑这些风险因素的影响，导致员工进行危化品运输作业时，风险事件时有发生。例如，公路行驶时，受高温、雨雪等天气的影响，道路路面湿滑，造成车辆碰撞；员工在进行危化品装卸作业时，未正确佩戴防护面罩，容易造成人员中毒；员工在进行液氨转输作业时，未严密监视储罐液位，容易造成液氨泄漏；驾驶员在公路行驶时，错误判断路况，出现违规更改运输路线、闯红灯等现象，容易发生交通事故；员工测量储罐液位时，错误地使用了铁制管棒物等，容易造成化学污染。

4.4　融合风险因素的 A 公司危化品运输流程优化

4.4.1　危化品运输风险因素识别

4.4.1.1　安全风险事件辨识

本节选取 A 公司运输经营范围内的液氨作为研究对象，通过调查液氨危化品运输事故相关案例，同时根据 NRCC 平台所显示的液氨事故案例信息，收集近 10 年来国内相关液氨事故案例，共计 45 起液氨泄漏事故，根据事故发生原因判断其安全风险事件，如表 4-5 所示。

表 4-5　液氨泄漏事故案例安全风险事件

年份	事故类型	安全风险事件
2022	泄漏	运输车泄压表损坏
2021	泄漏	驾驶员错误判断路况
	泄漏	罐体顶部安全阀损坏
	泄漏	工作人员操作错误导致垫片损坏
2019	泄漏	液氨输转泵出现故障
	泄漏	暴雨导致路面湿滑，造成车辆碰撞
	泄漏	其他车辆未仔细观察路况，造成车辆碰撞
	泄漏	液氨管道检修过程中发生泄漏
	泄漏	装卸过程中货仓发生液氨泄漏
2018	泄漏	卸载过程中驾驶员私自发动车辆，扯断连接阀
	泄漏	天气炎热，罐车内部受热膨胀，导致罐体顶部泄漏
	泄漏	驾驶员疲劳驾驶，造成车辆侧翻
2017	泄漏	液氨罐体阀门破损
	泄漏	车辆追尾，车尾部液料进口装置被撞损坏
	泄漏	员工不熟悉操作，错误地打开阀门
	泄漏	车体过重，车辆右倾，导致液氨输入管变形发生泄漏
	泄漏	设备管道老化

续表

年份	事故类型	安全风险事件
2016	泄漏	罐体压力过大，阀门爆开
	泄漏	后车追尾，槽罐车尾部变形，压迫罐体下方管道破裂
	泄漏	安全阀与桥洞发生轻微剐蹭，安全阀破裂
	泄漏	设备故障
	泄漏	液氨倒罐时员工操作失误
	泄漏	工人维护液氨罐体时发生泄漏
2015	泄漏	收液氨管线的放空管焊缝出现裂缝
	泄漏	法兰垫发生破裂
	泄漏	阀门发生故障
	泄漏	液氨罐压力表螺栓十分松弛，且压力表管老化
	泄漏	冷却泵出现故障，制冷压力过高，导致泄压阀自动泄压
	泄漏	氨气房的冷却器其中一个部件开裂，有裂痕
2014	泄漏	操作工在检修中误操作，错将液氨管道割破
	泄漏	液氨机房一压缩机缸盖磁垫损坏
	泄漏	液氨槽罐车尾部法兰螺栓松动
	泄漏	液氨钢瓶阀门锈蚀
	泄漏	冷库存储液氨的容器由于焊点破损
	泄漏	驾驶员操作不当，造成槽罐车发生泄漏
	泄漏	冷库管道中的液氨因温度升高发生泄漏
2013	泄漏	水与混合物中的液氨发生化学反应
	泄漏	氨瓶阀门老化破裂
	泄漏	槽罐车的液下泄压阀出现故障
	泄漏	存储液氨的罐子管道锈蚀
	泄漏	槽罐内安全阀出现故障
	泄漏	液氨管路系统管帽脱落
	泄漏	液氨罐阀门出现裂缝
	泄漏	液氨罐阀门周边出现缝隙
	泄漏	员工在卸料过程中操作不当，导致液氨泄漏

根据实地调研，A 公司在物流安全方面并未发生重大危化品事故，但是一般物流安全事故时有发生。据不完全统计，A 公司由于各种安全风险事件导致发生液氨危化品运输事故，安全风险事件的辨识如表 4-6 所示。

表 4-6　A 公司液氨运输事故安全风险事件

编号	安全风险事件
①	未计量罐内容量而私自开锁卸车
②	液氨输转作业中擅离职守
③	卸氨时未严密观察卸车情况
④	液氨装载完成后未紧闭阀门
⑤	使用铁制棒管测量液位
⑥	错误地使用接口设备
⑦	装卸工具没有定期保养
⑧	装卸区域使用明火
⑨	工作人员未消除静电
⑩	消防设施未定期更新

4.4.1.2　危险事故演化过程

本节通过统计国内近十年来的液氨运输危险事故案例以及 A 公司液氨运输作业中发生的风险事件，分析其事故发生原因，得到引发液氨危险事故的风险事件。基于表 4-5 和表 4-6 所列举的风险事件进行整理分析，针对液氨运输流程中可能发生的危险事故进行演化推理，分别对液氨运输流程中的出货提货作业、运输途中作业以及货物到达作业三个阶段进行事故演化过程的分析，得到各作业阶段的风险事故演化过程，如图 4-12～图 4-14 所示。

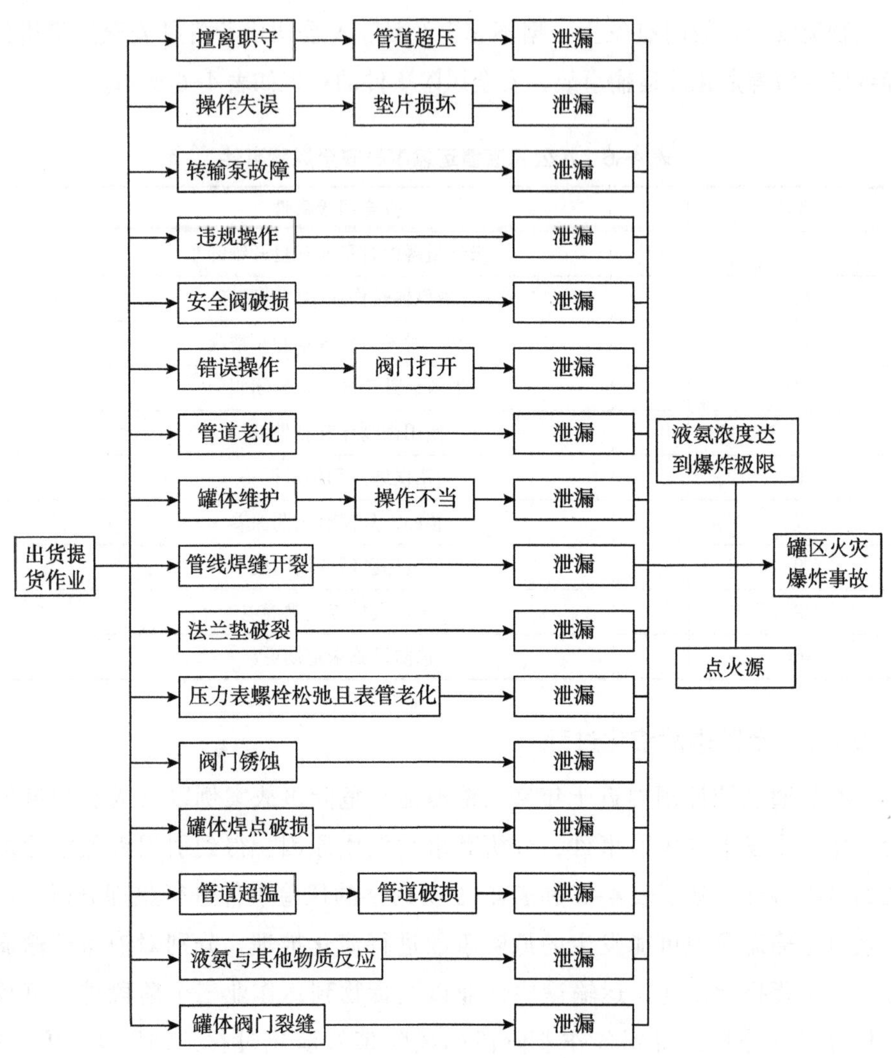

图 4-12　液氨出货提货作业风险事故演化

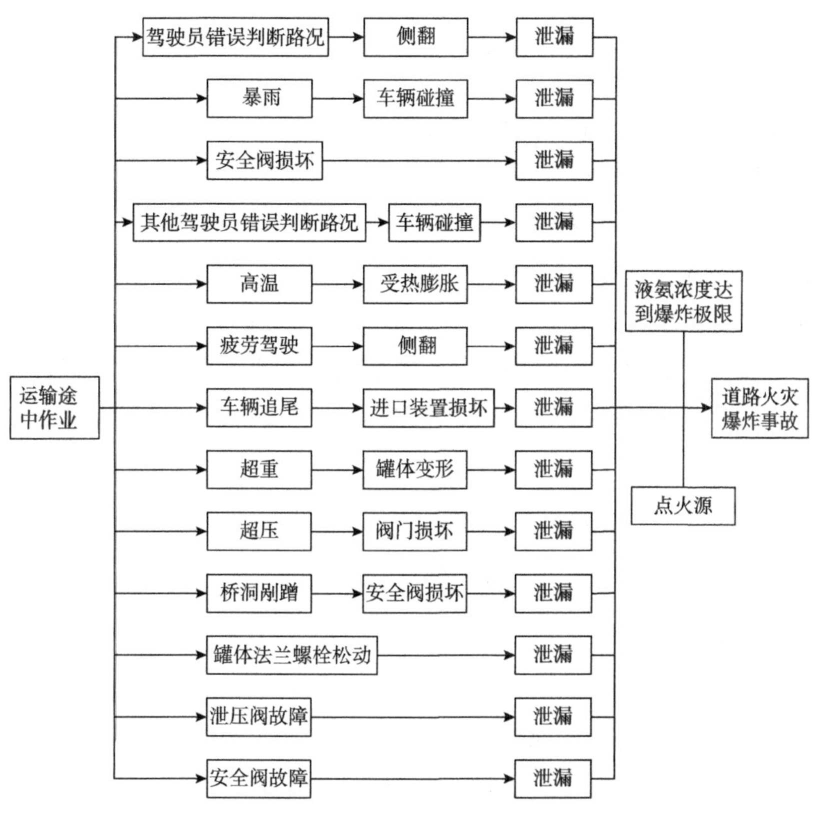

图 4-13　液氨运输途中作业风险事故演化

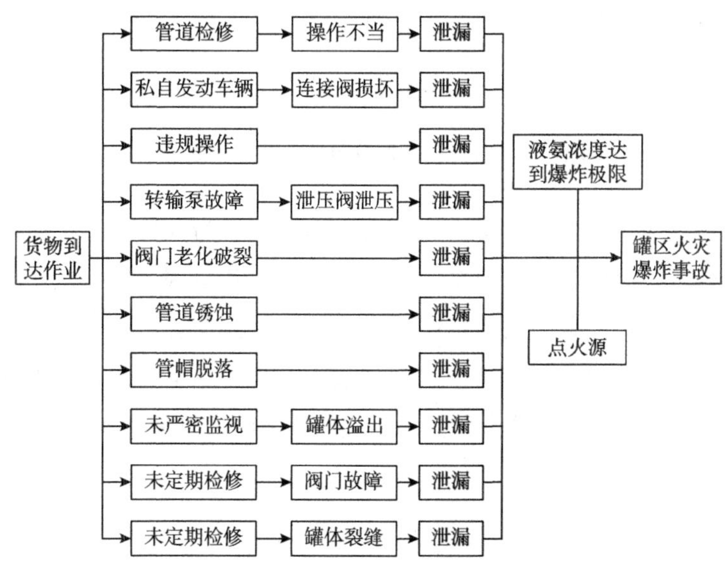

图 4-14　液氨货物到达作业风险事故演化

4.4.1.3 风险因素识别

首先根据表4-5和表4-6对液氨道路运输作业进行事故演化过程分析，得到出货提货作业阶段所能引发的最严重的风险事故为罐区火灾爆炸事故，以罐区火灾爆炸事故为顶事件，进行自上而下的风险因素识别，得到其底层风险因素主要分为三类，包括环境因素、人为因素以及设备因素。其中环境因素包括静电积累、高温、雷电；人为因素包括电器火花、焊切火花、人为火源、违规操作以及错误操作；设备因素包括接地不良以及转输泵、管道、阀门、法兰、储罐未定期检修。出货提货作业阶段所识别的风险因素故障树如图4-15所示。

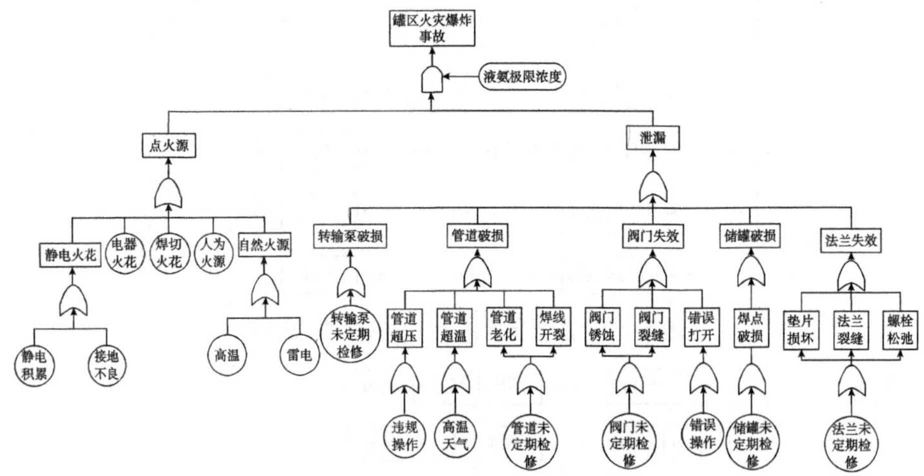

图4-15 出货提货作业阶段风险因素故障树

在运输途中作业阶段，将道路火灾爆炸事故作为顶事件，进行自上而下的底事件分析，得到其底层风险因素分为三类：环境因素包括静电积累、高温、暴雨、雷电；人为因素包括电器火花、焊切火花、人为火源、驾驶员错误判断路况、疲劳驾驶；设备因素包括接地不良、超重、超压以及法兰、阀门未定期检修。运输途中作业阶段所识别的风险因素故障树如图4-16所示。

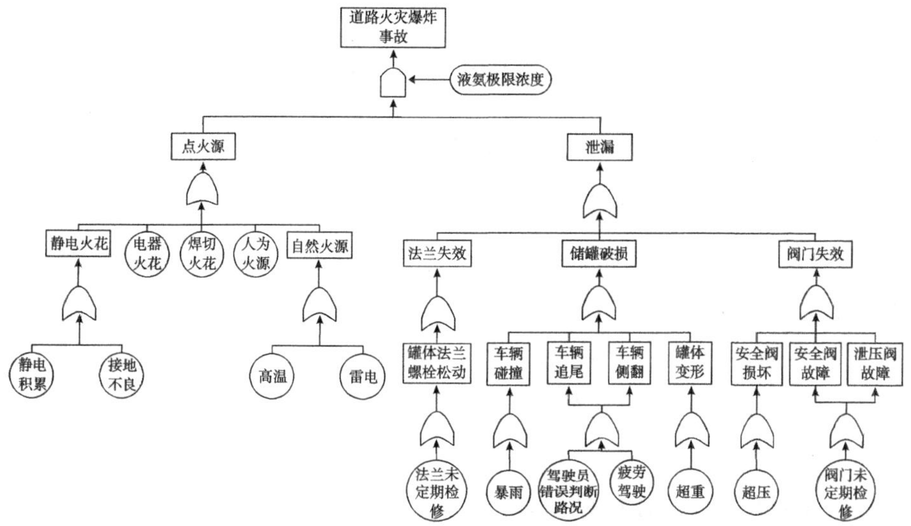

图 4-16　运输途中作业阶段风险因素故障树

在货物到达作业阶段，将罐区火灾爆炸事故作为顶事件，进行自上而下的底事件分析，得到其底层风险因素分为三类：环境因素包括静电积累、高温、雷电；人为因素包括电器火花、焊切火花、人为火源、安全意识薄弱、操作不当、违规操作；设备因素包括接地不良以及管道、转输泵、法兰、储罐、阀门未定期检修。货物到达作业阶段所识别的风险因素故障树如图 4-17 所示。

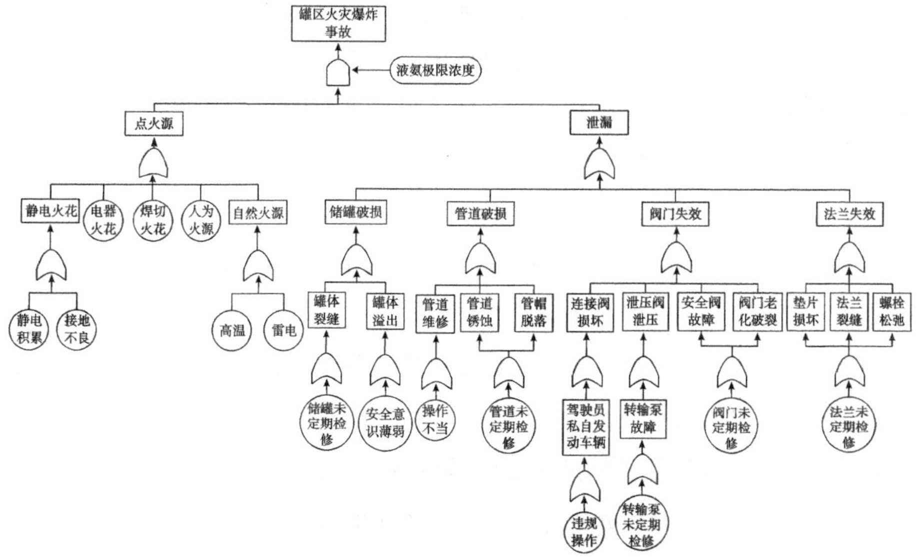

图 4-17　货物到达作业阶段风险因素故障树

4.4.2 融合风险因素的危化品运输流程优化

4.4.2.1 融合风险因素的流程优化原则

1. 可行性、适用性和有效性原则

本研究依据液氨真实事故案例以及A公司真实运输风险事件进行风险因素的识别，所识别风险因素适配于A公司危化品运输流程，并且通过流程变体将风险因素融合到危化品运输流程中具有相对可行性。融合风险因素进行流程优化的有效性取决于针对已识别的风险源制定相应管控措施，有效减少风险损失。

2. 主动性、及时性和全过程原则

风险具有不确定性，风险管控需要主动控制和人为预控，根据环境变化和出现的问题，主动采取措施，及时调整应对方案，并进行流程的全过程控制，及时控制风险发生。风险识别需要在整个运输流程中反复执行，而不是只在流程开始时执行。

3. 经济性、合理性和先进性原则

流程优化要以总成本最低为目标来实现风险管理的经济性，运用经济化的处理方法将控制风险损失的费用降到最低。风险因素的识别不能脱离企业的实际危化品运输流程，应以实际流程风险为依据合理识别。风险管控计划涉及不同组织人员和风险应对措施，要求公司拥有顺畅的信息系统、科学的方法和先进的手段，这样才能达到较高的风险管理水平。

4. 全面性、系统性和全方位原则

风险管理是一项系统而全面的工作，不仅是因为风险因素的成因复杂，而且事故后果严重，面对流程风险，应该识别、量化并评估可能给系统流程带来影响的所有因素。可能影响危化品运输流程风险的因素主要包括人员因素、设备因素、环境因素等。

4.4.2.2 融合风险因素的危化品运输流程优化方案设计

根据前文所述，基于液氨公路运输事故案例以及A公司液氨运输作业流程中存在的风险事件，得到其风险事故演化路径，以可能发生的最严重的风险事故为顶端事件，进行自上而下的风险因素识别，得到液氨公路运输作业流程中存在的底层风险因素。风险因素的存在具有客观性，风险可避免但不可消除，融合风险因素的危化品运输流程优化原则，主要通过流程变体的方式完成融合风险因素及其事故演化。以 A 公司液氨运输流程中的出货提货作业阶段为例，该阶段考虑由于员工错误操作，产生开启错误阀门的动作，导致阀门失效造成液氨泄漏，事故发生后实施关闭阀门的行为，使液氨输送流量逐渐减小至无，直至达到稳定状态。融合错误操作风险因素的液氨出货提货作业流程优化如图 4-18 所示。

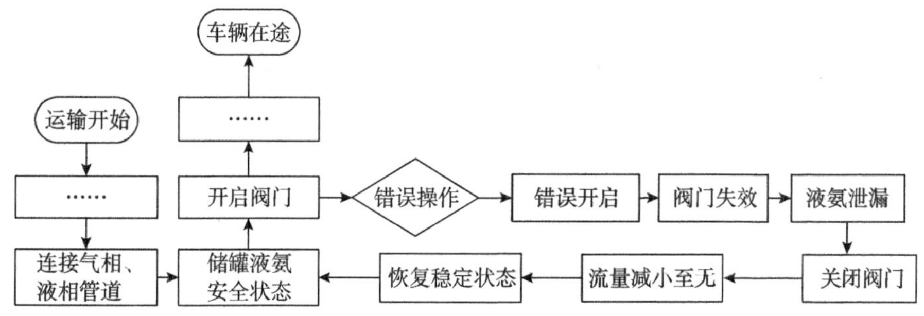

图 4-18　融合错误操作风险因素的液氨出货提货作业流程优化

4.4.2.3　融合风险因素的液氨运输流程 SCPN 模型

将 A 公司的液氨运输流程分为三个阶段，包括出货提货阶段、运输途中阶段以及货物到达阶段。分别对运输流程中的三个阶段融合风险因素，由前文可知液氨的具体运输流程，根据故障树自上至下分解出事故发生的底事件，同时体现事故发生的演化过程，将底事件作为风险因素融合液氨运输流程进行建模，得到融合风险因素的液氨运输流程。

1. 融合风险因素的出货提货阶段

液氨出货提货作业流程从托运计划实施开始，在液氨运输作业开始后，托运计划实施考虑遭遇恶劣天气的风险，导致计划变更至正常天气后重新实施托运计划。流程进行至人员静电消除阶段，考虑静电未完全消除的风险，需要再次消除静电。流程进行至储罐准备卸载阶段，考虑由于储罐未定期检修发生焊点破损的风险，导致储罐破损而造成液氨发生泄漏，进而实施储罐维修行为。流程进行至开启阀门阶段，考虑由于作业人员错误操作打开错误阀门的风险，导致阀门失效而造成液氨发生泄漏，进而实施关闭阀门的行为。流程进行至启动输送泵阶段，考虑由于输送泵未定期检修导致转输泵破损的风险，造成液氨发生泄漏，进而实施停止输送泵的行为。流程进行至装料臂输送阶段，考虑由于法兰未定期检修发生垫片损坏、法兰裂缝以及螺栓松弛的风险，导致法兰失效而造成液氨发生泄漏，进而实施停止输送泵的行为。流程进行至管道输送阶段，考虑由于违规操作或管道未定期检修发生管道老化开裂的风险，导致管道破损而造成液氨发生泄漏，进而实施停止输送泵的行为。流程进行至关闭阀门阶段，考虑由于阀门未定期检修发生阀门锈蚀、裂缝的风险，导致阀门失效而造成液氨泄漏，进而实施停止输送泵的行为。在液氨泄漏事故发生后，考虑进行各项应急措施恢复系统流程的正常稳定状态，从而继续运输作业。融合风险因素的出货提货作业 SCPN 模型如图 4-19 所示。

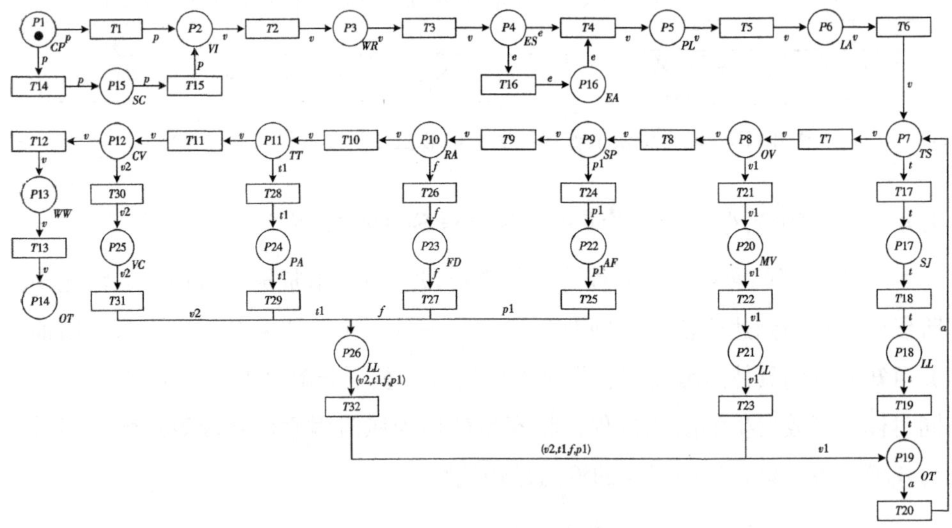

图 4-19　融合风险因素的出货提货作业 SCPN 模型

出货提货作业 SCPN 模型中的库所和变迁的含义见表 4-7，颜色集和变量的含义见表 4-8。

表 4-7　出货提货作业 SCPN 模型中库所和变迁的含义

库所	含义	变迁	含义
*P*1	托运计划实施	*T*1	货运信息匹配
*P*2	车辆安全检查	*T*2	车辆进厂
*P*3	过磅计量	*T*3	车辆停放
*P*4	静电消除	*T*4	接地线
*P*5	压力液位记录	*T*5	设备检查
*P*6	安装装料臂	*T*6	连接气相、液相管道
*P*7	厂区储罐安全状态	*T*7	阀门准备
*P*8	阀门开启	*T*8	输送泵准备
*P*9	输送泵启动	*T*9	稳定输送
*P*10	到达装料臂	*T*10	稳定输送
*P*11	罐车储罐	*T*11	定量装车
*P*12	关闭阀门	*T*12	设备拆卸
*P*13	过磅出库	*T*13	货物交接检查
*P*14	在途运输	*T*14	恶劣天气
*P*15	托运计划变更	*T*15	实施托运计划
*P*16	再次消除	*T*16	静电未完全消除
*P*17	焊点破损	*T*17	储罐未定期检修
*P*18	液氨泄漏	*T*18	储罐破损
*P*19	流量减小至无	*T*19	储罐维修
*P*20	错误开启	*T*20	恢复稳定状态
*P*21	液氨泄漏	*T*21	错误操作
*P*22	输送泵老化故障	*T*22	阀门失效
*P*23	装料臂损坏	*T*23	关闭阀门
*P*24	管道老化开裂	*T*24	输送泵未定期检修
*P*25	阀门锈蚀裂缝	*T*25	输送泵破损
*P*26	液氨泄漏	*T*26	法兰未定期检修
		*T*27	法兰失效
		*T*28	违规操作、未定期检修
		*T*29	管道破裂

续表

库所	含义	变迁	含义
		T30	阀门未定期检修
		T31	阀门失效
		T32	停止输送泵

表 4-8 出货提货作业 SCPN 模型中颜色集和变量的含义

颜色集声明	含义	变量	含义
colset *CP*=unit with consignment plan	托运计划信息	*p*：*CP*	托运计划
colset *VI* = unit with vehicle security inspection	车辆安全检查信息	*v*：*VI*	液氨罐车
colset *WR*=unit with weighing record	过磅计量信息	*e*：*EE*	静电状态
colset *SC*=unit with schedule changes	计划变更信息	*t*：*TS*	储罐状态
colset *EE* = unit with eliminates static electricity	静电消除状态	*v*1：*OV*	阀门状态
colset *EA*=unit with eliminate again	再次消除信息	*p*1：*SP*	输送泵状态
colset *PR*=unit with pressure level recording	压力液位记录信息	*f*：*RA*	法兰状态
colset *AI* = unit with loading arm installation	装料臂安装信息	*t*1：*TT*	罐车储罐
colset *TS*=unit with tank safety status	储罐安全状态	*v*2：*CV*	阀门状态
colset *OV*=unit with open the valve	开启阀门状态	*a*：*OT*	液氨状态
colset *SP*=unit with start the transfer pump	启动输送泵状态		
colset *RA*=unit with reach the loading arm	输送至装料臂状态		
colset *TT* = unit with tanker storage tank	罐车储罐状态		
colset *CV*=unit with close the valve	关闭阀门状态		
colset *WW*=unit with weigh out of the warehouse	过磅出库信息		
colset *OT*=unit with on-the-go transportation	在途运输状态		

续表

颜色集声明	含义	变量	含义
colset *SJ*=unit with solder joint failure	焊点破损状态		
colset *LL* = unit with liquid ammonia leakage	液氨泄漏状态		
colset *OT*=unit with no traffic	流量至无状态		
colset *MV*=unit with misopening valve	错开阀门信息		
colset *AF*=unit with pump aging fault	泵老化故障状态		
colset *FD*=unit with flange damage	法兰破损状态		
colset *PA*=unit with papeline aging	管道老化信息		
colset *VC*=unit with valve corrosion	阀门锈蚀状态		

2. 融合风险因素的运输途中阶段

运输途中作业流程从车辆在途行驶开始，车辆公路行驶考虑由于暴雨等恶劣天气发生车辆碰撞的风险，导致车载储罐破损而发生液氨泄漏，进而实施堵漏、倒罐以及稀释的行为。车辆继续行驶，考虑由于驾驶员错误判断路况或疲劳驾驶发生车辆追尾或侧翻的风险，导致车载储罐破损而发生液氨泄漏，进而实施堵漏、倒罐以及稀释的行为。车辆继续行驶，考虑由于车辆超重发生车载罐体变形的风险，导致车载储罐破损而发生液氨泄漏，进而实施堵漏、倒罐以及稀释的行为。车辆继续行驶，考虑由于法兰未定期检修发生车载罐体螺栓松动的风险，导致法兰失效而发生液氨泄漏，进而实施法兰更换维修的行为。车辆继续行驶，考虑由于阀门未定期检修发生阀门故障的风险，导致阀门失效而发生液氨泄漏，进而实施阀门维修的行为。车辆继续行驶，考虑由于高温造成车载储罐超压发生安全阀损坏的风险，导致阀门失效而发生液氨泄漏，进而实施阀门维修的行为。在液氨泄漏事故发生后，考虑进行各项应急措施恢复系统流程的正常稳定状态，从而继续运输作业。融合风险因素的运输途中作业 SCPN 模型如图 4-20 所示。

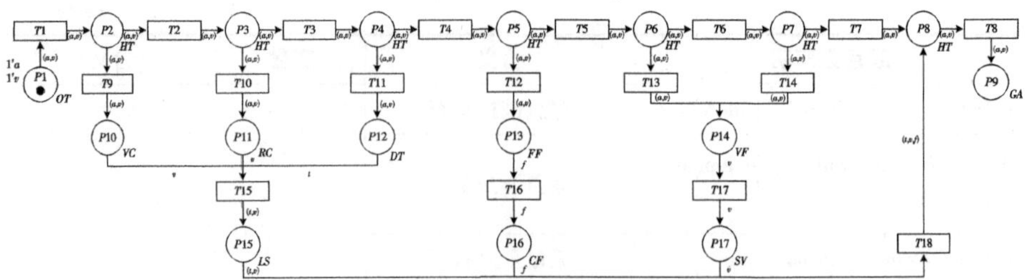

图 4-20　融合风险因素的运输途中作业 SCPN 模型

运输途中作业 SCPN 模型中库所和变迁的含义见表 4-9，颜色集和变量的含义见表 4-10。

表 4-9　运输途中作业 SCPN 模型中库所与变迁的含义

库所	含义	变迁	含义
*P*1	在途运输	*T*1	车辆定位跟踪
*P*2	公路行驶	*T*2	更新在途信息
*P*3	公路行驶	*T*3	车辆定位跟踪
*P*4	公路行驶	*T*4	更新在途信息
*P*5	公路行驶	*T*5	车辆定位跟踪
*P*6	公路行驶	*T*6	更新在途信息
*P*7	公路行驶	*T*7	车辆定位跟踪
*P*8	公路行驶	*T*8	货物交接检查
*P*9	货物到达	*T*9	暴雨等恶劣天气
*P*10	车辆碰撞	*T*10	驾驶员错误判断路况
*P*11	车辆追尾	*T*11	车辆超重
*P*12	罐体变形	*T*12	法兰未定期检修
*P*13	法兰失效	*T*13	阀门未定期检修
*P*14	阀门失效	*T*14	罐体超压
*P*15	堵漏、倒罐、稀释	*T*15	储罐破损
*P*16	法兰更换	*T*16	液氨泄漏
*P*17	阀门维修	*T*17	液氨泄漏
		*T*18	恢复稳定状态

表 4-10　运输途中作业 SCPN 模型中颜色集与变量的含义

颜色集声明	含义	变量	含义
colset *OT*= unit with on the go transportation	车辆在途运输状态	*a*，*v*：*T*	液氨罐车
colset *HT* = unit with highway transportation	车辆公路行驶状态	*v*：*VC*	罐车状态
colset *GA*=unit with goods arrival	货物到达信息	*v*1：*RC*	罐车状态
colset *VC*=unit with vehicle collision	车辆碰撞信息	*t*：*DT*	罐体状态
colset *RC* = unit with rear-end collision	车辆追尾信息	*f*：*FF*	法兰状态
colset *DT*=unit with deformed tank	罐体变形信息	*v*2：*VF*	阀门状态
colset *FF*=unit with flange failure	法兰失效状态		
colset *VF*=unit with valve failure	阀门失效状态		
colset *LS*=unit with leaking stoppage	储罐维修信息		
colset *CF* = unit with flange replacement	法兰更换信息		
colset *SV* = unit with valve maintenance	阀门维修信息		

3. 融合风险因素的货物到达阶段

液氨货物到达作业流程从车辆进厂前安全检查开始，流程进行至静电消除阶段，考虑静电未完全消除的风险，需要再次消除静电。流程进行至车辆储罐准备卸载阶段，考虑由于车载储罐未定期检修导致车载储罐出现裂缝发生破损的风险，造成液氨发生泄漏，进而实施储罐维修的行为。流程进行至开启阀门阶段，考虑由于作业人员违规操作出现驾驶员私自发动车辆扯断连接阀的风险，导致阀门失效而造成液氨发生泄漏，进而实施关闭阀门的行为。流程进行至启动输送泵阶段，考虑由于输送泵未定期检修发生输送泵故障造成泄压阀泄压的风险，导致转输泵破损而造成液氨发生泄漏，进而实施停止输送泵的行为。流程进行至装料臂输送阶段，考虑由于法兰未定期检修发生垫片损坏、法兰裂缝以及螺栓松弛的风险，导致法兰失效而造成液氨发生泄漏，进而实施停止输送泵的行为。流程进行至管道输送阶段，考虑由于操作不当或管道未定期检修发生管道维修、锈蚀以及管帽松弛的风险，导致管道破损而造成液氨发生泄漏，进而实施停止输送泵的行为。流程进行至储罐装载阶段，考虑由于工作人员安全意识薄弱擅离职守的风险，导致储罐溢出而发生液氨泄漏，进而实施停止输送泵的行为。流程进行至关闭阀门阶段，考虑由于阀门未定期检修发生阀门故障、老化以及破裂的风险，导致阀门失效而造成液氨泄漏，进而实施停止输送泵的行为。在液氨泄漏事故发生后，考虑进行各项应急措施恢复系统流程的正常稳定状态，从而继续运输作业。融合风险因素的货物到达作业 SCPN 模型如图 4-21 所示。

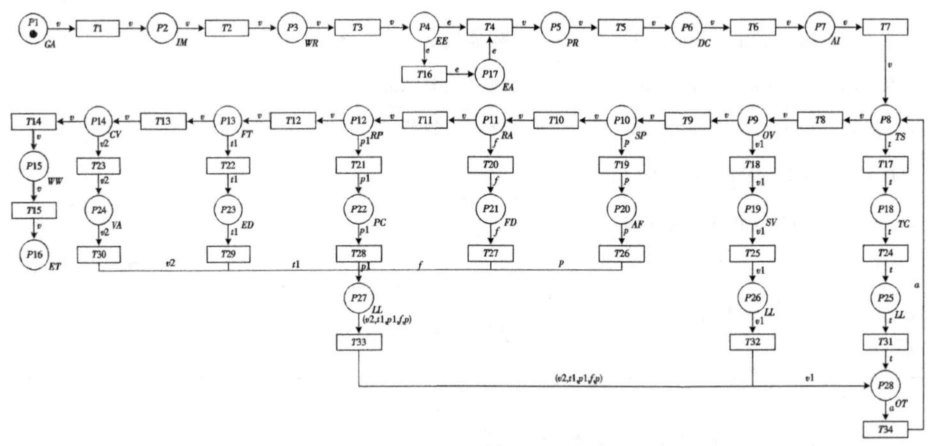

图 4-21　融合风险因素的货物到达作业 SCPN 模型

货物到达作业 SCPN 模型中的库所和变迁的含义见表 4-11，颜色集和变量的含义见表 4-12。

表 4-11　货物到达作业 SCPN 模型中库所与变迁的含义

库所	含义	变迁	含义
*P*1	货物到达	*T*1	车辆安全检查
*P*2	货物信息匹配	*T*2	车辆进厂
*P*3	过磅计量	*T*3	车辆停放
*P*4	静电消除	*T*4	接地线
*P*5	压力液位记录	*T*5	取样留存
*P*6	设备检查	*T*6	电源复位

续表

库所	含义	变迁	含义
*P*7	安装装料臂	*T*7	连接气相、液相管道
*P*8	罐车储罐安全状态	*T*8	阀门准备
*P*9	开启阀门	*T*9	输送泵准备
*P*10	启动输送泵	*T*10	稳定输送
*P*11	到达装料臂	*T*11	稳定输送
*P*12	到达管道	*T*12	稳定输送
*P*13	到达储罐	*T*13	定量装车
*P*14	关闭阀门	*T*14	设备拆卸
*P*15	过磅出库	*T*15	货物交接检查
*P*16	运输结束	*T*16	静电未完全消除
*P*17	再次消除静电	*T*17	罐车储罐未定期检修
*P*18	罐体裂缝	*T*18	违规操作
*P*19	驾驶员私自发动车辆	*T*19	输送泵未定期检修
*P*20	输送泵故障	*T*20	法兰未定期检修
*P*21	垫片损坏、裂缝	*T*21	操作不当
*P*22	管道维修、锈蚀	*T*22	员工安全意识薄弱
*P*23	未严密监视	*T*23	阀门未定期检修
*P*24	阀门老化、破裂	*T*24	罐车罐体破损
*P*25	液氨泄漏	*T*25	连接阀损坏
*P*26	液氨泄漏	*T*26	泄压阀泄压
*P*27	液氨泄漏	*T*27	法兰失效
*P*28	流量减小至无	*T*28	管道破损
		*T*29	储罐破损
		*T*30	阀门失效
		*T*31	储罐维修
		*T*32	阀门维修
		*T*33	停止输送泵
		*T*34	恢复稳定状态

表 4-12　货物到达作业 SCPN 模型中颜色集与变量的含义

颜色集声明	含义	变量	含义
colset *GA* = unit with goods arrival	货物到达信息	*v*：*VI*	液氨罐车
colset *IM* = unit with shipment information matching	车辆安全检查信息	*e*：*EE*	静电状态
colset *WR* = unit with weighing record	过磅计量信息	*t*：*TS*	储罐状态
colset *DC* = unit with device check	设备检查状态	*v*1：*OV*	阀门状态
colset *EE* = unit with eliminates static electricity	静电消除状态	*p*：*SP*	输送泵状态
colset *EA* = unit with eliminate again	再次消除信息	*p*1：*RP*	管道状态
colset *PR* = unit with pressure level recording	压力液位记录信息	*t*1：*FT*	工厂储罐
colset *AI* = unit with loading arm installation	装料臂安装信息	*v*2：*CV*	阀门状态
colset *TS* = unit with tank safety status	储罐安全状态		
colset *OV* = unit with open the valve	开启阀门状态		
colset *SP* = unit with start the transfer pump	启动输送泵状态		
colset *RA* = unit with reach the loading arm	输送至装料臂状态		
colset *RP* = unit with reach the pipeline	输送至管道状态		
colset *FT* = unit with tanker storage tank	工厂储罐状态		
colset *CV* = unit with close the valve	关闭阀门状态		
colset *WW* = unit with weigh out of the warehouse	过磅出库信息		
colset *ET* = unit with end of transportation	运输结束信息		
colset *SJ* = unit with tank cracks	罐体裂缝状态		
colset *LL* = unit with liquid ammonia leakage	液氨泄漏状态		

续表

颜色集声明	含义	变量	含义
colset *OT*=unit with no traffic	流量至无状态		
colset *SV*=unit with starts the vehicle privately	私自启动车辆信息		
colset *AF*=unit with pump aging fault	泵老化故障状态		
colset *FD*=unit with flange damage	法兰破损状态		
colset *PC*=unit with papeline aging	管道老化信息		
colset *ED*=unit with employee desertion	员工擅离职守状态		
colset *VA*=unit with valve aging	阀门老化状态		

4.4.3　液氨运输流程 SCPN 模型性能分析

基本 Petri 网的变迁规则是由输入库所经过变迁使能同时满足令牌的数量条件，从而完成令牌向输出库所的转移。液氨运输流程中存在各种风险因素，当风险因素发生演化成为异常风险事件时，异常风险事件的发生会直接影响到正常运输流程的运行；当运输流程中异常风险事件发生时，正常流程停止进行，流程进行变体同时处理异常风险事件。因此，本研究基于 CPN ML 语言对变迁的使能发生进行规则定义。以图 4-22 为例，Petri 网中 *P*1 放置一个令牌，经过 *T*1 变迁，输入 *P*2，当变迁再次发生时，则有：If T3 occur and also var= “p” then T4 not occur，If T4 occur and also var= “m” then T3 not occur。

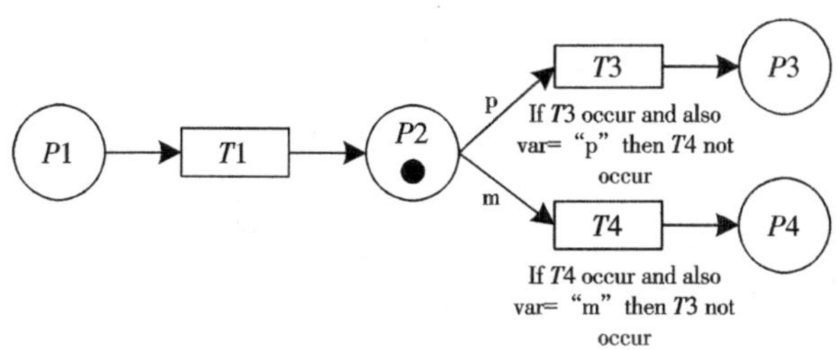

图 4-22　Petri 网变迁规则

4.4.3.1 出货提货作业 SCPN 模型性能分析

1. 可达标识图

出货提货作业 SCPN 模型中，在初始库所放置一个令牌，系统模型的初始状态标识表示为 $M1$，初始状态标识经过变迁出发进行令牌的转移，令牌转移后，状态标识随即改变，形成状态标识 $M2$。当模型中所有的变迁完成使能后，可得到系统流程模型的可达标识图。A 公司液氨出货提货作业 SCPN 模型的可达标识包含的库所如表 4-13 所示。

表 4-13 出货提货作业 SCPN 模型可达标识包含的库所

可达标识	库所	可达标识	库所
$M1$	$P1$	$M14$	$P21$
$M2$	$P2$	$M15$	$P19$
$M3$	$P15$	$M16$	$P9$
$M4$	$P3$	$M17$	$P10$
$M5$	$P4$	$M18$	$P22$
$M6$	$P5$	$M19$	$P11$
$M7$	$P16$	$M20$	$P23$
$M8$	$P6$	$M21$	$P12$
$M9$	$P7$	$M22$	$P24$
$M10$	$P8$	$M23$	$P13$
$M11$	$P17$	$M24$	$P25$
$M12$	$P20$	$M25$	$P26$
$M13$	$P18$	$M26$	$P14$

可达标识图可以表示各个标识的资源流动情况，箭头的方向代表状态的转移方向，箭头上的数字代表能使资源流动的变迁条件，由此可以得到如图 4-23 所示的出货提货作业 SCPN 模型可达标识图。

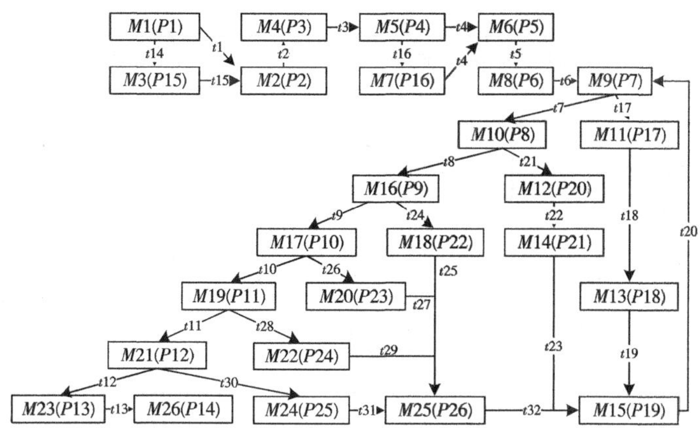

图 4-23　出货提货作业 SCPN 模型可达标识

2. 稳定状态概率

通过在基本 Petri 网中定义变迁的发生时间，表示为 t（min），完成各个变迁的时间映射，形成随机 Petri 网进行进一步的性能分析。假设出货提货作业流程中各变迁的发生时间是服从指数分布的随机变量，以常数参数 λ_i 表示，发生时间与实施速率的数学关系表达式为 $\lambda_i = 1/t$。根据实地调研信息，得到出货提货作业阶段各变迁的平均时延，如表 4-14 所示。

表 4-14　出货提货作业各变迁发生时间与实施速率

变迁	发生时间 t/min	实施速率 λ/h	变迁	发生时间 t/min	实施速率 λ/(m/s)
*T*1	10	6	*T*17	120	1/2
*T*2	20	3	*T*18	100	3/5
*T*3	5	12	*T*19	240	1/4
*T*4	12	5	*T*20	60	1
*T*5	15	4	*T*21	30	2
*T*6	20	3	*T*22	15	4
*T*7	15	4	*T*23	10	6
*T*8	15	4	*T*24	100	3/5
*T*9	60	1	*T*25	30	2
*T*10	20	3	*T*26	80	3/4

续表

变迁	发生时间 t/min	实施速率 λ/h	变迁	发生时间 t/min	实施速率 λ/(m/s)
$T11$	60	1	$T27$	60	1
$T12$	30	2	$T28$	20	3
$T13$	15	4	$T29$	30	2
$T14$	60	1	$T30$	40	3/2
$T15$	10	6	$T31$	20	3
$T16$	10	6	$T32$	15	4

由表 4-14 可知出货提货作业 SCPN 模型中各变迁的发生时间 t 和实施速率 λ。在弧线上标注对应变迁的平均实施速率 λi，就可以得到 SCPN 模型同构一维时间的马尔可夫链，如图 4-24 所示。

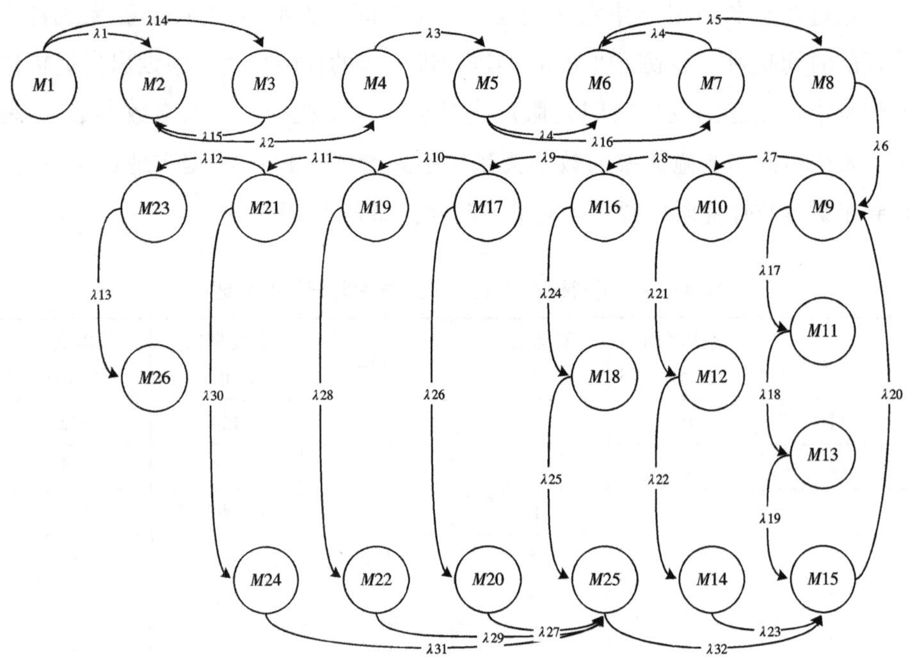

图 4-24 出货提货作业 SCPN 模型的同构马尔可夫链

由公式（4-3）可以得到出货提货作业 SCPN 模型同构马尔可夫链的状态转移矩阵 $\boldsymbol{Q}$：

$$
\boldsymbol{Q}=\begin{bmatrix}
-7&6&1&0&0&0&0&0&0&0&0&0&0&0&0&0&0&0&0&0&0&0&0&0&0&0\\
0&-3&0&3&0&0&0&0&0&0&0&0&0&0&0&0&0&0&0&0&0&0&0&0&0&0\\
0&6&-6&0&0&0&0&0&0&0&0&0&0&0&0&0&0&0&0&0&0&0&0&0&0&0\\
0&0&0&-12&12&0&0&0&0&0&0&0&0&0&0&0&0&0&0&0&0&0&0&0&0&0\\
0&0&0&0&-11&5&6&0&0&0&0&0&0&0&0&0&0&0&0&0&0&0&0&0&0&0\\
0&0&0&0&0&-4&0&4&0&0&0&0&0&0&0&0&0&0&0&0&0&0&0&0&0&0\\
0&0&0&0&0&5&-5&0&0&0&0&0&0&0&0&0&0&0&0&0&0&0&0&0&0&0\\
0&0&0&0&0&0&0&-3&3&0&0&0&0&0&0&0&0&0&0&0&0&0&0&0&0&0\\
0&0&0&0&0&0&0&0&-\frac{2}{9}&4&\frac{1}{2}&0&0&0&0&0&0&0&0&0&0&0&0&0&0&0\\
0&0&0&0&0&0&0&0&0&-3&0&2&0&0&0&0&0&0&0&0&0&0&0&0&0&0\\
0&0&0&0&0&0&0&0&0&0&-\frac{3}{5}&0&\frac{3}{5}&0&0&0&0&0&0&0&0&0&0&0&0&0\\
0&0&0&0&0&0&0&0&0&0&0&-4&0&4&0&0&0&0&0&0&0&0&0&0&0&0\\
0&0&0&0&0&0&0&0&0&0&0&0&-\frac{1}{4}&0&\frac{1}{4}&0&0&0&0&0&0&0&0&0&0&0\\
0&0&0&0&0&0&0&0&0&0&0&0&0&-6&6&0&0&0&0&0&0&0&0&0&0&0\\
0&0&0&0&0&0&0&0&1&0&0&0&0&-1&0&0&0&0&0&0&0&0&0&0&0&0\\
0&0&0&0&0&0&0&0&0&0&0&0&0&0&0&-\frac{18}{5}&3&\frac{3}{5}&0&0&0&0&0&0&0&0\\
0&0&0&0&0&0&0&0&0&0&0&0&0&0&0&0&-\frac{7}{4}&0&1&\frac{3}{4}&0&0&0&0&0&0\\
0&0&0&0&0&0&0&0&0&0&0&0&0&0&0&0&0&-2&0&0&0&0&0&0&2&0\\
0&0&0&0&0&0&0&0&0&0&0&0&0&0&0&0&0&0&-5&0&2&3&0&0&0&0\\
0&0&0&0&0&0&0&0&0&0&0&0&0&0&0&0&0&0&0&-1&0&0&0&0&1&0\\
0&0&0&0&0&0&0&0&0&0&0&0&0&0&0&0&0&0&0&0&-\frac{11}{2}&0&4&\frac{3}{2}&0&0\\
0&0&0&0&0&0&0&0&0&0&0&0&0&0&0&0&0&0&0&0&0&-2&0&0&2&0\\
0&0&0&0&0&0&0&0&0&0&0&0&0&0&0&0&0&0&0&0&0&0&-1&0&0&1\\
0&0&0&0&0&0&0&0&0&0&0&0&0&0&0&0&0&0&0&0&0&0&0&-3&3&0\\
0&0&0&0&0&0&0&0&0&0&0&0&0&0&6&0&0&0&0&0&0&0&0&0&-6&0\\
2&0&0&0&0&0&0&0&0&0&0&0&0&0&6&0&0&0&0&0&0&0&0&0&0&-2
\end{bmatrix}
$$

设模型中 26 个状态的稳定状态概率为一个行向量 $\boldsymbol{P}=(P(M0)$，$P(M2)$，…，$P(M26))$，根据状态转移矩阵以及式（4-4）列出以下方程组：

$$
\begin{cases}
6 \times P(M1) + 6 \times P(M3) - 3 \times P(M2) = 0 \\
1 \times P(M1) - 6 \times P(M3) = 0 \\
3 \times P(M2) - 12 \times P(M4) = 0 \\
12 \times P(M4) - 11 \times P(M5) = 0 \\
5 \times P(M5) + 5 \times P(M7) - 4 \times P(M6) = 0 \\
6 \times P(M5) - 5 \times P(M7) = 0 \\
4 \times P(M6) - 3 \times P(M8) = 0 \\
3 \times P(M8) - \frac{2}{9} \times P(M9) + 1 \times P(M15) = 0 \\
4 \times P(M9) - 3 \times P(M10) = 0 \\
\frac{1}{2} \times P(M9) - \frac{3}{5} \times P(M11) = 0 \\
2 \times P(M10) - 4 \times P(M12) = 0 \\
\frac{3}{5} \times P(M11) - \frac{1}{4} \times P(M13) = 0 \\
4 \times P(M12) - 6 \times P(M14) = 0 \\
\frac{1}{4} \times P(M13) + 6 \times P(M14) + 6 \times P(M25) - 1 \times P(M15) = 0 \\
1 \times P(M10) - \frac{18}{5} \times P(M16) = 0 \\
3 \times P(M16) - \frac{7}{4} \times P(M17) = 0 \\
\frac{3}{5} \times P(M16) - 2 \times P(M18) = 0 \\
1 \times P(M17) - 5 \times P(M19) = 0 \\
\frac{3}{4} \times P(M17) - 1 \times P(M20) = 0 \\
2 \times P(M19) - \frac{11}{2} \times P(M21) = 0 \\
3 \times P(M19) - 2 \times P(M22) = 0 \\
4 \times P(M21) - 1 \times P(M23) = 0 \\
\frac{3}{2} \times P(M21) - 3 \times P(M24) = 0 \\
2 \times P(M18) + 1 \times P(M20) + 2 \times P(M22) + 3 \times P(M24) - 6 \times P(M25) = 0 \\
1 \times P(M23) - 2 \times P(M26) = 0 \\
2 \times P(M26) - 7 \times P(M1) = 0 \\
\sum_{i=1}^{26} P(Mi) = 0
\end{cases}
$$

如图 4-25 所示，给出 MATLAB 软件求解方程组界面，从而得到每个可达标记的稳定概率，如表 4-15 所示。

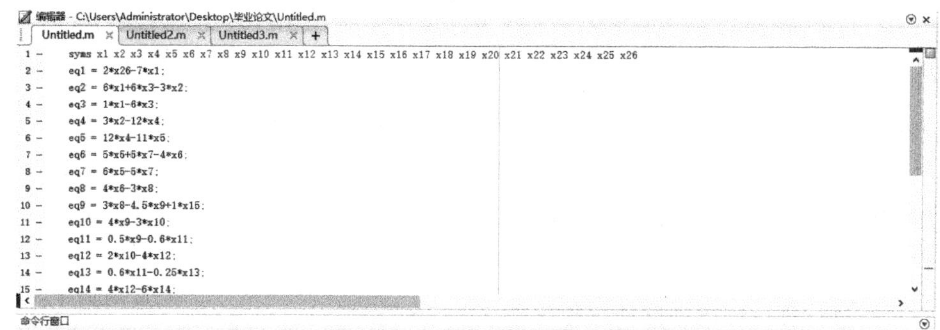

图 4-25　MATLAB 数值计算界面

表 4-15　出货提货作业 SCPN 模型可达标识稳定概率

可达标识	稳定概率	可达标识	稳定概率
$M1$	0.0019849	$M14$	0.0334337
$M2$	0.0046315	$M15$	0.3246215
$M3$	0.0003308	$M16$	0.0278614
$M4$	0.0011579	$M17$	0.0477624
$M5$	0.0012631	$M18$	0.0083584
$M6$	0.0034736	$M19$	0.0095524
$M7$	0.0015158	$M20$	0.0358218
$M8$	0.0046315	$M21$	0.0034736
$M9$	0.0752258	$M22$	0.0143287
$M10$	0.1003010	$M23$	0.0138945
$M11$	0.0626881	$M24$	0.0017368
$M12$	0.0527557	$M25$	0.0144010
$M13$	0.1504515	$M26$	0.0069473

3. 库所繁忙率

库所繁忙率是指在每个稳定状态下，库所中所包含的令牌数量的概率。根据库所繁忙率计算公式（4-6），对各库所繁忙率计算如下：$P[M(p1)=1]=P(M1)$；$P[M(p2)=1]=P(M3)$；$P[M(p3)=1]=P(M4)$；$P[M(p4)=1]=$

$P(M5)$；$P[M(p5)=1]=P(M6)$；$P[M(p6)=1]=P(M8)$；$P[M(p7)=1]=P(M9)$；$P[M(p8)=1]=P(M10)$；$P[M(p9)=1]=P(M16)$；$P[M(p10)=1]=P(M17)$；$P[M(p11)=1]=P(M19)$；$P[M(p12)=1]=P(M21)$；$P[M(p13)=1]=P(M23)$；$P[M(p14)=1]=P(M26)$；$P[M(p15)=1]=P(M2)$；$P[M(p16)=1]=P(M7)$；$P[M(p17)=1]=P(M11)$；$P[M(p18)=1]=P(M13)$；$P[M(p19)=1]=P(M15)$；$P[M(p20)=1]=P(M12)$；$P[M(p21)=1]=P(M14)$；$P[M(p22)=1]=P(M18)$；$P[M(p23)=1]=P(M20)$；$P[M(p24)=1]=P(M22)$；$P[M(p25)=1]=P(M24)$；$P[M(p26)=1]=P(M25)$。

通过计算，可得各库所繁忙率如表 4-16 所示。

表 4-16 库所繁忙率

库所	繁忙率	库所	繁忙率
$P1$	0.0019849	$P14$	0.0069473
$P2$	0.0003308	$P15$	0.0046315
$P3$	0.0011579	$P16$	0.0015158
$P4$	0.0012631	$P17$	0.0477624
$P5$	0.0034736	$P18$	0.1504515
$P6$	0.0046315	$P19$	0.3246215
$P7$	0.0752258	$P20$	0.0527557
$P8$	0.1003010	$P21$	0.0334337
$P9$	0.0278614	$P22$	0.0083584
$P10$	0.0477624	$P23$	0.0358218
$P11$	0.0095524	$P24$	0.0143287
$P12$	0.0034736	$P25$	0.0017368
$P13$	0.0138945	$P26$	0.0144010

由表 4-16 可知，出货提货作业 SCPN 模型各库所繁忙率的降序排列为：$P[M(p20)] > P[M(p17)] > P[M(p23)] > P[M(p24)] > P[M(p22)] > P[M(p25)]$。由此可见，出货提货作业 SCPN 模型中库所 $P20$ 处表现得最为繁忙，表明在液氨运输的出货提货作业阶段，在液氨罐车装载过程中，作业人员开启错误阀门的发生概率最高。

4. 变迁利用率

变迁利用率是指能够使变迁 T 发生的所有状态标识的稳定概率之和。根据变迁利用率计算公式（4-8），对各变迁利用率计算如下：$U(T1)=P(M1)$；$U(T2)=P(M2)$；$U(T3)=P(M4)$；$U(T4)=P(M5)+P(M7)$；$U(T5)=P(M6)$；$U(T6)=P(M8)$；$U(T7)=P(M9)$；$U(T8)=P(M10)$；$U(T9)=P(M16)$；$U(T10)=P(M17)$；$U(T11)=P(M19)$；$U(T12)=P(M21)$；$U(T13)=P(M23)$；$U(T14)=P(M1)$；$U(T15)=P(M3)$；$U(T16)=P(M5)$；$U(T17)=P(M9)$；$U(T18)=P(M11)$；$U(T19)=P(M13)$；$U(T20)=P(M15)$；$U(T21)=P(M10)$；$U(T22)=P(M12)$；$U(T23)=P(M14)$；$U(T24)=P(M16)$；$U(T25)=P(M18)$；$U(T26)=P(M17)$；$U(T27)=P(M20)$；$U(T28)=P(M19)$；$U(T29)=P(M22)$；$U(T30)=P(M21)$；$U(T31)=P(M24)$；$U(T32)=P(M25)$。

通过计算，可得各变迁利用率如表 4-17 所示。

表 4-17　变迁利用率

变迁	利用率	变迁	利用率
$T1$	0.0019849	$T17$	0.0752258
$T2$	0.0003308	$T18$	0.0626881
$T3$	0.0011579	$T19$	0.1504515
$T4$	0.0027789	$T20$	0.3246215
$T5$	0.0034736	$T21$	0.1003010
$T6$	0.0046315	$T22$	0.0527557
$T7$	0.0752258	$T23$	0.0334337
$T8$	0.1003010	$T24$	0.0278614
$T9$	0.0278614	$T25$	0.0083584
$T10$	0.0477624	$T26$	0.0477624
$T11$	0.0095524	$T27$	0.0358218
$T12$	0.0034736	$T28$	0.0095524
$T13$	0.0138945	$T29$	0.0143287
$T14$	0.0019849	$T30$	0.0034736
$T15$	0.0003308	$T31$	0.0017368
$T16$	0.0012631	$T32$	0.0144010

根据表 4-17 可知出货提货作业 SCPN 模型的各变迁利用率，降序排列得到：$U(T21) > U(T17) > U(T26) > U(T24) > U(T28) > U(T30)$，即出货提货作业 SCPN 模型中变迁 $T21$ 的利用率最高，表明在液氨运输的出货提货作业阶段，作业人员的错误操作行为是影响液氨装载最为严重的风险因素。结合库所繁忙率，在出货提货作业阶段，由于作业人员错误操作打开错误阀门发生风险的概率最高。

4.4.3.2 运输途中作业 SCPN 模型性能分析

1. 可达标识图

运输途中作业 SCPN 模型中，在初始库所放置一个库所，系统模型的初始状态标识表示为 $M1$，初始状态标识经过变迁出发进行库所的转移，其可达状态标识所包含的库所如表 4-18 所示。

表 4-18 运输途中作业 SCPN 模型可达标识包含的库所

可达标识	库所	可达标识	库所
$M1$	$P1$	$M10$	$P6$
$M2$	$P2$	$M11$	$P13$
$M3$	$P3$	$M12$	$P7$
$M4$	$P10$	$M13$	$P16$
$M5$	$P4$	$M14$	$P8$
$M6$	$P11$	$M15$	$P14$
$M7$	$P5$	$M16$	$P9$
$M8$	$P12$	$M17$	$P17$
$M9$	$P15$		

可达标识图可以表示各个标识的资源流动情况，箭头的方向代表状态的转移方向，箭头上的数字代表能使资源流动的变迁条件，由此可以得到如图 4-26 所示的模型可达标识图。

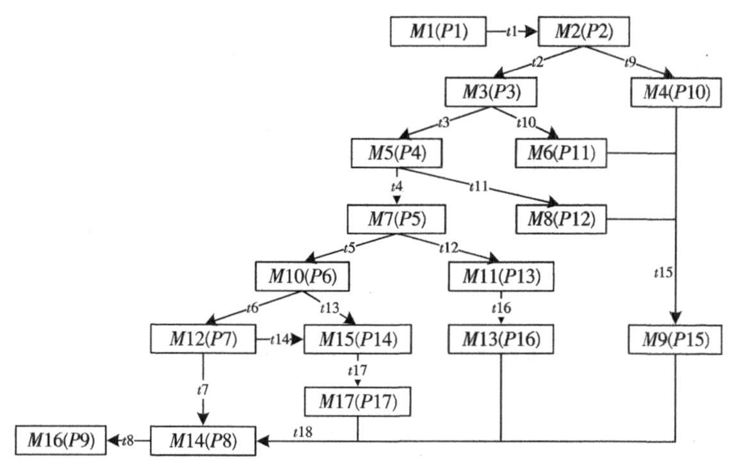

图 4-26　运输途中作业 SCPN 模型可达标识

2. 稳定状态概率

根据实地调研信息，得到运输途中作业阶段各变迁的平均发生时间 t 及实施速率 λ，如表 4-19 所示。

表 4-19　运输途中作业各变迁发生时间与实施速率

变迁	发生时间 t/h	实施速率 λ/h	变迁	发生时间 t/h	实施速率 λ/h
$T1$	0.5	2	$T10$	0.1	10
$T2$	1	1	$T11$	1.5	2/3
$T3$	0.5	2	$T12$	0.2	5
$T4$	1	1	$T13$	0.4	2.5
$T5$	0.5	2	$T14$	1	1
$T6$	1	1	$T15$	0.6	5/3
$T7$	0.5	2	$T16$	2.5	0.4
$T8$	0.5	2	$T17$	3	1/3
$T9$	2	0.5	$T18$	1	1

由表 4-19 可知运输途中作业 SCPN 模型中各变迁的发生时间 t 和实施速率 λ。在弧线上标注对应变迁的平均实施速率 λi，就可以得到 SCPN 模型同构一维时间的马尔可夫链，如图 4-27 所示。

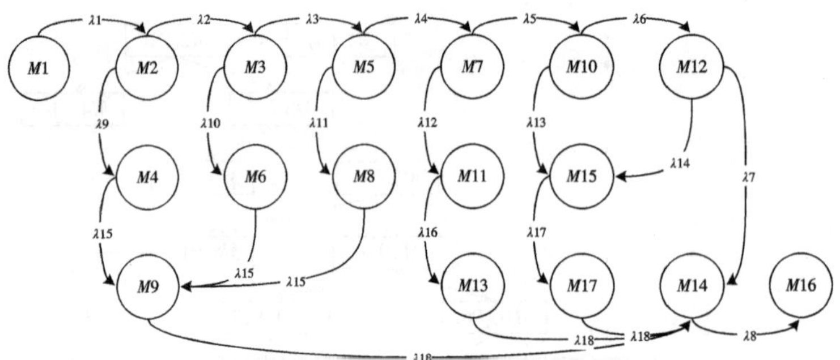

图 4-27　运输途中作业 SCPN 模型的同构马尔可夫链

由式（4-3）可以得到运输作业 SCPN 模型同构马尔可夫链的状态转移矩阵 $\boldsymbol{Q}$：

$$
\boldsymbol{Q}=\begin{bmatrix}
-2 & 2 & 0 & 0 & 0 & 0 & 0 & 0 & 0 & 0 & 0 & 0 & 0 & 0 & 0 & 0 & 0 \\
0 & -\frac{3}{2} & 1 & \frac{1}{2} & 0 & 0 & 0 & 0 & 0 & 0 & 0 & 0 & 0 & 0 & 0 & 0 & 0 \\
0 & 0 & -12 & 0 & 2 & 10 & 0 & 0 & 0 & 0 & 0 & 0 & 0 & 0 & 0 & 0 & 0 \\
0 & 0 & 0 & -\frac{5}{3} & 0 & 0 & 0 & 0 & \frac{5}{3} & 0 & 0 & 0 & 0 & 0 & 0 & 0 & 0 \\
0 & 0 & 0 & 0 & -\frac{5}{3} & 0 & 1 & \frac{2}{3} & 0 & 0 & 0 & 0 & 0 & 0 & 0 & 0 & 0 \\
0 & 0 & 0 & 0 & 0 & -\frac{5}{3} & 0 & 0 & \frac{5}{3} & 0 & 0 & 0 & 0 & 0 & 0 & 0 & 0 \\
0 & 0 & 0 & 0 & 0 & 0 & -7 & 0 & 0 & 2 & 5 & 0 & 0 & 0 & 0 & 0 & 0 \\
0 & 0 & 0 & 0 & 0 & 0 & 0 & -\frac{5}{3} & \frac{5}{3} & 0 & 0 & 0 & 0 & 0 & 0 & 0 & 0 \\
0 & 0 & 0 & 0 & 0 & 0 & 0 & 0 & -1 & 0 & 0 & 0 & 0 & 1 & 0 & 0 & 0 \\
0 & 0 & 0 & 0 & 0 & 0 & 0 & 0 & 0 & -\frac{7}{2} & 0 & 1 & 0 & 0 & \frac{5}{2} & 0 & 0 \\
0 & 0 & 0 & 0 & 0 & 0 & 0 & 0 & 0 & 0 & -\frac{2}{5} & 0 & \frac{2}{5} & 0 & 0 & 0 & 0 \\
0 & 0 & 0 & 0 & 0 & 0 & 0 & 0 & 0 & 0 & 0 & -3 & 0 & 2 & 1 & 0 & 0 \\
0 & 0 & 0 & 0 & 0 & 0 & 0 & 0 & 0 & 0 & 0 & 0 & -1 & 1 & 0 & 0 & 0 \\
0 & 0 & 0 & 0 & 0 & 0 & 0 & 0 & 0 & 0 & 0 & 0 & 0 & -2 & 2 & 0 & 0 \\
0 & 0 & 0 & 0 & 0 & 0 & 0 & 0 & 0 & 0 & 0 & 0 & 0 & 0 & -\frac{1}{3} & 0 & \frac{1}{3} \\
1 & 0 & 0 & 0 & 0 & 0 & 0 & 0 & 0 & 0 & 0 & 0 & 0 & 0 & 0 & -1 & 0 \\
0 & 0 & 0 & 0 & 0 & 0 & 0 & 0 & 0 & 0 & 0 & 0 & 0 & 1 & 0 & 0 & -1
\end{bmatrix}
$$

设模型中 17 个状态的稳定概率为一个行向量 $\boldsymbol{P}=(P(M0), P(M2), \cdots, P(M17))$，根据状态转移矩阵以及式（4-4）列出以下方程组：

$$
\begin{cases}
1 \times P(M16) - 2 \times P(M1) = 0 \\
2 \times P(M1) - \dfrac{3}{2} \times P(M2) = 0 \\
1 \times P(M2) - 12 \times P(M3) = 0 \\
\dfrac{1}{2} \times P(M2) - \dfrac{5}{3} \times P(M4) = 0 \\
2 \times P(M3) - \dfrac{5}{3} \times P(M5) = 0 \\
10 \times P(M3) - \dfrac{5}{3} \times P(M6) = 0 \\
1 \times P(M5) - 7 \times P(M7) = 0 \\
\dfrac{2}{3} \times P(M5) - \dfrac{5}{3} \times P(M8) = 0 \\
\dfrac{5}{3} \times P(M4) + \dfrac{5}{3} \times P(M6) + \dfrac{5}{3} \times P(M8) - 1 \times P(M9) = 0 \\
2 \times P(M7) - \dfrac{7}{2} \times P(M10) = 0 \\
5 \times P(M7) - \dfrac{2}{5} \times P(M11) = 0 \\
1 \times P(M10) - 3 \times P(M12) = 0 \\
\dfrac{2}{5} \times P(M11) - 1 \times P(M13) = 0 \\
1 \times P(M9) + 2 \times P(M12) + 1 \times P(M13) + 1 \times P(M17) - 2 \times P(M14) = 0 \\
\dfrac{5}{2} \times P(M10) + 1 \times P(M12) - \dfrac{1}{3} \times P(M15) = 0 \\
2 \times P(M14) - 1 \times P(M16) = 0 \\
\dfrac{1}{3} \times P(M15) - 1 \times P(M17) = 0 \\
\sum_{i=1}^{17} P(Mi) = 0
\end{cases}
$$

如图 4-28 所示，给出 MATLAB 软件求解方程组界面，从而得到每个可达标记的稳定概率，如表 4-20 所示。

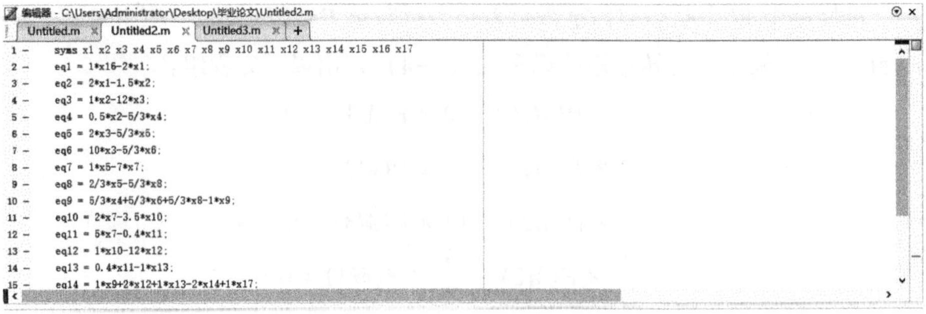

编辑器 - C:\Users\Administrator\Desktop\毕业论文\Untitled2.m

Untitled.m | Untitled2.m | Untitled3.m | +

```
syms x1 x2 x3 x4 x5 x6 x7 x8 x9 x10 x11 x12 x13 x14 x15 x16 x17
eq1 = 1*x16-2*x1;
eq2 = 2*x1-1.5*x2;
eq3 = 1*x2-12*x3;
eq4 = 0.5*x2-5/3*x4;
eq5 = 2*x3-5/3*x5;
eq6 = 10*x3-5/3*x6;
eq7 = 1*x5-7*x7;
eq8 = 2/3*x5-5/3*x8;
eq9 = 5/3*x4+5/3*x6+5/3*x8-1*x9;
eq10 = 2*x7-3.5*x10;
eq11 = 5*x7-0.4*x11;
eq12 = 1*x10-12*x12;
eq13 = 0.4*x11-1*x13;
eq14 = 1*x9+2*x12+1*x13-2*x14+1*x17;
```

图 4-28　MATLAB 数值计算界面

表 4-20　运输途中作业 SCPN 模型可达标识稳定概率

可达标识	稳定概率	可达标识	稳定概率
*M*1	0.110440	*M*10	0.001202
*M*2	0.147253	*M*11	0.026295
*M*3	0.012271	*M*12	0.000401
*M*4	0.044176	*M*13	0.010518
*M*5	0.014725	*M*14	0.110440
*M*6	0.073627	*M*15	0.010218
*M*7	0.002104	*M*16	0.220880
*M*8	0.005890	*M*17	0.003406
*M*9	0.206155		

3. 库所繁忙率

根据库所繁忙率计算公式，对各库所繁忙率计算如下：$P[M(p1)=1]=P(M1)$；$P[M(p2)=1]=P(M2)$；$P[M(p3)=1]=P(M3)$；$P[M(p4)=1]=P(M5)$；$P[M(p5)=1]=P(M7)$；$P[M(p6)=1]=P(M10)$；$P[M(p7)=1]=P(M12)$；$P[M(p8)=1]=P(M14)$；$P[M(p9)=1]=P(M16)$；$P[M(p10)=1]=P(M4)$；$P[M(p11)=1]=P(M6)$；$P[M(p12)=1]=P(M8)$；$P[M(p13)=1]=P(M11)$；$P[M(p14)=1]=P(M15)$；$P[M(p15)=1]=P(M9)$；$P[M(p16)=1]=P(M13)$；$P[M(p17)=1]=P(M17)$。通过计算，可得各库所繁忙率如表 4-21 所示。

表 4-21　库所繁忙率

库所	繁忙率	库所	繁忙率
$P1$	0.110440	$P10$	0.044176
$P2$	0.147253	$P11$	0.073627
$P3$	0.012271	$P12$	0.005890
$P4$	0.014725	$P13$	0.026295
$P5$	0.002104	$P14$	0.010218
$P6$	0.001202	$P15$	0.206155
$P7$	0.000401	$P16$	0.010518
$P8$	0.110440	$P17$	0.003406
$P9$	0.220880		

根据表 4-21 可以得知 SCPN 模型的各库所繁忙率情况，通过比较流程中融合的六种风险因素可以发现：$P[M(p11)] > P[M(p10)] > P[M(p13)] > P[M(p14)] > P[M(p15)]$。由此可见，运输途中作业 SCPN 模型中库所 $P11$ 处表现得最为繁忙，表明在液氨运输的运输途中作业阶段，液氨运输车辆在公路运输中，受各种道路因素及驾驶员素质的影响，液氨罐车发生车辆追尾事件的风险概率最高。

4. 变迁利用率

根据变迁利用率计算公式，对各变迁利用率计算如下：$U(T1)=P(M1)$；$U(T2)=P(M2)$；$U(T3)=P(M3)$；$U(T4)=P(M5)$；$U(T5)=P(M7)$；$U(T6)=P(M10)$；$U(T7)=P(M12)$；$U(T8)=P(M14)$；$U(T9)=P(M2)$；$U(T10)=P(M3)$；$U(T11)=P(M5)$；$U(T12)=P(M7)$；$U(T13)=P(M10)$；$U(T14)=P(M12)$；$U(T15)=P(M4)+P(M6)+P(M8)$；$U(T16)=P(M11)$；$U(T17)=P(M15)$；$U(T18)=P(M9)+P(M13)+P(M17)$。通过计算，可得各变迁利用率如表 4-22 所示。

表 4-22　变迁利用率

变迁	利用率	变迁	利用率
*T*1	0. 110440	*T*10	0. 012271
*T*2	0. 147253	*T*11	0. 014725
*T*3	0. 012271	*T*12	0. 002104
*T*4	0. 014725	*T*13	0. 001202
*T*5	0. 002104	*T*14	0. 000401
*T*6	0. 001202	*T*15	0. 123693
*T*7	0. 000401	*T*16	0. 026295
*T*8	0. 110440	*T*17	0. 010218
*T*9	0. 147253	*T*18	0. 220079

比较表 4-22 中运输途中作业 SCPN 模型的各变迁利用率可得：$U(T9) > U(T11) > U(T10) > U(T12) > U(T13) > U(T14)$。运输途中作业 SCPN 模型中变迁 *T*9 的利用率最高，表明在液氨运输的运输途中作业阶段，液氨运输车辆在公路运输中，暴雨等恶劣天气是影响液氨罐车公路运输最为严重的风险因素。结合库所繁忙率，在运输途中作业阶段，由于暴雨等恶劣天气造成液氨运输车辆发生碰撞风险的概率最高。

4. 4. 3. 3　货物到达作业 SCPN 模型性能分析

1. 可达标识图

货物到达作业 SCPN 模型中，根据 Petri 网的变迁规则，当模型中所有的变迁完成使能后，得到系统流程模型的可达标识图，其可达标识包含的库所如表 4-23 所示。可达标识图如图 4-29 所示。

表 4-23　货物到达作业 SCPN 模型可达标识包含的库所

可达标识	库所	可达标识	库所
*M*1	*P*1	*M*15	*P*28
*M*2	*P*2	*M*16	*P*10
*M*3	*P*3	*M*17	*P*11
*M*4	*P*4	*M*18	*P*20

续表

可达标识	库所	可达标识	库所
*M*5	*P*5	*M*19	*P*12
*M*6	*P*17	*M*20	*P*21
*M*7	*P*6	*M*21	*P*13
*M*8	*P*7	*M*22	*P*22
*M*9	*P*8	*M*23	*P*14
*M*10	*P*9	*M*24	*P*23
*M*11	*P*18	*M*25	*P*15
*M*12	*P*19	*M*26	*P*24
*M*13	*P*25	*M*27	*P*27
*M*14	*P*26	*M*28	*P*16

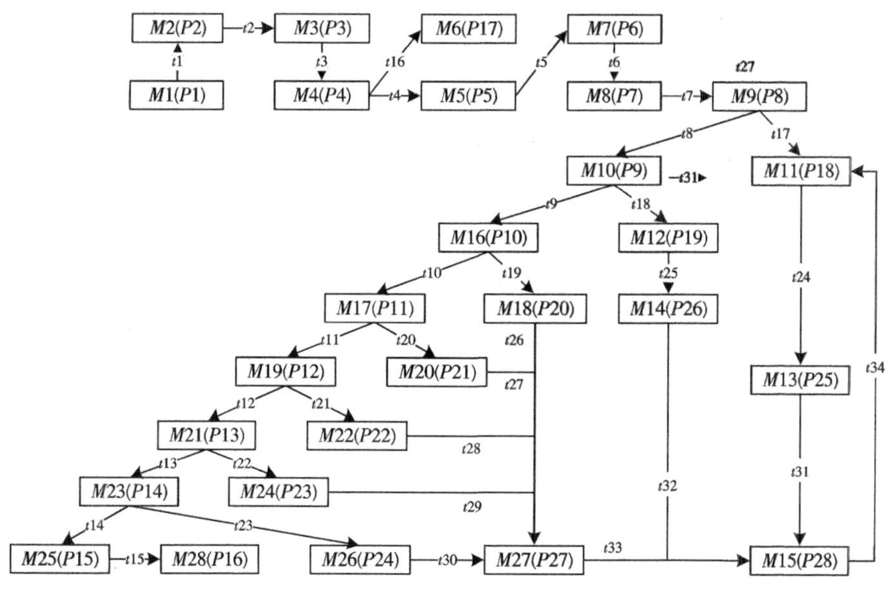

图 4-29　货物到达作业 SCPN 模型可达标识

2. 稳定状态概率

根据实地调研信息，得到货物到达作业阶段各变迁的平均发生时间 t 及实施速率 λ ，如表 4-24 所示。

表 4-24　货物到达作业各变迁发生时间与实施速率

变迁	发生时间 t/min	实施速率 λ/h	变迁	发生时间 t/min	实施速率 λ/h
T1	15	4	T18	10	6
T2	20	3	T19	120	1/2
T3	15	4	T20	60	1
T4	30	2	T21	20	3
T5	20	3	T22	30	2
T6	10	6	T23	60	1
T7	30	2	T24	120	1/2
T8	20	3	T25	20	3
T9	30	2	T26	60	1
T10	60	1	T27	30	2
T11	30	2	T28	120	1/2
T12	120	1/2	T29	120	1/2
T13	60	1	T30	40	3/2
T14	30	2	T31	60	1
T15	20	3	T32	60	1
T16	15	4	T33	30	2
T17	10	6	T34	60	1

在弧线上标注对应变迁的平均实施速率 λi，就可以得到 SCPN 模型同构一维时间的马尔可夫链，如图 4-30 所示。

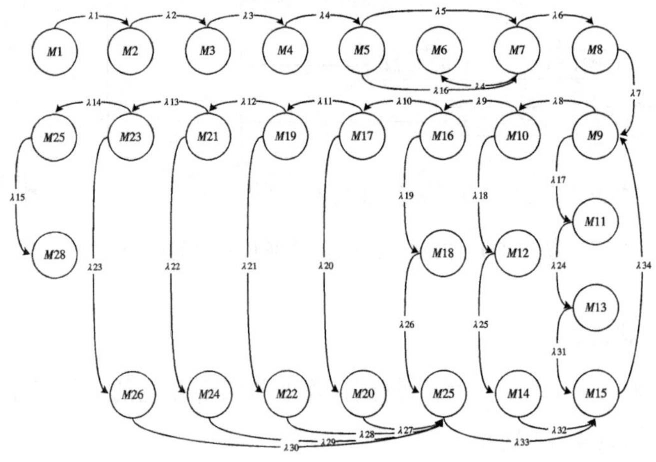

图 4-30　货物到达作业 SCPN 模型的同构马尔可夫链

由式（4-3）可以得到货物到达作业 SCPN 模型同构马尔可夫链的状态转移矩阵 $\boldsymbol{Q}$：

$$
\boldsymbol{Q}=\left[\begin{array}{cccccccccccccccccccccccccccc}
-4&4&0&0&0&0&0&0&0&0&0&0&0&0&0&0&0&0&0&0&0&0&0&0&0&0&0&0\\
0&-3&3&0&0&0&0&0&0&0&0&0&0&0&0&0&0&0&0&0&0&0&0&0&0&0&0&0\\
0&0&-4&4&0&0&0&0&0&0&0&0&0&0&0&0&0&0&0&0&0&0&0&0&0&0&0&0\\
0&0&0&-6&2&4&0&0&0&0&0&0&0&0&0&0&0&0&0&0&0&0&0&0&0&0&0&0\\
0&0&0&0&-3&0&3&0&0&0&0&0&0&0&0&0&0&0&0&0&0&0&0&0&0&0&0&0\\
0&0&0&0&2&-2&0&0&0&0&0&0&0&0&0&0&0&0&0&0&0&0&0&0&0&0&0&0\\
0&0&0&0&0&0&-6&6&0&0&0&0&0&0&0&0&0&0&0&0&0&0&0&0&0&0&0&0\\
0&0&0&0&0&0&0&-2&2&0&0&0&0&0&0&0&0&0&0&0&0&0&0&0&0&0&0&0\\
0&0&0&0&0&0&0&0&-9&3&6&0&0&0&0&0&0&0&0&0&0&0&0&0&0&0&0&0\\
0&0&0&0&0&0&0&0&-8&0&6&0&0&0&2&0&0&0&0&0&0&0&0&0&0&0&0&0\\
0&0&0&0&0&0&0&0&0&0&-\frac{1}{2}&0&\frac{1}{2}&0&0&0&0&0&0&0&0&0&0&0&0&0&0&0\\
0&0&0&0&0&0&0&0&0&0&0&-3&0&3&0&0&0&0&0&0&0&0&0&0&0&0&0&0\\
0&0&0&0&0&0&0&0&0&0&0&0&0&0&0&-1&0&1&0&0&0&0&0&0&0&0&0&0\\
0&0&0&0&0&0&0&0&0&0&0&0&0&-1&1&0&0&0&0&0&0&0&0&0&0&0&0&0\\
0&0&0&0&0&0&0&0&1&0&0&0&0&0&-1&0&0&0&0&0&0&0&0&0&0&0&0&0\\
0&0&0&0&0&0&0&0&0&0&0&0&0&0&0&-\frac{3}{2}&1&\frac{1}{2}&0&0&0&0&0&0&0&0&0&0\\
0&0&0&0&0&0&0&0&0&0&0&0&-3&0&2&1&0&0&0&0&0&0&0&0&0&0&0&0\\
0&0&0&0&0&0&0&0&0&0&0&0&0&-1&0&0&0&0&0&0&0&0&0&0&0&0&1&0\\
0&0&0&0&0&0&0&0&0&0&0&0&0&0&-\frac{7}{2}&0&\frac{1}{2}&3&0&0&0&0&0&0&0&0&0&0\\
0&0&0&0&0&0&0&0&0&0&0&0&0&0&0&-2&0&0&0&0&0&0&0&0&0&0&2&0\\
0&0&0&0&0&0&0&0&0&0&0&0&0&0&0&0&-3&0&1&2&0&0&0&0&0&0&0&0\\
0&0&0&0&0&0&0&0&0&0&0&0&0&0&0&0&0&-\frac{1}{2}&0&0&0&0&0&0&0&0&\frac{1}{2}&0\\
0&0&0&0&0&0&0&0&0&0&0&0&0&0&0&0&0&0&-3&0&2&1&0&0&0&0&0&0\\
0&0&0&0&0&0&0&0&0&0&0&0&0&0&0&0&0&0&0&-\frac{1}{2}&0&0&\frac{1}{2}&0&0&0&0&0\\
0&0&0&0&0&0&0&0&0&0&0&0&0&0&0&0&0&0&0&0&0&0&0&0&-3&0&0&3\\
0&0&0&0&0&0&0&0&0&0&0&0&0&0&0&0&0&0&0&0&0&0&0&0&0&-\frac{3}{2}&\frac{3}{2}&0\\
0&0&0&0&0&0&0&0&0&0&0&0&0&0&2&0&0&0&0&0&0&0&0&0&0&0&-2&0\\
1&0&0&0&0&0&0&0&0&0&0&0&0&0&0&0&0&0&0&0&0&0&0&0&0&0&0&-1
\end{array}\right]
$$

设模型中 28 个状态的稳定概率为一个行向量 $\boldsymbol{P}=[P(M0),P(M2),\cdots,P(M28)]$，根据状态转移矩阵以及式（4-4）列出以下方程组：

$$
\begin{cases}
1\times P(M28)-4\times P(M1)=0\\
4\times P(M1)-3\times P(M2)=0\\
3\times P(M2)-4\times P(M3)=0\\
4\times P(M3)-6\times P(M4)=0\\
2\times P(M4)+2\times P(M6)-3\times P(M5)=0\\
4\times P(M4)-2\times P(M6)=0\\
3\times P(M5)-6\times P(M7)=0\\
6\times P(M7)-2\times P(M8)=0\\
2\times P(M8)+1\times P(M15)-9\times P(M9)=0\\
3\times P(M9)-8\times P(M10)=0\\
6\times P(M9)-\frac{1}{2}\times P(M11)=0\\
6\times P(M10)-3\times P(M12)=0\\
\frac{1}{2}\times P(M11)-1\times P(M13)=0\\
3\times P(M12)-1\times P(M14)=0\\
1\times P(M13)+1\times P(M14)+2\times P(M27)-1\times P(M15)=0\\
2\times P(M10)-\frac{3}{2}\times P(M16)=0\\
1\times P(M16)-3\times P(M17)=0\\
\frac{1}{2}\times P(M16)-1\times P(M18)=0\\
2\times P(M17)-\frac{7}{2}\times P(M19)=0\\
1\times P(M17)-2\times P(M20)=0\\
\frac{1}{2}\times P(M19)-3\times P(M21)=0\\
3\times P(M19)-\frac{1}{2}\times P(M22)=0\\
1\times P(M21)-3\times P(M23)=0\\
2\times P(M21)-\frac{1}{2}\times P(M24)=0\\
2\times P(M23)-3\times P(M25)=0\\
1\times P(M23)-\frac{3}{2}\times P(M26)=0\\
1\times P(M18)+2\times P(M20)+\frac{1}{2}\times P(M22)+\frac{1}{2}\times P(M24)+\frac{3}{2}\times P(M26)-2\times P(M27)=0\\
3\times P(M25)-1\times P(M28)=0\\
\sum_{i=1}^{28}P(Mi)=0
\end{cases}
$$

如图 4-31 所示，给出 MATLAB 软件求解方程组界面，从而得到每个可达标记的稳定概率，如表 4-25 所示。

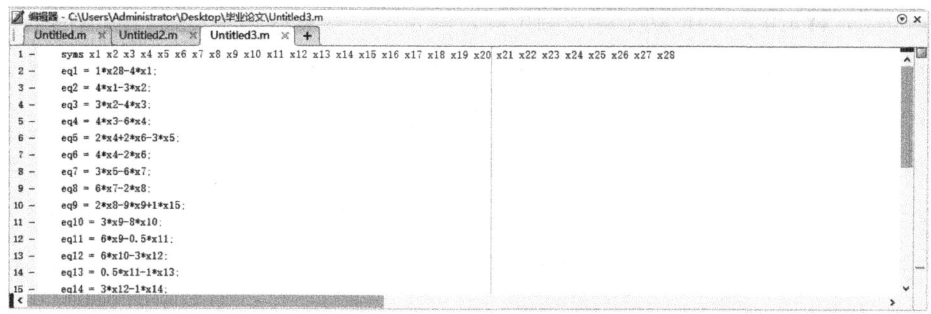

图 4-31　MATLAB 数值计算界面

表 4-25　货物到达作业 SCPN 模型可达标识稳定概率

可达标识	稳定概率	可达标识	稳定概率
*M*1	0.0000789	*M*15	0.2681185
*M*2	0.0001052	*M*16	0.0149130
*M*3	0.0000789	*M*17	0.0049710
*M*4	0.0000526	*M*18	0.0074565
*M*5	0.0001052	*M*19	0.0028406
*M*6	0.0001052	*M*20	0.0024855
*M*7	0.0000526	*M*21	0.0004734
*M*8	0.0001578	*M*22	0.0170434
*M*9	0.0298260	*M*23	0.0001578
*M*10	0.0111848	*M*24	0.0018937
*M*11	0.3579121	*M*25	0.0001052
*M*12	0.0223660	*M*26	0.0001052
*M*13	0.1789561	*M*27	0.0110269
*M*14	0.0671085	*M*28	0.0003156

3. 库所繁忙率

根据库所繁忙率计算公式，对各库所繁忙率计算如下：$P[M(p1)=1]=P(M1)$；$P[M(p2)=1]=P(M2)$；$P[M(p3)=1]=P(M3)$；$P[M(p4)=1]=P(M4)$；$P[M(p5)=1]=P(M5)$；$P[M(p6)=1]=P(M7)$；$P[M(p7)=1]=$

$P(M8)$；$P[M(p8)=1]=P(M9)$；$P[M(p9)=1]=P(M10)$；$P[M(p10)=1]=P(M16)$；$P[M(p11)=1]=P(M17)$；$P[M(p12)=1]=P(M19)$；$P[M(p13)=1]=P(M21)$；$P[M(p14)=1]=P(M23)$；$P[M(p15)=1]=P(M25)$；$P[M(p16)=1]=P(M28)$；$P[M(p17)=1]=P(M6)$；$P[M(p18)=1]=P(M11)$；$P[M(p19)=1]=P(M12)$；$P[M(p20)=1]=P(M18)$；$P[M(p21)=1]=P(M20)$；$P[M(p22)=1]=P(M22)$；$P[M(p23)=1]=P(M24)$；$P[M(p24)=1]=P(M26)$；$P[M(p25)=1]=P(M13)$；$P[M(p26)=1]=P(M14)$；$P[M(p27)=1]=P(M27)$；$P[M(p28)=1]=P(M15)$。通过计算，可得各库所繁忙率如表 4-26 所示。

表 4-26　库所繁忙率

库所	繁忙率	库所	繁忙率
*P*1	0.0000789	*P*15	0.0001052
*P*2	0.0001052	*P*16	0.0003156
*P*3	0.0000789	*P*17	0.0001052
*P*4	0.0000526	*P*18	0.3579121
*P*5	0.0001052	*P*19	0.0223660
*P*6	0.0000526	*P*20	0.0074565
*P*7	0.0001578	*P*21	0.0024855
*P*8	0.0298260	*P*22	0.0170434
*P*9	0.0111848	*P*23	0.0018937
*P*10	0.0149130	*P*24	0.0001052
*P*11	0.0049710	*P*25	0.1789561
*P*12	0.0028406	*P*26	0.0671085
*P*13	0.0004734	*P*27	0.0110269
*P*14	0.0001578	*P*28	0.2681185

比较流程中融合的七种风险因素可以得到：$P[M(p18)]>P[M(p19)]>P[M(p22)]>P[M(p20)]>P[M(p21)]>P[M(p23)]>P[M(p24)]$。由此可见，货物到达作业 SCPN 模型中库所 *P*18 处表现得最为繁忙，表明在液氨运输的货物到达作业阶段，液氨运输车辆在经过长距离的公路运输后，液氨罐车罐体出现裂缝的概率最高。

4. 变迁利用率

根据变迁利用率计算公式，对各变迁利用率计算如下：$U(T1)=P(M1)$；$U(T2)=P(M2)$；$U(T3)=P(M3)$；$U(T4)=P(M4)+P(M6)$；$U(T5)=P(M5)$；$U(T6)=P(M7)$；$U(T7)=P(M8)$；$U(T8)=P(M9)$；$U(T9)=P(M10)$；$U(T10)=P(M16)$；$U(T11)=P(M17)$；$U(T12)=P(M19)$；$U(T13)=P(M21)$；$U(T14)=P(M23)$；$U(T15)=P(M25)$；$U(T16)=P(M4)$；$U(T17)=P(M9)$；$U(T18)=P(M10)$；$U(T19)=P(M16)$；$U(T20)=P(M17)$；$U(T21)=P(M19)$；$U(T22)=P(M21)$；$U(T23)=P(M23)$；$U(T24)=P(M11)$；$U(T25)=P(M12)$；$U(T26)=P(M18)$；$U(T27)=P(M20)$；$U(T28)=P(M22)$；$U(T29)=P(M24)$；$U(T30)=P(M26)$；$U(T31)=P(M13)$；$U(T32)=P(M14)$；$U(T33)=P(M27)$；$U(T34)=P(M15)$。通过计算，可得各变迁利用率如表 4-27 所示。

表 4-27　变迁利用率

变迁	利用率	变迁	利用率
*T*1	0.0000789	*T*18	0.0111848
*T*2	0.0001052	*T*19	0.0149130
*T*3	0.0000789	*T*20	0.0049710
*T*4	0.0001578	*T*21	0.0028406
*T*5	0.0001052	*T*22	0.0004734
*T*6	0.0000526	*T*23	0.0001578
*T*7	0.0001578	*T*24	0.3579121
*T*8	0.0298260	*T*25	0.0223660
*T*9	0.0111848	*T*26	0.0074565
*T*10	0.0149130	*T*27	0.0024855
*T*11	0.0049710	*T*28	0.0170434
*T*12	0.0028406	*T*29	0.0018937
*T*13	0.0004734	*T*30	0.0001052
*T*14	0.0001578	*T*31	0.1789561
*T*15	0.0001052	*T*32	0.0671085

续表

变迁	利用率	变迁	利用率
*T*16	0. 0000526	*T*33	0. 0110269
*T*17	0. 0298260	*T*34	0. 0001052

比较表 4-23 中的变迁利用率可得：*U*(*T*17) > *U*(*T*19) > *U*(*T*18) > *U*(*T*20) > *U*(*T*21) > *U*(*T*22) > *U*(*T*23)。由此可见，货物到达作业 SCPN 模型中变迁 *T*17 的利用率最高，表明在液氨运输的货物到达作业阶段，液氨运输罐车的槽罐未定期检修是发生概率最高的风险因素。结合库所繁忙率，在货物到达作业阶段，由于液氨运输罐车的槽罐未定期检修而导致的罐体出现裂缝的风险概率最高。

4.5 A 公司液氨运输流程风险分析

4.5.1 出货提货作业流程风险分析

在 A 公司液氨运输的出货提货作业 SCPN 模型中，假设代表六种风险因素变迁的变迁发生率（λ17,λ21,λ24,λ26,λ28,λ30）发生 1~10 的速率波动，其他变迁发生率（λ1 ~ λ16,λ18 ~ λ20,λ22 ~ λ23,,λ25,λ27,λ29. λ31 ~ λ32）保持不变，得到图 4-32~图 4-37 所示的不同变迁发生率变化时的可达状态稳定概率折线图。由图 4-32 可以看出，当变迁 *T*17 的实施速率 λ17 逐渐增加时，可达标识 *M*11（*P*17）和 *M*13（*P*18）的稳定概率大幅上升，意味着在出货提货作业阶段，当风险因素厂区储罐未定期检修的发生概率逐渐升高时，引起厂区储罐出现焊点破损以及发生液氨泄漏事故的风险概率大幅增加。其余可达标识的发生概率逐渐下降，是因为当融合的风险因素引起异常事件发生时，由于与正常运输流程存在互斥关系，导致正常流程运行的发生概率逐渐降低。由图 4-33~图 4-37 可以看出，随着变迁发生率 λ21，λ24，λ26，λ28，λ30 的不断增加，其共同影响 *M*13（*P*18）的稳定概率逐渐增加，表明受各种风险因素的影响，发生液氨泄漏事故的风险概率不断增加。

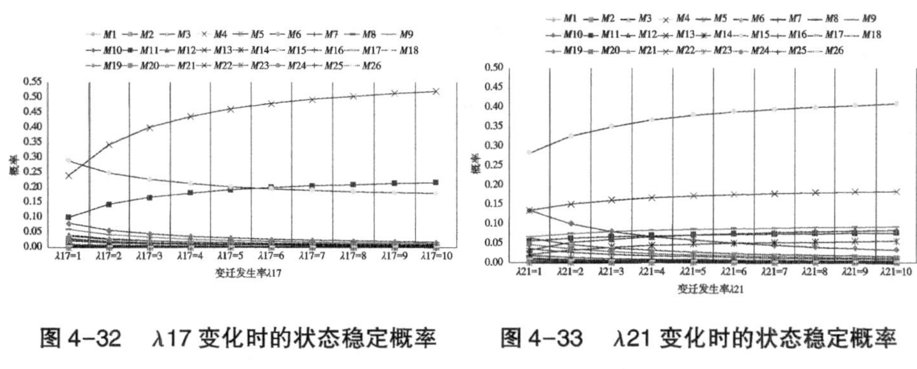

图 4-32　λ17 变化时的状态稳定概率　　图 4-33　λ21 变化时的状态稳定概率

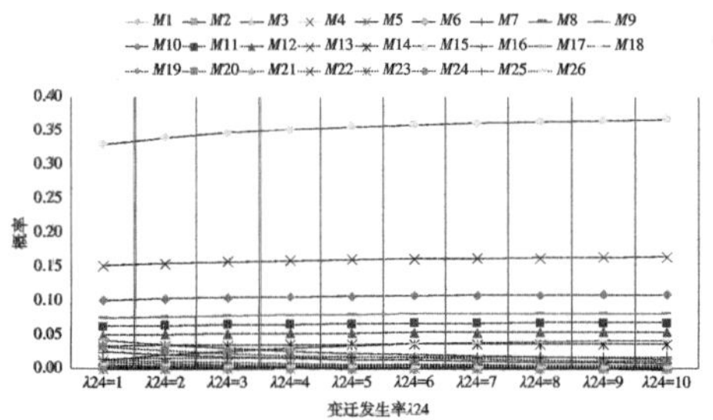

图 4-34　λ24 变化时的状态稳定概率

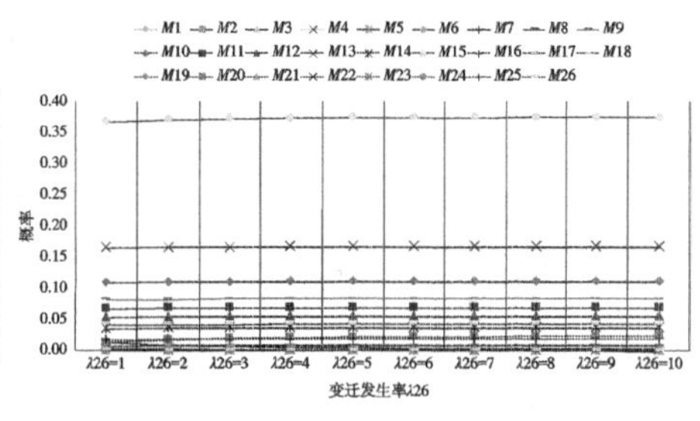

图 4-35　λ26 变化时的状态稳定概率

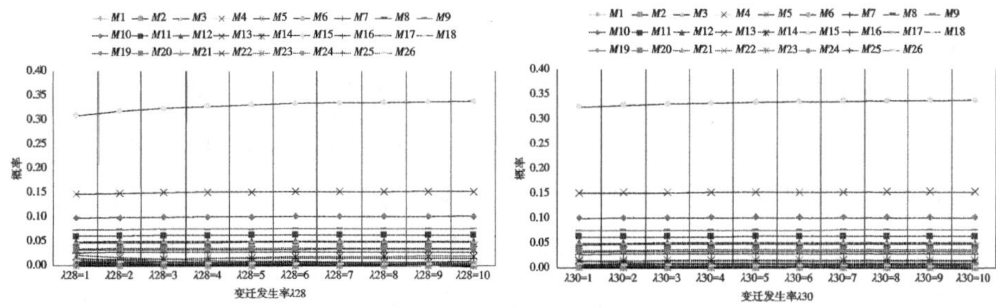

图 4-36　λ28 变化时的状态稳定概率　　图 4-37　λ30 变化时的状态稳定概率

由表 4-9 可知系统不同状态下的可达标识所包含的库所，同时根据表 4-3 对出货提货作业 SCPN 模型中所包含的库所进行事件后果的判定，如表 4-28 所示。

表 4-28　出货提货事件后果判定

库所	分值	库所	分值
$P1$	1	$P14$	1
$P2$	1	$P15$	1
$P3$	1	$P16$	3
$P4$	1	$P17$	7
$P5$	1	$P18$	10
$P6$	3	$P19$	5
$P7$	1	$P20$	7
$P8$	1	$P21$	10
$P9$	1	$P22$	5
$P10$	1	$P23$	7
$P11$	1	$P24$	7
$P12$	1	$P25$	5
$P13$	1	$P26$	10

根据式（4-9）计算可得，系统在不同变迁以及变迁发生率下的风险值如图 4-38 所示。由图 4-38 可知，在不同变迁发生率的影响下，系统的整体风险值逐渐上升，降序排列为 $\lambda17(7.965) > \lambda21(5.905) > \lambda26(5.580) > \lambda24(5.452) > \lambda28(5.252) > \lambda30(5.224)$。其中，随着 $\lambda17$ 变迁发生率的提升，系统风险值不断上升，且明显高于其他变迁对系统风险值的影响，表明变迁 $T17$ 对系统发生严重风险事故的影响最大，其次是 $\lambda21$。这意味着在液氨运输的出货提货作业阶段，厂区储罐未定期检修的速率不断上升，表示在储罐检修频率不断降低的情况下，系统流程发生严重风险事故的概率不断上升，危害程度也不断加重。其次是由于员工的错误操作行为，导致系统流程的风险概率与危害程度不断上升。在六种变迁的变迁发生率发生变化时，$\lambda17$ 和 $\lambda21$ 的上升速率明显高于其他变迁，说明在液氨运输的出货提货环节，需要重点关注厂区储罐的检修情况以及预防员工的错误操作行为。

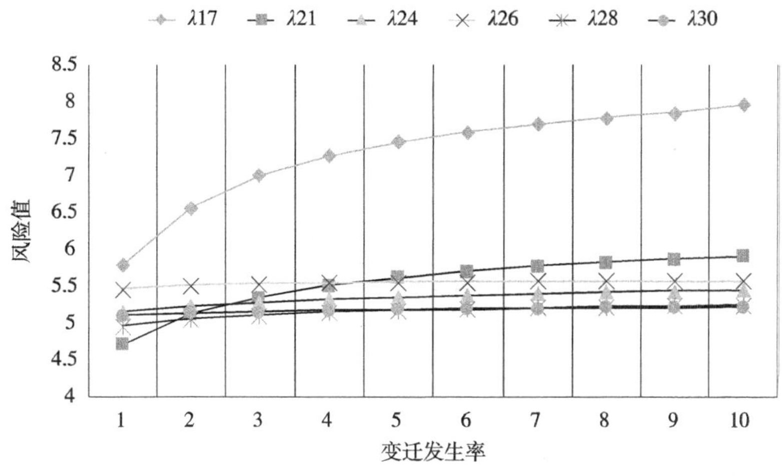

图 4-38　出货提货作业流程风险值

4.5.2　运输途中作业流程风险分析

在 A 公司液氨运输的运输途中作业 SCPN 模型中，假设代表六种风险因素变迁的变迁发生率（$\lambda9,\lambda10,\lambda11,\lambda12,\lambda13,\lambda14$）发生 1~10 的速率波动，其他变迁发生率（$\lambda1\sim\lambda8,\lambda15\sim\lambda18$）保持不变，得到图 4-39~图 4-44 所示的不同变迁和变迁发生率下的可达状态稳定概率折线图。由图 4-39 可以看出，当变迁 *T*9 的实施速率 λ 9 逐渐增加时，可达标识 *M*1（*P*1）、*M*4（*P*10）、*M*9（*P*15）和 *M*14（*P*8）的稳定概率大幅上升，意味着在运输途中作业阶段，液氨运输车辆在公路行驶过程中，当暴雨等恶劣天气的发生概率逐渐升高时，液氨罐车发生车辆碰撞以及发生液氨泄漏事故的风险概率将大幅增加，同时导致正常公路行驶流程的发生概率逐渐降低。由图 4-40~图 4-42 可以看出，随着变迁发生率 λ10、λ11、λ12 的不断增加，其共同影响 M9（P15）的稳定概率逐渐增加，表明受风险因素驾驶员疲劳驾驶、罐车超重以及法兰未定期检修的影响，发生液氨泄漏事故的风险概率不断增加，并且堵漏、倒罐以及稀释措施的平均实施次数增加。如图 4-43 和图 4-44 所示随着变迁发生率 λ 13、λ14 的不断增加，可发现其共同影响 *M*15（*P*14）和 *M*17（*P*17）的稳定概率增加，表明在风险因素阀门未定期检修和车辆超重的影响下，阀门维修和法兰更换的管控措施的平均实施次数增加，进而正常运输流程的发生概率降低。

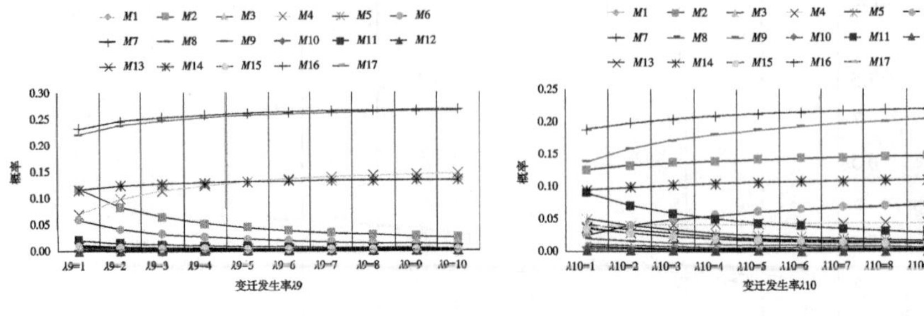

图 4-39　λ9 变化时的状态稳定概率　　图 4-40　λ10 变化时的状态稳定概率

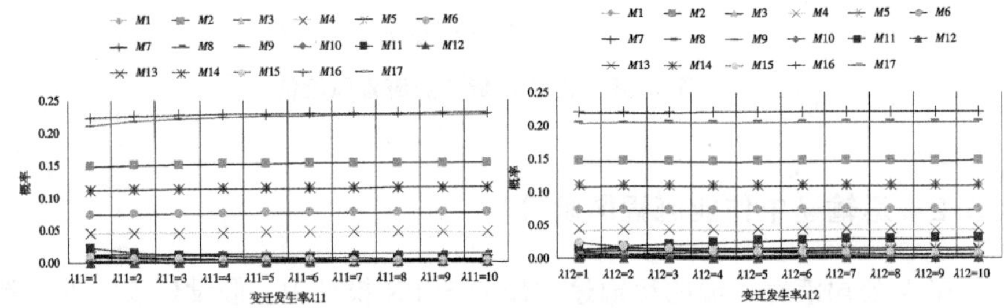

图 4-41　λ11 变化时的状态稳定概率　　图 4-42　λ12 变化时的状态稳定概率

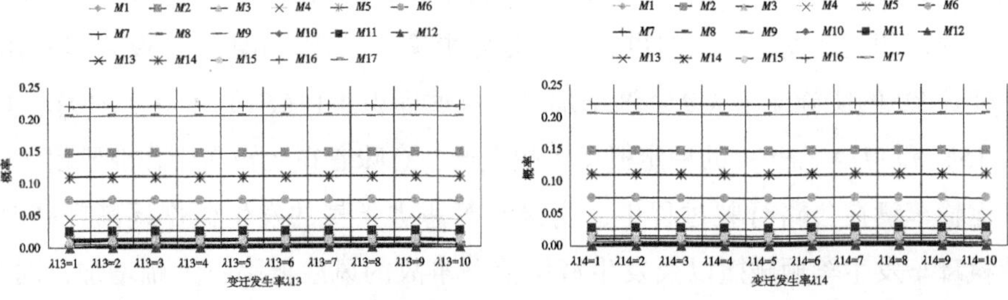

图 4-43　λ13 变化时的状态稳定概率　　图 4-44　λ14 变化时的状态稳定概率

由表 4-13 可知系统不同状态下的可达标识包含的库所，同时根据表 4-3 对运输途中作业 SCPN 模型中所包含的库所进行事件后果的判定，如表 4-29 所示。

表 4-29　运输途中作业事件后果判定

库所	分值	库所	分值
$P1$	1	$P10$	7
$P2$	1	$P11$	7
$P3$	1	$P12$	7
$P4$	1	$P13$	5
$P5$	1	$P14$	5
$P6$	1	$P15$	10
$P7$	1	$P16$	3
$P8$	1	$P17$	3
$P9$	1		

根据式（4-9）可以得出，系统在不同变迁以变迁发生率下的风险值如图 4-45 所示。在不同变迁率的影响下，系统的整体风险值逐渐上升，风险峰值的降序排列为 $\lambda9(4.379) > \lambda11(3.893) > \lambda13(3.776) > \lambda12(3.775) > \lambda14(3.774) > \lambda10(3.771)$。其中随着 $\lambda9$ 变迁发生率的提升，系统风险值不断上升，且明显高于其他变迁对系统风险值的影响，表明变迁 $T9$ 对系统发生严重风险事故的影响最大，其次是 λ 11。这意味着在液氨运输的运输途中作业阶段，公路行驶受环境影响，随着行驶中恶劣天气（暴雨）的发生概率不断上升，液氨罐车发生车辆碰撞造成液氨发生泄漏的风险程度不断提高。另外，以风险峰值来看，液氨罐车的超重现象会引起公路行驶中发生罐体变形，从而造成液氨泄漏的风险事件，仅次于环境因素的影响。在六种变迁的变迁发生率变化时，可以发现 λ 9 和 λ 11 的上升速率明显高于其他变迁，因此，在液氨运输的在途运输环节，需要重点关注天气等环境因素以及避免车辆违规超载现象。

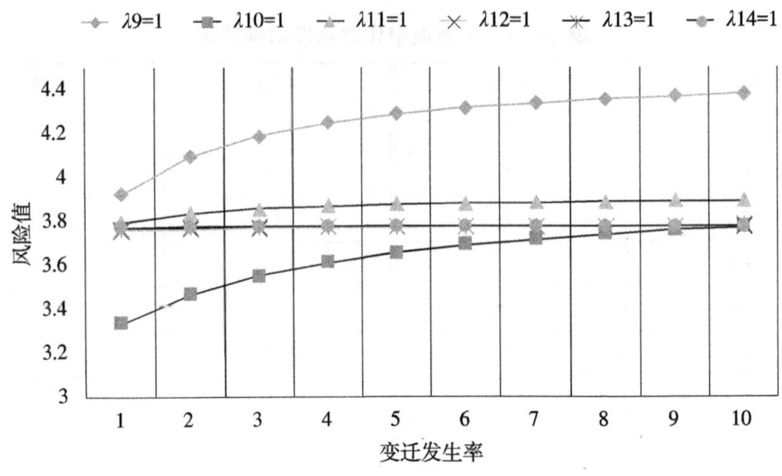

图 4-45　运输途中作业流程风险值

4.5.3　货物到达作业流程风险分析

在 A 公司液氨运输的货物到达作业 SCPN 模型中，假设代表七种风险因素变迁的变迁发生率（λ17,λ18,λ19,λ20,λ21,λ22,λ23）发生 1~10 的速率波动，其他变迁发生率（λ1 ~ λ16,λ24 ~ λ34）保持不变，得到图 4-46~图 4-52 所示的不同变迁的变迁发生率变化时的可达状态稳定概率折线图。由图 4-46 可以看出，当变迁 *T*17 的实施速率 λ17 逐渐增加时，可达标识 *M*11（*P*18）和 *M*13（*P*25）的稳定概率大幅上升，意味着在货物到达作业阶段，当风险因素液氨罐车储罐未定期检修的发生概率逐渐升高时，引起液氨罐车储罐出现罐体裂缝以及发生液氨泄漏事故的风险概率大幅增加，同时导致其余正常流程运行以及后续流程发生风险事件的概率逐渐降低。由图 4-47~图 4-52 可以看出，随着变迁发生率 λ18，λ19，λ20，λ21，λ22，λ23 的不断增加，λ 18 的发生率增加引起 *M*14（*P*26）的发生概率逐渐增加，以及 λ19，λ20，λ21，λ22，λ23 的发生率增加共同影响 *M*27（*P*27）的发生概率逐渐增加，表明受各种风险因素的影响，发生液氨泄漏事故的风险概率不断增加。

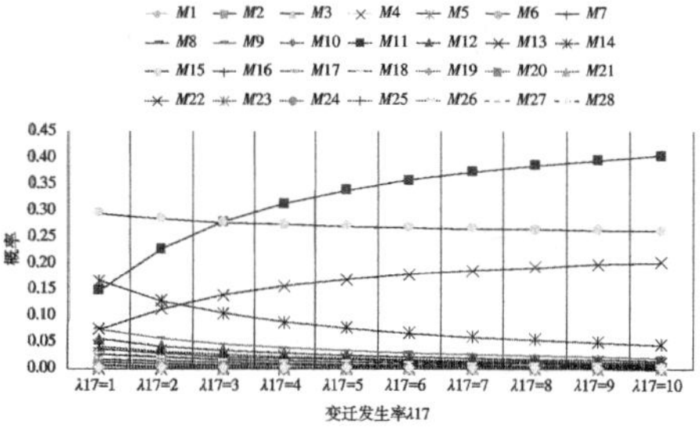

图 4-46　λ17 变化时的状态稳定概率

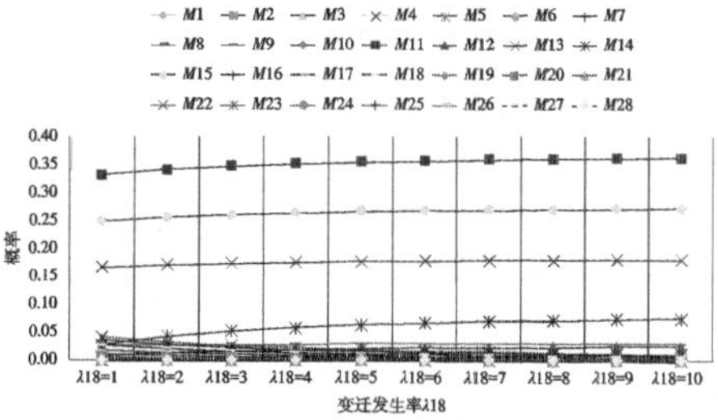

图 4-47　λ18 变化时的状态稳定概率

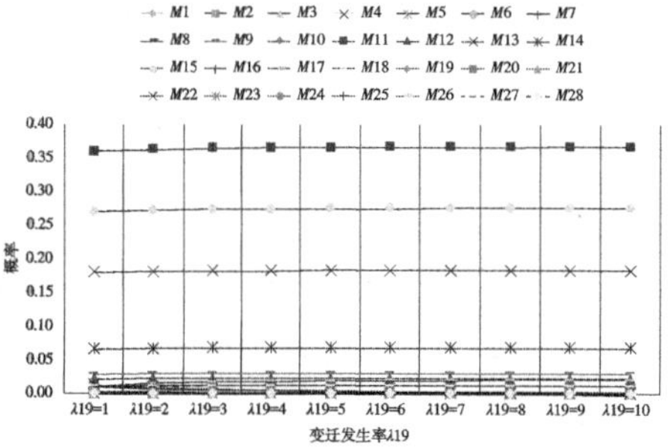

图 4-48　λ19 变化时的状态稳定概率

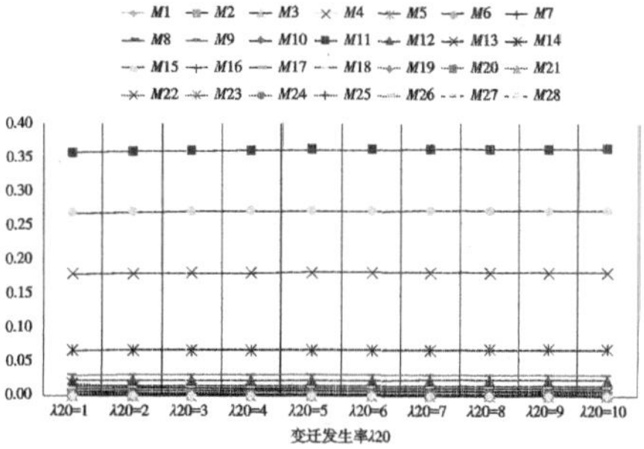

图 4-49　λ20 变化时的状态稳定概率

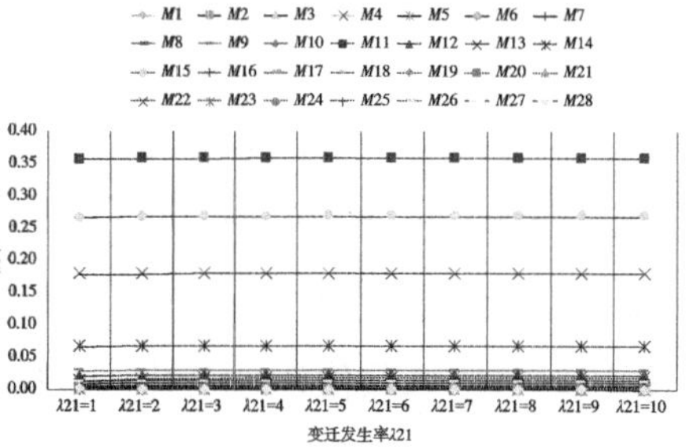

图 4-50　λ21 变化时的状态稳定概率

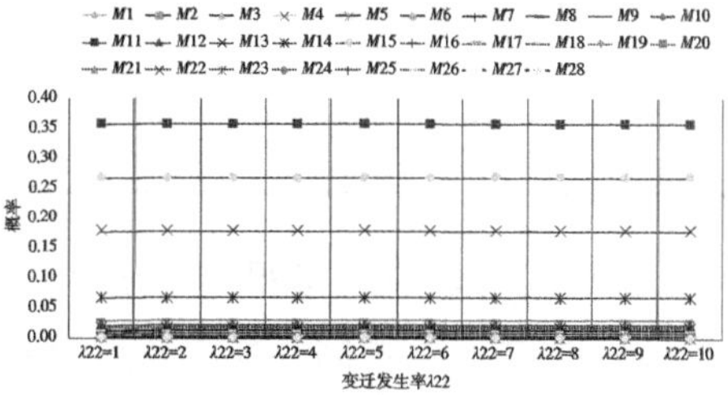

图 4-51　λ22 变化时的状态稳定概率

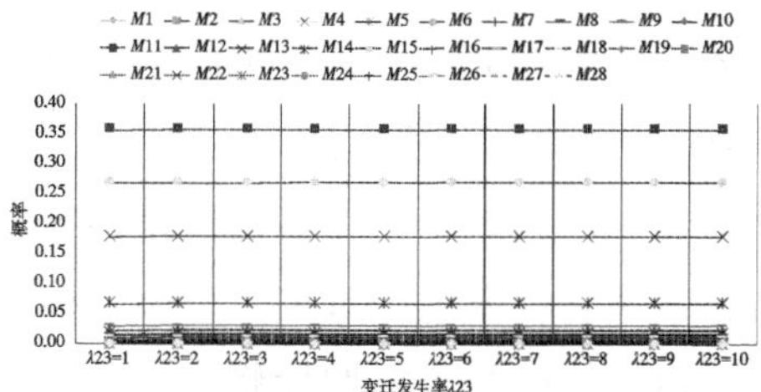

图 4-52　λ23 变化时的状态稳定概率

由表 4-18 可知系统不同状态下的可达标识包含的库所，同时根据表 4-30 对运输途中作业 SCPN 模型中所包含的库所进行事件后果的判定，结果如表 4-30 所示。

表 4-30 货物到达事件后果判定

可达标识	库所	可达标识	库所
*P*1	1	*P*15	1
*P*2	1	*P*16	1
*P*3	1	*P*17	5
*P*4	3	*P*18	10
*P*5	3	*P*19	7
*P*6	1	*P*20	7
*P*7	3	*P*21	7
*P*8	1	*P*22	7
*P*9	1	*P*23	5
*P*10	1	*P*24	7
*P*11	1	*P*25	10
*P*12	1	*P*26	10
*P*13	1	*P*27	10
*P*14	1	*P*28	1

根据式（4-9）可得，系统在不同变迁以及变迁发生率下的风险值如图 4-53 所示。在不同变迁率的影响下，系统的整体风险值逐渐上升，其系统风险峰值的降序排列为 λ17(7.134) ＞ λ19(6.968) ＞ λ18(6.922) ＞ λ20(6.883) ＞ λ21(6.859) ＞ λ22(6.845) ＞ λ23(6.844)。其中随着 λ17 变迁发生率的提升，系统风险值剧烈上升，表明变迁 *T*17 对系统发生严重风险事故的影响最大，其次是 λ19。这意味着在液氨运输的货物到达作业阶段，液氨罐车储罐未定期检修的速率不断上升，在储罐检修频率不断降低，同时受到公路运输环境的影响，系统流程发生严重风险事故的概率不断上升，危害程度也不断加重。另外，由于转输泵未定期检修，导致系统流程的风险概率与危害程度不断上升。在七种变迁的变迁发生率发生变化时，可以发现 λ17 和 λ18 的上升速率明显高于其他变迁，因此，在液氨运输的货物到达环节，需

要重点关注罐车储罐的质量问题，以及避免员工卸载时的违规操作行为。

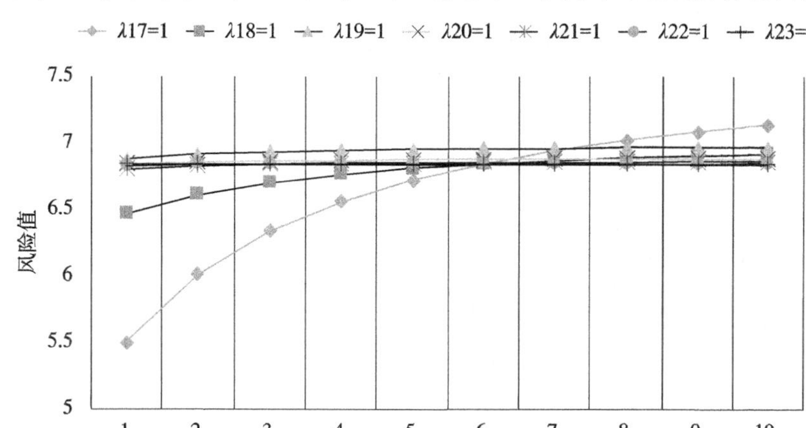

图 4-53　货物到达作业流程风险值

4.5.4　A 公司液氨运输安全风险管控及对策

A 公司的液氨运输业务在不同流程环节中存在着各种影响流程正常运行的风险因素，根据第 4.5.1~4.5.3 节，分别对液氨运输流程的出货提货阶段、运输途中阶段以及货物到达阶段进行风险分析，得到不同变迁发生率下的 19 种风险因素的风险值波动情况。以 A 公司的液氨运输实际作业流程为研究目标进行风险管控，通过采取各种管理措施和防范方法，减少导致风险事件发生的各种可能，或者减少风险事件发生时造成的损失。本研究从作业人员、作业设备及作业环境三个方面对运输流程进行风险管控。具体管控措施如表 4-31 所示。

表 4-31　A 公司液氨运输风险管控措施

运输流程	风险降序	风险流程演化	风险管控措施		
			作业人员	作业设备	作业环境
出货提货作业阶段	①	工厂储罐→未定期检修→焊点破损→液氨泄漏	对储存相关员工进行知识教育培训； 建立完善的液氨储存管理制度； 操作人员进行上岗前培训，熟悉液氨业务相关操作流程	对液氨储罐进行定期保养检修，及时更新设备配套设施； 设置防火墙，限制无关人员进入，无关车辆禁止通行	配置消防安全器材及相应的安全配套设施； 安装气体泄漏探测警报装置等
	②	阀门开启→错误操作→错误开启→液氨泄漏	不断完善并实施液氨阀门的操作流程； 操作人员接受素质教育培训，熟悉液氨阀门的使用方法和应急处理程序； 将阀门设置在易于操作和维护的位置	定期检查阀门的的密封性和操作性； 定期润滑、清洁和紧固阀门，及时更换老化或损坏的阀门零部件； 定期进行液氨系统的漏气测试	安装气体泄漏监测系统，及时检测到泄漏情况，并触发警报，以便进行紧急处理和疏散； 在液氨阀门周围设置适当的防护设施，如防护盖、防喷帽等，以防止意外触碰和外部物体对阀门的损害
	③	装料臂→法兰未定期检修→法兰失效→装料臂损坏→液氨泄漏	对操作人员进行安全教育培训，使其熟悉液氨装料臂的操作程序、安全注意事项和应急处理方法； 制定液氨装料臂的应急预案，包括泄漏事故的处理步骤、疏散程序和急救措施等	定期检查装料臂的工作情况，包括结构完整性、润滑状态、密封性等； 定期润滑、清洁和紧固装料臂，及时更换老化或损坏的零件； 在装料臂操作之前，确保相关的液氨储罐或容器已经正确锁定和标记，避免在操作过程中发生意外开启或泄漏	装备液氨装料臂时应考虑使用安全装置和保护措施，如装载臂液氨泄漏探测器、过载保护装置等

续表

运输流程	风险降序	风险流程演化	风险管控措施		
			作业人员	作业设备	作业环境
出货提货作业阶段	④	输送泵运行→未定期检修→老化故障→输送泵破损→液氨泄漏	建立和执行液氨输送泵的安全操作程序，包括正确的启动和停止顺序、定期的检查和测试等； 制定液氨输送泵的应急预案，包括泄漏事故的处理步骤、疏散程序和急救措施等； 定期进行应急演练，提高操作人员的应急处置能力	定期检查泵的运行情况，包括泵的密封性、振动和噪声等； 定期进行泵的润滑、清洗和紧固，及时更换老化或损坏的零部件； 制订和执行液氨输送泵的定期维修和保养计划，包括检查和更换密封件、清理过滤器等； 定期进行泵的性能测试，确保其正常工作	安装泄漏监测装置，能够及时检测到泄漏情况，并触发警报； 采取适当的措施，如泄漏报警、防喷帽、安全放空装置等； 确保泵周围区域的通风良好、设置泄压装置等
	⑤	罐车储罐→违规操作→管道老化→管道破裂→液氨泄漏	对液氨罐车储罐的操作人员进行必要的安全培训，使其了解液氨的性质、危险性以及正确的操作方法和紧急应对措施； 制定液氨罐车储罐事故的紧急应对预案，明确责任分工和应急处置流程	确保液氨罐车储罐的设计、制造和安装符合相关的标准和规范； 储罐应具备足够的强度和密封性能，以防止泄漏和爆炸事故的发生； 定期对液氨罐车储罐进行检查和维护，确保其运行状态良好	安装液氨罐车储罐泄漏监测装置和报警系统，以减少泄漏事故的发生和扩大； 在液氨罐车储罐周围设置足够的消防设备和灭火系统； 定期进行消防演习，提高应急响应能力

续表

运输流程	风险降序	风险流程演化	风险管控措施		
			作业人员	作业设备	作业环境
出货提货作业阶段	⑥	关闭阀门→未定期检修→阀门锈蚀裂缝→阀门失效→液氨泄漏	操作人员应熟悉液氨阀门的使用方法和操作规程，严格按照操作规程进行操作。避免过度开启或关闭阀门，以防止阀门失效或泄漏； 对液氨阀门的操作人员进行安全培训和教育，使其了解液氨的性质、危险性以及正确的操作方法和紧急应对措施	选择符合相关标准和规范的液氨阀门产品，并确保其质量和性能符合要求；阀门应具备耐腐蚀、耐高压、耐低温等特性，以适应液氨的特殊性质； 定期对液氨阀门进行检查和维护，确保其正常运行，包括检查阀门的密封性能、阀门杆的磨损情况等	安装液氨阀门泄漏监测装置和报警系统，能够及时发现泄漏情况并采取相应的措施，以减少泄漏事故的发生和扩大
运输途中作业阶段	①	公路行驶→暴雨等恶劣天气→车辆碰撞→储罐破损→液氨泄漏	加强对液氨运输驾驶员的培训，使其了解暴雨天气对驾驶的影响，并掌握应对暴雨的驾驶技巧，如减速慢行、保持安全车距、避免紧急制动等； 制定液氨运输暴雨天气的紧急应对预案，明确责任分工和应急处置流程。同时，配备必要的应急救援设备和物资，以应对可能发生的事故情况	在液氨运输之前，检查运输车辆和液氨容器的状态，确保其密封性和结构完整性。同时，检查液氨容器的固定装置，确保其能够抵御暴雨带来的冲击； 在液氨运输过程中，采取必要的防水措施。例如，确保液氨容器的排水孔畅通，防止液氨容器内积水。同时，对液氨容器进行防水处理，以防止雨水渗入	密切关注天气预报，特别是暴雨警报。在暴雨来临前，尽量避免液氨运输，或者选择合适的时间段进行运输，以减少风险

续表

运输流程	风险降序	风险流程演化	风险管控措施		
			作业人员	作业设备	作业环境
运输途中作业阶段	②	公路行驶→车辆超重→罐体变形→储罐破损→液氨泄漏	加强对液氨运输驾驶员的培训，使其了解超重对驾驶的影响，并掌握合理的驾驶技巧。例如，避免急加速、急制动和急转弯等行为，以减少对车辆的额外负荷	定期对液氨运输车辆进行检查和维护，确保车辆的各部件和系统正常运行。特别要注意检查车辆的悬架系统、制动系统、轮胎状况等，以确保其能够承受额外的负荷	加强对液氨运输车辆的监管和执法力度，对超重的车辆进行严厉处罚，以起到震慑作用
	③	公路行驶→阀门未定期检修→阀门失效→液氨泄漏	对液氨运输罐车的驾驶员进行阀门操作培训，使其熟悉阀门的使用方法和操作要求，确保正确操作阀门，避免因操作不当而引发的风险； 定期对液氨运输罐车的阀门进行检查和维护，包括检查阀门的密封性能、操作灵活性和防护装置的完好性等	选择符合相关标准和规范的高质量阀门，确保其密封性能和耐腐蚀性能	在液氨运输过程中，采取必要的阀门保护措施，如安装阀门防护罩、防护栅栏等，以防止阀门受到外力损坏
	④	公路行驶→法兰未定期检修→法兰失效→液氨泄漏	对液氨运输罐车的驾驶员进行法兰连接的操作培训，使其熟悉法兰的使用方法和操作要求，确保正确操作法兰，避免因操作不当而引发的风险	选择符合相关标准和规范的高质量法兰，确保其密封性能和耐腐蚀性能； 定期对液氨运输罐车的法兰进行检查和维护，包括检查法兰的密封性能、螺栓紧固情况、法兰面的磨损情况等	在液氨运输过程中，采取必要的法兰保护措施，如安装法兰盖板、防护栅栏等，以防止法兰受到外力损坏

续表

运输流程	风险降序	风险流程演化	风险管控措施		
			作业人员	作业设备	作业环境
运输途中作业阶段	⑤	公路行驶→罐体超压→阀门失效→液氨泄漏	对液氨运输罐车的驾驶员进行超压阀门操作和应急处置的培训，使其熟悉超压阀门的使用方法和操作要求，能够正确应对超压事故	选择符合相关标准和规范的高质量超压阀门，确保其可靠性和耐腐蚀性能； 定期对液氨运输罐车的超压阀门进行检查和维护，包括检查超压阀门的密封性能、操作灵活性和防护装置的完好性等	安装超压报警装置，当液氨罐车内部压力超过设定值时，及时发出警报，以提醒驾驶员采取相应的措施
	⑥	公路行驶→驾驶员错误判断路况→车辆追尾→储罐破损→液氨泄漏	对液氨运输罐车驾驶员进行液氨运输的相关培训和教育，包括液氨的性质、危险性、安全操作规程等，使其具备必要的专业知识和技能； 要求驾驶员严格遵守驾驶时间和休息时间的规定，避免疲劳驾驶，确保驾驶员在良好的状态下进行驾驶	要求驾驶员严格遵守交通法规和液氨运输的安全操作规程，如限速、保持安全距离、避免急制动等，确保驾驶过程中的安全	定期对驾驶员进行健康状况的监测，包括体检、视力检查等，确保驾驶员身体健康，能够安全驾驶液氨运输罐车

续表

运输流程	风险降序	风险流程演化	风险管控措施		
			作业人员	作业设备	作业环境
货物到达作业阶段	①	罐车储罐→未定期检修→罐体裂缝→罐体破损→液氨泄漏	对液氨罐车的驾驶员进行液氨运输的相关培训和教育，使其具备必要的专业知识和技能，并严格遵守液氨运输的操作规范，避免因驾驶不当导致罐体裂缝的风险； 在行驶过程中采取相应的措施，如合理布置液氨罐体和减振装置等，确保液氨罐体的稳定	定期对液氨罐车的罐体进行检查和维护，包括检查罐体表面是否存在裂缝、腐蚀、磨损等，并及时修补和更换有问题的部件，确保罐体的完整性和安全性； 液氨罐车罐体的设计和制造应使用优质材料，并加强结构设计，以提高罐体的强度和耐腐蚀性，降低罐体出现裂缝的风险	在液氨运输过程中，需要对罐体的压力进行监测和控制，确保罐体内部的压力在安全范围内，避免过高的压力对罐体造成损坏和裂缝
	②	输送泵启动→未定期检修→输送泵故障→泄压阀泄压→液氨泄漏	对液氨输送泵的操作人员进行培训和教育，使其具备必要的专业知识和技能，并严格遵守液氨输送的操作规范，避免因操作不当导致泵的故障	定期对液氨输送泵进行检查和维护，包括检查泵体、密封件、轴承等部件的磨损和损坏情况，并及时更换有问题的部件，确保泵的正常运行	在液氨输送过程中，需要对泵的温度和压力进行监测，确保泵的工作温度和压力在安全范围内，避免过高的温度和压力对泵造成损坏和故障

续表

运输流程	风险降序	风险流程演化	风险管控措施		
			作业人员	作业设备	作业环境
货物到达作业阶段	③	开启阀门→违规操作→驾驶员私自发动车辆→连接阀损坏→液氨泄漏	对液氨输送操作人员进行专业培训和教育，使其了解液氨的性质、危险性以及操作规范，提高其安全意识和操作技能； 制定液氨输送的操作规程，并确保操作人员严格按照规程进行操作，避免违规行为的发生	在液氨输送过程中，安装监控和报警系统，对操作人员的行为进行监控和记录，及时发现和纠正违规操作行为	建立液氨输送违规操作的举报机制，鼓励员工积极举报违规行为，并对举报者进行保护，以提高对违规行为的监督和纠正效果
	④	装料臂→法兰未定期检修→垫片损坏、裂缝→法兰失效→液氨泄漏	对液氨输送操作人员进行培训，使其了解法兰的重要性和正确的操作方法，严格按照操作规范进行操作，避免因操作不当导致法兰失效	定期对装料臂的法兰进行检查和维护；选择优质的法兰材料，确保其耐腐蚀性和耐压性能； 根据法兰的使用寿命和使用环境，制订合理的检修和更换计划，定期更换老化和磨损严重的法兰	安装法兰泄漏监测和报警系统，及时发现法兰泄漏情况，并采取相应的应急措施，防止事故的发生
	⑤	管道输送→操作不当→管道维修、锈蚀→管道破损→液氨泄漏	对液氨输送操作人员进行培训，使其了解管道的重要性和正确的操作方法，严格按照操作规范进行操作，避免因操作不当导致管道破损	定期对液氨输送管道进行检查和维护； 根据管道的使用寿命和使用环境，制订合理的检修和更换计划，定期更换老化和磨损严重的管道； 在安装管道时，确保焊接质量良好，焊缝牢固可靠	安装管道泄漏监测和报警系统，及时发现管道泄漏情况，并采取相应的应急措施，防止事故的发生

续表

运输流程	风险降序	风险流程演化	风险管控措施		
			作业人员	作业设备	作业环境
货物到达作业阶段	⑥	工厂储罐→员工安全意识薄弱→未严密监视→储罐破损→液氨泄漏	明确每个员工的岗位职责和权限，确保员工清楚自己的职责范围，不擅离职守； 对液氨输送操作人员进行全面的培训，包括安全操作规程、应急处理措施等，提高员工的安全意识和责任意识	液氨罐车罐体的设计和制造应使用优质材料，并加强结构设计，以提高罐体的强度和耐腐蚀性，降低罐体出现裂缝的风险	通过举办安全培训、安全宣传等活动，提高员工的安全意识，营造良好的安全文化； 建立匿名举报机制，鼓励员工对擅离职守行为进行举报，及时发现和处理问题
	⑦	关闭阀门→阀门未定期检修→阀门老化破裂→阀门失效→液氨泄漏	对液氨输送系统操作人员进行培训和教育，提高其对阀门操作的技能和安全意识，确保他们能够正确地操作阀门； 制定严格的阀门操作规范，明确操作人员的职责和操作步骤，避免因操作不当而导致阀门故障或泄漏	定期对液氨输送系统中的阀门进行检查和维护，确保其正常运行和密封性能； 选择优质阀门材料，应具有良好的耐腐蚀性和密封性能，以减少阀门泄漏的风险； 合理设计阀门的结构和尺寸，确保其能够承受液氨的压力和温度，防止阀门失效	安装阀门泄漏监测和报警系统，及时发现阀门泄漏情况，并采取相应的应急措施，防止事故的发生

4.6 小 结

危化品由于其特殊的理化性质，在运输过程中具有发生严重事故的风险。我国公路发展迅速、运输便捷使危化品道路运输始终占据主导地位。近年来，我国也不断推出相关道路危险货物运输标准，进一步规范和管理危化品道路运输行业，但在运输中涉及的一些风险因素仍然不可避免，如员工缺乏危化品教育培训、驾乘人员违规操作运输、暴雨等恶劣天气环境等安全风险源。因而，识别危化品道路运输过程中存在的风险因素，并将所识别的风险因素融合危化品运输流程进行优化具有一定的研究意义。

本章在梳理已有研究中危化品运输风险因素的基础上，进一步分析影响危化品道路运输的风险因素。危化品运输风险因素主要包括危化品自身风险、驾乘人员操作风险、运输和装卸设备风险、道路基础设施风险以及天气环境风险等。通过全面识别并融合风险因素及其演化过程，实现对危化品运输流程的优化，从风险管理的角度，采取各种风险管控措施和防范方法，降低危化品运输风险事件的发生概率，或者减少风险事件发生时造成的损失。

本章以A危化品运输公司为研究背景，在大量阅读关于危化品运输流程优化以及基于Petri网的危化品业务流程建模的文献基础上，首先，以中国应急管理部NCRR平台所显示的过往真实运输事故案例为依据进行风险因素的初步调查。其次，基于危化品货物的理化性质，借助事件树和故障树进一步识别运输流程中存在的风险因素及其事故演化路径。再次，采用随机着色Petri网对融合风险因素的液氨运输流程进行建模，对其同构一维时间的马尔可夫链进行性能分析，使用MATLAB软件进行数值仿真，得到不同风险因素影响下的运输系统流程风险波动水平。最后，针对液氨运输流程中存在的风险因素提出相应的风险管控措施，进一步降低风险事件的发生概率。

本章的主要结论如下：

（1）基于我国近十年来的液氨公路运输事故案例，以及对A公司的运输现场调研与访谈，得到A公司液氨运输流程主要分为三个阶段，借助故障树识别运输流程中存在的风险因素，发现出货提货作业阶段所识别的风险因素包括法兰、储罐（工厂）、管道、阀门未定期检修，错误操作，高温，违规操作以及各类点火源。运输途中作业阶段所识别的风险因素包括阀门、法兰未定期检修，超重，超压，驾驶员疲劳驾驶，驾驶员错误判断路况，暴雨等恶劣天气以及各类点火源。货物到达作业阶段所识别的风险因素包括法兰、阀门、储罐（罐车）、输送泵、管道未定期检修，员工安全意识薄弱，违规操作，操作不当以及各类点火源。

（2）对液氨运输流程分阶段进行融合风险因素的建模优化，并基于随机着色 Petri 网构建相应的 SCPN 模型，同构马尔可夫链作性能分析，并借助 MATLAB 软件进行数值仿真，得到液氨运输的出货提货作业阶段由于作业人员错误操作打开错误阀门发生风险的概率最高。在运输途中作业阶段，由于暴雨等恶劣天气造成液氨运输车辆发生碰撞风险的概率最高。在货物到达作业阶段，液氨运输车辆在经过长距离的公路运输后，液氨罐车罐体出现裂缝的概率最高。

（3）通过风险分析方法对运输流程环节以及风险因素进行事件后果值判定，基于风险函数计算，得到不同风险因素变迁发生率下的运输系统流程风险值，并对风险因素可能引起的风险事件进行降序排列，分别针对运输流程不同作业阶段中存在的风险因素，从作业人员、作业设备以及作业环境三个方面提出相应的风险管控对策，从根源上达到降低风险发生概率以及减少事故损失的目的。

虽然本研究有一定成果，但目前的风险因素识别聚焦于 A 公司运输流程中的风险因素，并且大部分考虑的是人员、环境及设备三方面因素，企业的业务流程所涉及的流程环节相对复杂且庞大，目前对风险因素的全面识别还存在一定的局限性，例如岗位风险、道德风险以及市场风险等方面还需要进一步的研究，今后需要在已有研究内容的基础上，弥补不足，将定性和定量、理论与实践进行结合。

◉ 本章参考文献

[1] WANG Y M, NITIN R, ZHANG B. Multi-objective transportation route optimization for hazardous materials based on GIS [J]. Journal of loss prevention in the process industries, 2022, 81: 104954.

[2] SONG L Y, YU L T, LI S W. Route optimization of hazardous freight transportation in a rail-truck transportation network considering road traffic restriction [J]. Journal of cleaner production, 2023, 423: 138640.

[3] 李景娜, 王静虹, 潘旭海. 带时间窗约束的危险化学品运输路径优化 [J]. 南京工业大学学报 (自然科学版), 2019, 41 (5): 586-592.

[4] 李树民. 基于风险分析的危化品道路运输路线选择研究 [D]. 长沙: 长沙理工大学, 2020.

[5] 郭硕, 孙玉峰, 代霞, 等. 一类基于概率语言 EDAS 的危化品道路运输路径决策方法 [J]. 安全与环境工程, 2022, 29 (6): 95-103.

[6] WANG W X, BAO J, YUAN S J, et al. Proposal for planning an integrated management of hazardous waste: Chemical park, Jiangsu Province, China [J]. Sustainablity, 2019, 11 (10): 1-16.

[7] MEN J K, CHEN G H, ZHOU L X, et al. A pareto-based multi-objective network design approach for mitigating the risk of hazardous materials transportation [J]. Process safety and environmental protection, 2022, 161: 860-875.

[8] 李树峰, 王建平, 袁岗, 等. 危化品企业应急管理系统优化研究 [J]. 中国应急救援, 2020, 79 (1): 13-16.

[9] 叶益健. 基于因子学习的危化品车辆道路运输风险分析 [D]. 重庆: 重庆交通大学, 2023.

[10] ROY N, MANNAN M S, HASAN M M F. Systematic incorporation of inherent safety in hazardous chemicals supply chain optimization [J]. Journal of loss prevention in the process industries, 2020, 68 (1): 104262.

[11] WANG J Y, CEVIK M, AMIN S H, et al. Mixed-integer linear programming models for the paint waste management problem [J]. Transportation research part e-logistic and transportation review, 2021, 151: 102343.

[12] 朱思文. Z公司石油运输管理系统的流程优化研究 [D]. 北京: 北京交通大学, 2019.

[13] 胡贵彦, 李明阳, 苗佳禧. 铁路整车运输作业流程优化 [J]. 物流技术, 2023, 42 (8): 53-61.

[14] ZHOU K, HUANG G, WANG S, et al. Research on transportation safety of hazardous chemicals based on fault tree analysis (FTA) [C] //International Conference on In-

dustrial Technology and Management, 2020: 206-209.

[15] HAN M Z, WANG R, WEN S Y. Evaluation of the developmental level of hazardous chemicals transportation company - taking company A's choice of hazardous chemicals transportation company as an example [C] //Proceedings of the 33rd Chinese Control and Decision Conference, 2021: 3872-3877.

[16] JIANG W, LI Y, ZHOU J K, et al. Comparative study of the hazardous chemical transportation accident analyses using the CREAM Model and the 24Model [J]. Sustainability, 2021, 13 (22): 1-18.

[17] MA L H, MA X X, ZHANG J W, et al. Identifying the weaker function links in the hazardous chemicals road transportation system in China [J]. International journal of environmental research and public health, 2021, 18 (13): 7039.

[18] CENGIZ T M, DOGAN B. Transportation mode selection for hazardous materials transportation using weighted fuzzy axiomatic design method [J]. Pamukkale university journal of engineering sciences-pamukkale universitesi muhendislik bilimleri dergisi, 2022, 28 (4): 577-587.

[19] JIANG W, HUANG Z S, WU Z H, et al. Quantitative study on human error in emergency activities of road transportation leakage accidents of hazardous chemicals [J]. International journal of environmental research and public health, 2022, 19 (22): 14662.

[20] CHANG L, LIU Q Q, YAN J, et al. Risk field model construction and risk classification of hazardous chemical transportation [J]. Mathmatical problems in engineering, 2022: 7075996.

[21] CHENG J H, WANG B, CAO C X, et al. A quantitative risk assessment model for domino accidents of hazardous chemicals transportation [J]. Processes, 2023, 11 (5): 1442.

[22] 刘刚. 城市化工集聚区危化品道路运输风险分析方法及应用研究 [D]. 北京: 北京科技大学, 2019.

[23] 哈建东. 基于模糊层次分析法的危化品道路运输风险评估 [J]. 内蒙古公路与运输, 2023 (1): 47-52.

[24] 严晨, 黄亮, 王卓, 等. 基于 ARM 和 ISM 的危化品罐车事故致因分析 [J]. 武汉理工大学学报, 2023, 45 (1): 61-66.

[25] 唐箫，伍爱友，李润求，等. 基于改进 FAHP 的危化品道路运输风险综合评价 [J]. 安全，2023，44（1）：32-37，46.

[26] SRINIVASAN R，VENKATASUBRAMANIAN V. Petri net-digraph models for automating HAZOP analysis of batch process plants [J]. Computers & chemical engineering，1996，20（1）：719-725.

[27] BALASUBRAMANIAN N，CHANG C T，WANG Y F. Petri-net models for risk analysis of hazardous liquid loading operations [J]. Industrial & engineering chemistry research，2002，41（19）：4823-4836.

[28] NIVOLIANITOU Z S，LEOPOULOS V N，KONSTANTINIDOU M. Comparison of techniques for accident scenario analysis in hazardous systems [J]. Journal of loss prevention in the process industries，2004，17（6）：467-475.

[29] KAMIL MZ，TALEB-BERROUANE M，KHAN F，Ahmed S. Dynamic domino effect risk assessment using Petri-nets [J]. Process safety and environmental protection，2019，124：308-316.

[30] ZHOU J F，RENIERS G. Modeling and application of risk assessment considering veto factors using fuzzy Petri nets [J]. Journal of loss prevention in the process industries，2020（1）：67-77.

[31] 崔晓颖. 石油类危化品巡检预警系统与应急预案的研究 [D]. 马鞍山：安徽工业大学，2015.

[32] 杜轶波. 基于 RFID 与 WSN 的危化品物流智能监测与应用研究 [D]. 成都：西南交通大学，2015.

[33] 金浩，王利丹，康健，等. 基于 Petri 网的深远海溢油回收作业风险演化分析 [J]. 舰船科学技术，2022，44（20）：83-87.

[34] 温福妍，盛进路，于敏. 基于 Petri 网的船舶海上加油作业过程建模与安全分析 [J]. 工业安全与环保，2022，48（8）：24-27.

[35] 古莹奎，何力韬，毕庆鹏. 一种分层模糊 Petri 网风险评估方法 [J]. 机械设计与制造，2024，(02)：369-372，379.

[36] ALEKSANDROVICH-ADAMENKO A，EVGENIEVNA-KHOROLSKAYA T，VIKTOROVNA-KONEVA M. Technologies and methods of business processes analysis and optimization [J]. Revista de investigaciones-universidad del quindio，2022，34：125-133.

[37] 程航宇，康国胜，刘建勋，等. 基于 BPMN 的业务流程建模元素扩展机制 [J/OL]. 计算机集成制造系统：1-12 [2024-03-22]. http://kns.cnki.net/kcms/detail/11.5946.TP.20230322.1736.026.html.

[38] 王慧英，周恺卿，周辉. 基于约束优化的 Petri 网可达性 FIJ 模型 [J]. 计算机仿真，2022，39 (6)：408-411，416.

[39] 周剑峰，李子成. 基于着色时间 Petri 网的工业火灾应急响应行动建模与性能分析 [J]. 安全与环境学报，2019，19 (2)：562-568.

[40] WU D H，LU D B，TANG T. Qualitative and quantitative safety evaluation of train control systems (CTCS) with stochastic colored Petri nets [J]. IEEE transactions on intelligent transportion systems，2022，23 (8)：10223-10238.

[41] DABAS P，KANSAL S. Structural matrices for Signed Petri net [J]. Akce international journal of graphs and combinatorics，2022，19 (2)：102-107.

[42] ANDREWS J，TOLO S. Dynamic and dependent tree theory (DT2) -T-2：A framework for the analysis of fault trees with dependent basic events [J]. Reliability engineering & system safety，2023，230：108959.

[43] SINGH A K，KUMAR R S，PUSTI A. Consequence analysis of most hazardous initiating event in electrical energy storage systems using event tree analysis [J]. Journal of failure analysis and prevention，2022，22 (4)：1646-1656.

[44] SHI L Y，DU S S，MIAO Y F，et al. Modeling and performance analysis of satellite network moving target defense system with Petri nets [J]. Remote sensing，2021，13 (7)：1262-1286.

[45] SUN H L，LIU J G，HAN Z Q，et al. Stochastic Petri net based modeling of emergency medical rescue processes during earthquakes [J]. Journal of systems science & complexity，2021，34 (3)：1063-1086.

[46] LIU S L，LI W J，GAO P，et al. Modeling and performance analysis of gas leakage emergency disposal process in gas transmission station based on Stochastic Petri nets [J]. Reliability engineering & system safety，2022，226.

[47] 韩开宇. 基于 Petri 网的 Q 公司核心业务流程优化研究 [D]. 北京：北京交通大学，2023.

[48] MOGHADDAS Z，VAEZ-GHASEMI M，LOTFI F H. A novel DEA approach for evaluating sustainable supply chains with undesirable factors [J]. Economic computation

and economic cybernetics studies and research，2021，55（2）：177-192.

[49] CHENG J H，WANG B，CAO C X，et al. A quantitative risk assessment model for domino accidents of hazardous chemicals transportation [J]. Processes，2023，11（5）：1442.

[50] 王起全，王鸿鹏. 基于情景构建的危化品事故应急疏散模拟研究 [J]. 中国安全科学学报，2017，27（12）：147-152.

[51] 李严锋. 物流运作管理 [M]. 北京：机械工业出版社，2008.

[52] 陈怡宇. Z 企业危化品仓库仓储管理优化研究 [D]. 重庆：重庆工商大学，2023.

[53] 谷玉红. 从一则“昆山集装箱爆燃”案看危化品的物流之路 [J]. 对外经贸实务，2019（6）：70-73.

[54] 戚泽. H 危化品物流公司安全风险因素分析与管控研究 [D]. 镇江：江苏大学，2019.

[55] GLASER B，STRAUSS A L. The discovery of grounded theory：Strategies for qualitative research [J]. Nursing research，1968，17（4）：377-380.

[56] GLASER B G. Theoretical sensitivity：Advances in the methodology of grounded theory [J]. Journal of investigative dermatology，1978，2（5）：368-377.

[57] 余慕溪，王林秀，袁亮，等. 基于扎根理论的矿区土地退出影响因素分析 [J]. 科学决策，2019，26（1）：65-84

[58] 李志刚. 扎根理论方法在科学研究中的运用分析 [J]. 东方论坛，2007（4）：90-94.

[59] HENNINK M M，KAISER B N，MARCONI V C. Code saturation versus meaning saturation：How many interviews are enough? [J]. Qual itative health research，2017，27（4）：591-608.

[60] 李嘉雯. 危化品道路运输风险辨识及安全评价研究 [D]. 西安：西安科技大学，2021.

[61] 胡益新，孙丽娜，高鹦鹉. 化工企业危险化学品的仓储管理分析 [J]. 化工管理，2022（17）：89-92.

[62] 玄军伟. 化工园区危险化学品储存风险管控模型研究 [D]. 北京：首都经济贸易大学，2018.

第5章

融合风险因素的危化品运输风险挖掘

近年来，我国经济实现飞速发展，生产力不断进步，国际竞争力有所提升，石油化工产业功不可没。石油化工产业既是我国国民经济的重要支柱，也是我国的传统优势产业，而危化品作为石化产业中关键的一环，其需求量和品种正以惊人的速度逐年增加，行业市场规模也在不断扩大。从世界排名来看，我国现在已经成为第二大的危化品制造与应用大国，仅次于美国。根据危化品物流分会资料显示，我国危化品物流行业的从业企业数量则在多年的持续上升，截止到2023年，已增长到1.46万家。然而，危化品从生产到送至目标客户手中要经历生产、包装、装卸、搬运、仓储和运输等多个环节，其中，危化品运输贯穿整个流程。危化品运输是一种特殊的商品物流形式，与普通货物运输相比，危化品运输需要更全面、更准确、更可靠的信息管理，同时需要更高标准的专业技术、人员和车辆等作为支撑。目前，危化品运输行业处在高速发展的阶段，由于我国公路事业的迅猛发展，公路系统建设较为完善，公路运输具有简单、灵活等特点，因此，公路运输已经成为危化品运输的主要运输方式。根据中国物流与采购联合会危化品物流分会资料显示，2023年我国危险货物运输总量保持在18亿吨左右，道路运输占比63%，是主要的运输方式。

然而，危化品本身具有毒害、爆炸、腐蚀等特殊性质，因此不管是生产、储存还是运输过程中都存在着或多或少的潜在风险，如果不加以发现和控制，就会引发重大特大的危化品事故。随着危化品的使用量不断增加，我国的很多地区都出现过危化品爆炸、泄漏、燃烧等事件，例如，2023 年 4 月，辽宁葫芦岛一辆装载 28 吨船舶燃料油的挂车发生侧翻，大量燃料油泄漏，未造成人员伤亡；2020 年 11 月，在包茂高速路段，由于当天路面结冰，一辆重型罐式半挂列车与隔离带相撞，驾驶员当时意识模糊，车辆横停于第一、第二车道上，随后几分钟之内，相继有 30 余辆车驶入事故现场，又发生了多车连撞情况，造成二次事故，事故共造成 4 人死亡、20 人受伤、15 辆车直接起火烧毁。随着危化品事故的频繁发生，全世界每年面临着严重的经济损失和人员伤亡，引起全世界人们的重点关注，因此要特别防范危化品运输过程中事故的发生。近年来，随着人们对危化品的认识和安全意识不断增强，许多学者和企业对于减少危化品运输事故发生所开展的研究工作和实际工作都卓有成效，人们采取相应对策措施的能力也不断提高，但是仍有很多不足之处，相关工作开展得较为缓慢。因此需要提前做好潜在危险的识别工作，对辨识出的危险有害因素分门别类地采取恰当、有力的防控措施，在关键的环节上加强安全防护，从而减少对人身的损害和环境的破坏。

危化品有很多种运输方式，不论采用何种方式进行危化品运输，在运输过程中一定会受到工作人员、运输货物、运输车辆、运输环境等的影响，存在很多突发事件。物联网、大数据等新兴技术将风险管理推入了数字信息时代，危化品运输企业运用信息化手段对运输过程实施监管，随之产生了海量的事件日志数据。在一系列风险因素的影响下，实际流程往往和规范的业务过程之间存在一定的偏差，这就为企业带来了潜在的运作风险。过程挖掘是基于保存的实际事件日志，从其中抽取出所需的相关数据信息，构建实际的过程模型，与理想的过程模型进行对比，从而发现运输中潜在的风险问题。A 公司是一家危化品运输公司，专门运输各种危化品，近年来出现人员操作不规范、基础设施不完善等内部问题和运输环境恶劣、突发事件等外部问题，导致 A 公司在之前的运输过程中出现一些危化品泄漏、车辆追尾、侧翻等事故，影响了公司的发展。及时准确地发现运输过程中存在的风险，并对出现的风险问题进行预防和控制，可以有效降低事故发生的概率，有利于 A 公司的长远发展。因此，本章以 A 公司液化天然气的运输为切入点，融合风险因素，基于过程挖掘对真实场景中的危化品物流运输过程进行分析，发现其中存在的偏差和风险，这是降低危化品运输过程中的风险并快速控制风险事故的重要前提，对其他危化品运输公司也有一定的借鉴意义。

5.1　相关研究与技术路线

5.1.1　国内外研究现状

危化品运输风险的研究现状

目前国内外学者对于危化品运输风险的研究较多，在相关文献中，大多是对运输风险因素的选取以及风险模型的构建，大致可以分为风险评估和优化以及风险识别两个方面。

在危化品运输风险评估和优化方面，涂源原等（2021）运用轨迹交叉事故致因理论，从危化品运输路段中的人员、货物、运输设备、安全管理及环境等方面分析事故致灾机理，构建风险评估指标体系，改进分级指数法，并利用实例进行分析，为道路运输风险研究提供重要指导。唐箫等（2023）运用改进的模糊层次分析法，以人员、车辆、道路、环境、管理、危化品六个主辨识风险源为一级指标构建风险评价指标体系，计算权重并进行综合评价，以某高速路段的危化品运输为例，验证了该方法的适用性。骆成等（2022）为了深入研究我国海域环境对危化品运输风险的影响，对我国沿海地区在 2016—2020 年发生的危化品运输事故进行统计分析，将运输风险分为物、环、管、人、车五个方面，并利用层次分析模型重新建立了危化品运输系统风险耦合模型，最后利用新的模型对风险因子进行单、双、多风险因素的耦合分析并得出结论。贾进章等（2020）提出了一种将改进的 DS 证据理论、贝叶斯网络和模糊集结合在一起的对于危化品道路运输体系的风险评价方法，并以沈阳某危化品托运公司为例，验证了该方法的可行性，得出该公司的运输体系风险危险等级较高，需要公司重点关注人员因素和管理因素，并对其加强管理。张焱和王传生（2019）将危化品运输系统分为危化品、人员、车辆、环境和管理子系统五个方面，利用系统动力学构建危化品运输系统模型，仿真不同方案下各个子系统的危险系数并选出最优方案。Weng 等（2021）开发了一个定量分析评估模型来评估危化品物流运输事故风险，结合事故场景的频率和后果，并利用真实事故案例验证了该模型的可行性。Ayyildiz 等（2021）收集了危化品运输中的关键危险因素，建立两级层次结构来评估危险因素，然后使用改进的德尔菲法对主要风险和次要风险进行评估，使用模糊层次分析法获得主要风险因素和次要风险因素的权重并提出决策方法，最后为了验证决策方法的稳健性，进行了敏感性分析。

在危化品运输风险识别方面，Stojanovic 等（2023）以公路运输为例，收集危化品道路运输中的交通事故，对事故原因进行分析，识别总结出人、环境、基础设施、管理等风险因素，并提出一系列防控措施减少危化品运输过程中存在的风险。Davies 等（1991）对英国危化品的运输环境进行了调查，分析了危化品运输事故发生的时间、地点、原因、财产损失和人员伤亡等情况，进一步细化了研究，最后对运输中所涉及的人员、车辆和环境等因素提出了相应的风险防范措施。Hammadi 等（2015）重点研究摩洛哥海关的运输风险，利用 FMECA 方法确定摩洛哥海关危化品运输过程中的风险等级，总结危化品运输风险因素，最后提出了控制这些风险因素的相关措施。刘猛（2019）以云南省为例，对云南省的危化品物流管理现状进行具体的研究分析，利用德尔菲法从危化品的生产、加工、储存、运输、装卸搬运等方面，系统整理出危化品物流管理的影响因素，在计算出各因素权重后，确定了危化品物流管理中最大的风险流程为运输环节，并针对运输环节中的风险提出一系列管理措施。李淑霞和闫晓青（2013）在对危化品道路运输中的不确定影响因素进行深入探讨的基础上，分类并整理了近年来危化品公路运输事故的历史数据，同时提出采用粗糙集理论对危化品运输环境风险不确定因素重要度进行定量分析，最后根据风险因素的不同重要程度提出相应的防控措施。

5.1.2 过程挖掘的研究现状

近年来，过程挖掘受到了广泛的关注，学者对过程挖掘的研究集中于过程挖掘算法以及过程挖掘的应用两个方面，国内外学者在原有理论的基础上提出了很多新算法，并应用到了多个领域。

在过程挖掘算法方面，范涛和方贤文（2020）提出了一种基于因果关系矩阵和 Petri 网的事件日志过程挖掘方法，旨在对企业系统中产生的事件日志集更好地进行匹配。李鹏等（2019）提出一种基于遗传算法的过程挖掘算法，进入医院信息系统后，利用该算法提取系统中实时保存的真实日志数据，挖掘出优化的医院就诊过程，在很大程度上提高了医院就诊的效率，并通过后续患者的就诊过程验证了该算法的可行性与准确性。胡小强等（2019）针对现有的过程发现算法对于大规模的事件日志挖掘效率较低等问题，提出了一种利用 Spark 集群提高挖掘效率的算法，加速活动关系的抽取，然后将日志活动转化为活动关系矩阵，挖掘过程模型，使挖掘事件日志的效率明显提升。余建波等（2018）提出了一种统计 α 算法，利用该算法挖掘事件日志信息，建立临床路径的 Petri 网模型，优化了诊疗流程，得到了较为完善的就诊流程，并通过仿真验证了统计 α 算法比传统 α 算法在效率和准确度方面有较大的优势，利用真实的临床路径数据验证了该模型的有效性。

在过程挖掘应用方面，Huang 等（2013）提出了一种信息系统业务过程风险审计机制，该机制是将风险管理与过程挖掘进行结合，旨在识别并实时监控信息系统业务过程中存在的风险，从而达到控制风险的目的。Caron 等（2013）提出了基于过程挖掘的风险管理和合规性检查的适用性框架，该框架可以精确地检测出大部分出现偏差的行为，对发现风险效率的提高有很大的帮助。Mahendrawathi 等（2018）在 ERP 系统的支持下，利用过程挖掘技术分析制造企业的生产计划实际执行情况，通过一致性检查将计划与实际情况进行对比，帮助企业调整生产需求与可用物料之间的匹配情况，促进企业稳定发展。程平和罗婷匀（2023）利用过程挖掘技术，深入分析企业内外部环境的变化对企业销售活动的影响，同时建立风险评价指标体系，基于事件日志相关数据，对销售风险进行评价，最后提出解决措施。朱泰铭等（2016）运用过程挖掘技术对训练事件日志进行挖掘，得到基于系统业务活动的控制流模型，运用专家知识和统计方法对比实际的操作和预先建立的行为轮廓两个方面，检测出异常行为，并发现内部存在的威胁或风险，为各种异常行为设计了检测算法，并通过 ProM 软件验证了所设计系统的有效性和准确性。曾奕棠等（2017）对物流流程中产生的事件日志进行挖掘分析，在过程挖掘的基础上构建了物流流程信息智能分析框架，对物流流程模型中存在的偏差进行分析，深入检查过程中出现的异常实例，对物流流程进行深入分析，对物流流程的优化具有一定的借鉴意义。吴文光（2018）利用过程挖掘技术对图书馆的事件日志进行挖掘分析，得出图书馆内的服务流程，通过一致性检测将事先定义的服务流程与实际流程进行对比，发现图书馆服务中存在的潜在问题。任军等（2020）从医院的信息系统中提取日志信息，获取患者的轨迹数据，然后运用过程挖掘工具 ProM 构建静脉溶栓治疗的过程模型并制定新的过程挖掘策略，得到实际的过程模型，最后分析医疗机构静脉溶栓治疗的时效性并制定流程改进方案。Juhanak 等（2017）使用过程挖掘方法分析事件日志，识别与区分标准的应考行为和非标准的行为，进一步构建学生在测验活动中的交互模型，在验证该模型可行性的同时，为学生在学习管理系统中的问答策略提供新的线索。Alvarez 等（2018）抽取了急诊室相关数据，利用过程挖掘方法构建医院急诊室的角色交互模型，分析医疗保健专业人员的协作工作，以帮助改进急诊流程。Vathy-Fogarassy 等（2022）对原始事件日志逐步细化，提出一种探索疾病特定护理过程的过程挖掘方法（MEDCP），用于探索与疾病相关的护理过程，提高过程挖掘方法的效率，并在心脏病和肿瘤护理领域得到证明。Hemmer 等（2021）对检测物联网安全中不当行为的过程挖掘方法进行了可用性评估，提出重点改进过程挖掘中的数据预处理阶段，改善体系结构，从而为物联网系统的安全提供保障。Martin 等（2020）通过分析目前医疗保健流程中存在的问题，提出可以使用流程性能信息对已有的过程模型进行改善，并为优化医疗保健业务流程提出一系列可行性建议。

5.1.3 研究述评

通过对收集的相关文献进行综合分析，目前来看，学者对危化品运输风险研究得较多，大部分集中在对危化品运输风险因素的提取以及风险模型构建等方面，用到的方法也较多，集中在层次分析法、贝叶斯网络以及新提出的模型等，大部分都是通过以往发生的事故来识别、控制风险，对于运用过程挖掘的方法挖掘潜在风险研究得较少；国外学者对过程挖掘的研究较多，过程挖掘理论和工具趋于成熟，为本书后续的模型构建以及实际的事件日志挖掘奠定了良好的基础。过程挖掘方法能够基于真实的流程数据信息，通过算法和工具较为全面地发现流程中潜在的风险问题，从而达到防控风险的目的。通过对上述文献的总结与分析，可以看出在过程挖掘算法方面已经发展得较为成熟，在应用方面，虽然过程挖掘的应用范围很广，但是把过程挖掘技术应用到物流领域的较少，尤其是对于危化品物流来说，存在各种风险因素，需要提前预防并控制风险，避免发生事故带来损失和危害。

因此，本书主要采用过程挖掘方法对A公司危化品运输风险防控问题进行研究，首先收集风险因素将其加入现有的运输流程中，得到一个规范的运输流程，然后使其按照融合风险因素之后的规范流程进行操作，生成事件日志；基于规范的运输流程，利用Petri网构建一个理想化的过程模型；再利用过程挖掘方法对产生的真实事件日志进行挖掘，得到实际的过程模型；最后利用过程挖掘方法中的一致性检查算法，对构建的理想化过程模型与实际过程模型进行比较，发现偏差，客观地挖掘风险问题，并提出相应的风险防控措施，为挖掘危化品运输风险提供新的研究思路，保证危化品物流企业的运作安全。

5.1.4　研究内容

本部分以A公司危化品运输为研究对象，首先整理危化品运输风险、过程挖掘等理论研究成果，对危化品运输风险因素进行识别，通过对A公司进行业务流程的实地考察，结合A公司的实际情况制定融合风险因素的运输流程，基于融合风险因素后的运输流程，利用Petri网构建理想过程模型；其次利用ProM开源软件中的α算法插件、α+算法插件和启发式挖掘算法插件对A公司的事件日志进行挖掘处理，生成公司真实场景下的过程模型；最后对Petri网模型与ProM工具挖掘得到的实际过程模型进行偏差分析和风险分析，发现A公司在实际运输过程中与规范的运输流程之间存在的偏差以及风险问题，并提出相应的风险防控措施。

5.1.5　研究方法

（1）文献研究法。文献研究法是对研究问题所涉及的相关文献进行收集、分类并整理，通过对文献的研究准确、全面地了解事实，并形成客观认识的一种方法。通过上网和翻阅图书，收集、整理并分析国内外关于过程挖掘、危化品运输风险等相关理论的文献资料，从而为后续的研究奠定理论基础。

（2）实地调查法。实地调查法是在使用科学方法的基础上，在一定的场景内实地考察社会现象，并通过收集大量的资料和数据信息，对事实进行探讨和分析的一种方法。本书第 3 章通过实地考察 A 公司目前危化品的运输状况，得到真实数据，并通过对其工作人员的询问，获得所需资料，为本研究提供依据，进一步推进研究的进展。

（3）过程挖掘。过程挖掘是指基于产生的真实事件日志，提取出所需的数据信息后，利用算法和工具对实际的流程进行挖掘，最后得到过程模型的一种方法。本研究从 A 公司的业务信息系统中提取真实的数据信息并对其进行预处理后，利用过程挖掘的相关算法和工具对处理后的事件日志进行挖掘与分析，生成实际的过程模型，并挖掘和分析实际过程模型出现的偏差，发现并控制实际运输过程中潜在的风险问题。

5.1.6 技术路线

本部分的技术路线如图 5-1 所示。

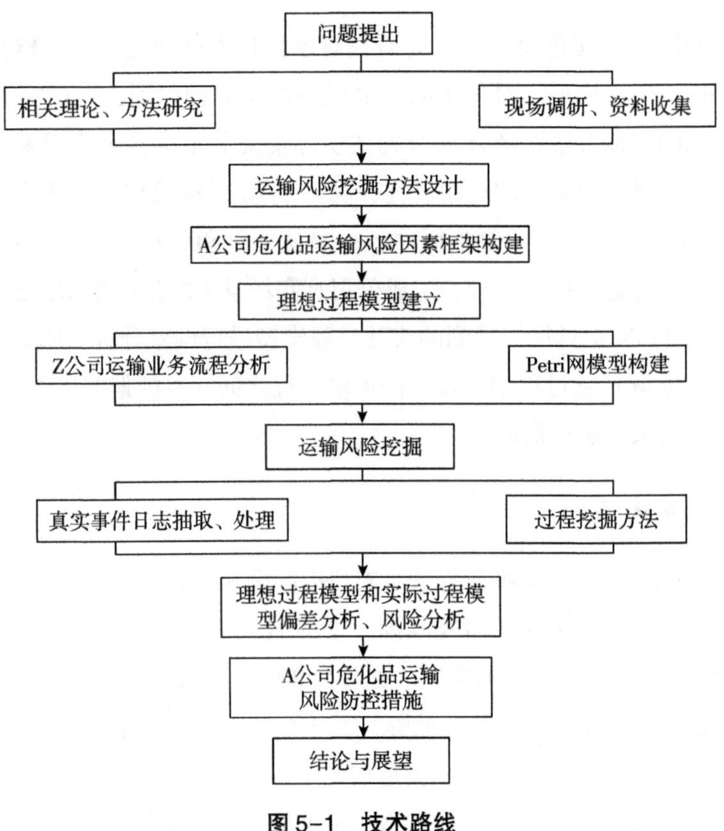

图 5-1 技术路线

5.2　相关理论与方法

5.2.1　基本概念

5.2.1.1　危化品的概念及特性

为了加强对危化品的管理，有效降低危化品在生产、储存、运输和装卸搬运过程中发生事故的频率，实现切实保障人民生命财产安全和保护环境的目的，《危险化学品安全管理条例》明确指出了危化品的定义：危险化学品，是指具有毒害、腐蚀、爆炸、燃烧、助燃等性质，对人体、设施、环境具有危害的剧毒化学品和其他化学品。

危化品自身的化学性质和物理性质决定了其具有有害性、刺激性、燃烧性等特性，不同种类的危化品具有不同的特性，在众多特性中，每种危化品必有一种主要的特性危害最大，根据“择重归类”的原则，国家质量监督检验检疫总局于 2012 年发布了国家标准《危险货物分类和品名编号》（GB 6944—2012），按主要危险特性把危化品分为 9 类 20 项，分类及特性如表 5-1 所示。

表 5-1　危险化学品分类及特性

危化品分类	具体内容	特性
第 1 类：爆炸品	①具有整体爆炸危险的物品；②有迸射危险，但无整体爆炸危险的物品；③具有燃烧危险并有局部爆炸危险或局部迸射危险，或者两种危险都有，但无整体爆炸危险的物品；④不呈现重大危险的物质和物品；⑤有整体爆炸危险的物质；⑥无整体爆炸危险的极端不敏感物质	（1）爆炸性 （2）敏感度高 （3）殉爆性 （4）毒害性
第 2 类：气体	①易燃气体，如乙炔、丙烷、氢气、液化石油气、天然气、甲烷等；②非易燃无毒气体，如氧气、氮气、氩气、二氧化碳等；③毒性气体，如氯气、液氨、水煤气等	（1）可压缩性 （2）膨胀性 （3）易燃易爆性 （4）毒害性、刺激性、腐蚀性、窒息性等

续表

危化品分类	具体内容	特性
第3类：易燃液体	如油漆、香蕉水、汽油、煤油、乙醇、甲醇、丙酮、甲苯、二甲苯、溶剂油、苯、乙酸乙酯、乙酸丁酯等	（1）易挥发性 （2）易流动扩散性 （3）受热膨胀性 （4）带电性 （5）毒害性
第4类：易燃固体、易于自燃的物质、遇水放出易燃气体的物质	①易燃固体、自反应物质和固态退敏爆炸品 ②易于自燃的物质 ③遇水放出易燃气体的物质	（1）易燃性 （2）可分散性与氧化性 （3）热分解性 （4）对撞击、摩擦的敏感性 （5）毒害性
第5类：氧化性物质和有机过氧化物	①氧化性物质 ②有机过氧化物	（1）氧化性 （2）易分解 （3）爆炸性 （4）毒害、腐蚀性
第6类：毒性物质和感染性物质	①毒性物质，如氰化钠、氰化钾、砒霜、硫酸铜、部分农药等 ②感染性物质	（1）溶解性 （2）挥发性 （3）分散性
第7类：放射性物质	放射性比活度大于 7.4×10^4 Bq/kg 的物品	（1）放射性 （2）毒害性 （3）易燃易爆性
第8类：腐蚀性物质	能灼伤人体组织并对金属等物品造成损坏的固体和液体：①酸性腐蚀品②碱性腐蚀品③其他腐蚀品	（1）腐蚀性 （2）氧化性 （3）稀释放热性 （4）毒害性
第9类：杂项危险物质和物品，包括危害环境物质		

5.2.1.2 风险与运输风险

一种比较权威的说法认为“风险”来源于意大利语的“RISQUE”一词，用来描述海上贸易中存在的不确定因素。不同的行业和领域对于风险的理解不同，学术界也是如此，对风险的理解和研究角度不同，也会对“风险”一词有不同的解释，至今对于风险的概念没有达到完全的统一。一般来说，风险就是生产目的与劳动结果之间的不确定性。通过查阅文献并进行归纳总结，本书将风险定义为：某种特定的危险事件（事故或意外事件）发生的可能性与其产生的后果的组合，其具有客观性、普遍性、必然性、可识别性、可控性、损失性、不确定性和社会性等性质。

运输风险则是把风险的定义放到货物运输过程中，本书将其定义为：在道路运输过程中，所有影响道路运输安全的各类不确定因素或者不利因素的集合。

5.2.1.3　风险挖掘

风险挖掘就是通过利用各种方法或者模型，从大数据产生的大量数据信息中，抽取出某种因不确定因素或者不利因素可能发生损失的过程，包括数据的选择、处理、变换、挖掘、知识表示等，旨在快速准确地发现风险因素并把风险降至最低。物流中的风险包括仓储、运输、包装和装卸搬运等方面的风险，而物流中的风险挖掘则需要考虑到每个环节中存在的不确定因素或者不利因素，运用方法或者模型软件将这些潜在的因素提取出来。运输风险挖掘则是从大量的运输数据中，提取出隐藏在其中的、潜在的有用的信息，发现不利因素的过程。

5.2.2　WSR 系统方法论

WSR 系统方法论最早是在 1994 年由我国著名专家顾基发教授和朱志昌博士基于西方理论提出的一种具有东方思想的系统方法论，即物理—事理—人理系统方法论，具有中国哲学思辨的特点。显而易见，WSR 系统方法论是从这三个角度去分析一些系统性的问题，一方面要了解涉及对象的客观属性，明白其运作规律；另一方面要了解人在系统中所起到的作用，具有很强的系统性和严谨性。

物理，即客观世界的物质属性及其自然规律，是复杂系统问题中人所面对的客观存在；事理，是指人们在解决难题的过程中，通过各种方法和途径来处理客观存在的事物，即做事的道理以及对人、财、物的安排和调度；人理，即在面对客观存在，解决复杂难题过程中，人与人或者人与组织之间的关系，是人为地维持整个系统正常运行而与其他人和组织的关系的变化过程，人的因素变得尤为重要，维护好人的因素才能解决好复杂的问题。

本书通过运用 WSR 系统方法论将收集到的风险因素按照物理—事理—人理的概念界定进行分类整理，使其更加清晰明确，最终构建 A 公司危化品运输的风险因素框架，为 A 公司规范运输流程的构建以及真实运输流程的挖掘奠定基础。

5.2.3 流程建模语言

5.2.3.1 流程建模语言的概念

业务流程是把一组将输入转化为输出的相互关联或相互作用的活动，业务流程模型是根据企业过程目标和系统制定的约束条件，用特定的理论和方法抽象描述企业系统内的活动及其相互关系的集合。而流程建模方法是用于描述流程模型并具有特定语法语义的语言和方法。流程建模方法主要有事件流程链（Event-driven Process Chain，EPC）、统一建模语言（Unified Modeling Language，UML）、业务流程建模与标注（Business Process Modeling Notation，BPMN）以及 Petri 网等。

5.2.3.2 Petri 网

20 世纪 60 年代，德国波恩大学的 Petri 博士在其博士论文“Kommun Pcation mit automation”中首次提出了 Petri 网模型（PN）的概念。近 60 年来，Petri 网发展演化出很多形式的高级 Petri 网模型，如颜色 Petri 网（CPN）、时间 Petri 网（TPN）、随机 Petri 网（SPN）和模糊 Petri 网（FPN）等。Petri 网是一种图形化、数学化的建模工具，具有图形化的符号，可以用来描述事件与条件中的关系网络，有严格的数学理论作为支撑，可以更好地模拟系统的动态运行与并发活动，在系统建模、仿真和分析中得到广泛的应用，并已经成为物流过程建模领域的一大研究热点。一个 Petri 网一般由库所、变迁、有向弧，托肯/令牌/标识四种元素构成，各元素的图形结构如图 5-2 所示。

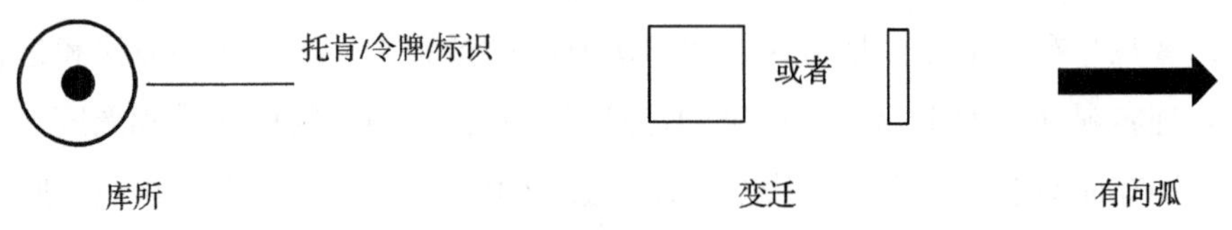

图 5-2 Petri 网元素

（1）库所（place）：用圆形表示，反映系统的状态，决定变化能否发生。

（2）变迁（transition）：用方形表示，反映状态的变化，改变系统的状态。

（3）有向弧（arc）：用箭头表示，是库所与变迁之间的一条有向弧线，代表流动关系。

（4）托肯（token）：由实心小黑点表示，表示某类资源，反映了系统的局部状态，是库所中的动态对象，可以从一个库所移动到另一个库所，沿有向弧指示的方向流动。

其定义如下：

定义　Petri 网是一个三元组，设 Petri 网 $PN=(P,T;F)$，满足以下条件：

(1) $P \cup T \neq \varnothing$，表示网中至少有一个元素，其中，$P=\{p1,p2,\cdots,pm\}$ 为一个库所的集合，$T=\{t1,t2,\cdots,tn\}$ 为一个变迁的集合，$\varnothing$ 表示空集。

(2) $P \cap T = \varnothing$，表示库所和变迁是两类不同的元素。

(3) $F \subseteq (P \times T) \cup (T \times P)$，建立了从库所到变迁、从变迁到库所的单方向联系，并规定同类元素之间不可直接联系，其中 P 和 T 是两个集合的笛卡尔积运算，F 为输入函数集和输出函数集，是库所与变迁节点之间的有向弧集，称为流关系。

(4) $dom(F) \cup cod(F) = P \cup T$，其中 F 的定义域为 $dom(F) = \{x \in P \cup T | \exists y \in P \cup T:(x,y) \in F\}$，$F$ 的值域为 $cod(F) = \{x \in P \cup T | \exists y \in P \cup T:(y,x) \in F\}$。

根据学者对 Petri 网的研究可知，Petri 网有以下五种主要性质：

（1）可达性（reachability）。可达性是研究任何系统特性的基础，指从初始状态出发，是否存在一系列的变迁触发使系统达到一个特定的状态，或者不期望的状态不出现，可以确定系统是否达到所需的状态，以及系统是否存在死锁等问题。如果 Petri 网的一个初始标识 $M0$ 需要通过对变迁进行不断的激发，最终得到一个新的标识 Mn，则表明 Mn 是从 $M0$ 可达的；如果从 $M0$ 开始只需要激发一个变迁即可到达 Mn，则称 Mn 是从 $M0$ 立即可达的。

（2）有界性（boundedness）。有界性反映系统运行过程中对资源变量的需求，意味着 Petri 网在所有可能的状态标识下的各位置节点中的托肯数必为有界的。如果在 Petri 网中存在一个正整数 N，使网中每个库所在任何状态下的托肯数都不超过正整数 N，则称 Petri 网为 N 有界，只有这样才能保证系统的正常安全运行，避免出现溢出现象。当 $N=1$ 时，就称该 Petri 网是安全的，该网为安全 Petri 网。

（3）活性（liveness）。活性用于检测系统中是否存在死锁的状态，指系统是否能够在无限的时间内继续产生变迁。它描述了系统的行为是否具有持续性和进展性，即系统能否继续运行下去，而不会陷入停滞或者无法继续执行的状态。若一个 Petri 网的所有变迁都是活的，则称该网是活的。对 Petri 网进行活性分析，可以判断系统是否存在潜在的问题，如死锁、停滞、无法响应等，如果某个变迁不是活跃的，表示系统可能存在某种资源竞争、同步问题或其他限制，需要对其进行调整或优化。

（4）可逆性（reversibility）。可逆性是指系统是否具有逆向操作的能力，即研究系统能否在任意时刻从一个状态重新返回先前的状态，保证系统的循环特性。在可逆的 Petri 网中，所有的变迁都是可逆的，意味着系统可以按照相反的顺序执行之前的操作，使系统恢复到原始的状态。

（5）守恒性（conservativity）。在一个 Petri 网系统中，托肯被用来描述系统的资源，守恒性代表托肯在 Petri 网运行过程中的总数量保持不变，既不会增加也不会减少，守恒性对于检测系统的资源分配、消耗以及系统行为的稳定性和可靠性具有重要意义。

根据 Petri 网的性质可知，Petri 网建模主要有以下四种逻辑关系并给出对应的结构图。

（1）顺序关系。顺序关系是最简单、直观的一种结构关系，由库所—变迁—库所的顺序进行描述，表示事件从前到后按顺序发生，用于描述系统中操作的执行顺序和依赖关系。其结构如图 5-3 所示，图中变迁 $t0$、$t1$、$t2$ 必须依次执行，只有完成了前面的任务，才能执行后面的任务。

图 5-3　顺序关系

（2）并行关系。并行关系是指在 Petri 网中，多个变迁之间不存在直接的依赖关系，可以并行发生，互相之间没有顺序上的限制，但是必须先完成前边的任务才能执行接下来的任务，用于描述系统中操作的并发性和同时发生的能力。其结构如图 5-4 所示，图中变迁 *t*2 和 *t*3 可以同步执行。

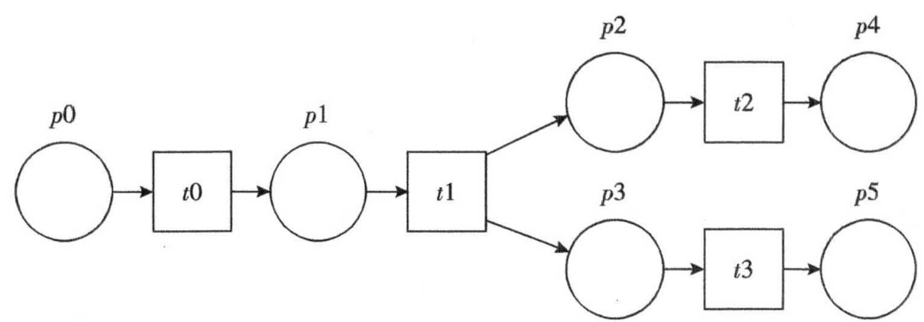

图 5-4　并行关系

（3）选择关系。选择关系是指系统根据特定的条件和规则进行决策，从多个可能的变迁中选择合适的变迁进行触发。用于描述系统中的决策和选择过程，其中只有满足某个条件的变迁才能够被触发。其结构如图 5-5 所示，*t*1、*t*2 和 *t*3、*t*4 相对独立，在执行过程中根据触发条件选择其中一个任务执行。

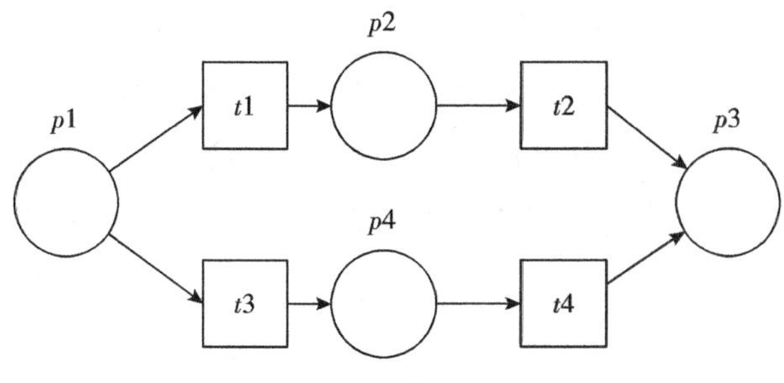

图 5-5　选择关系

（4）循环关系。循环关系是指在 Petri 网中存在一个或多个循环路径的情况，同一个任务被多次执行，变迁和库所之间形成了一个或多个循环。其结构如图 5-6 所示，*t*2 被多次执行，直到达到预期的效果后才能继续执行后边的任务。

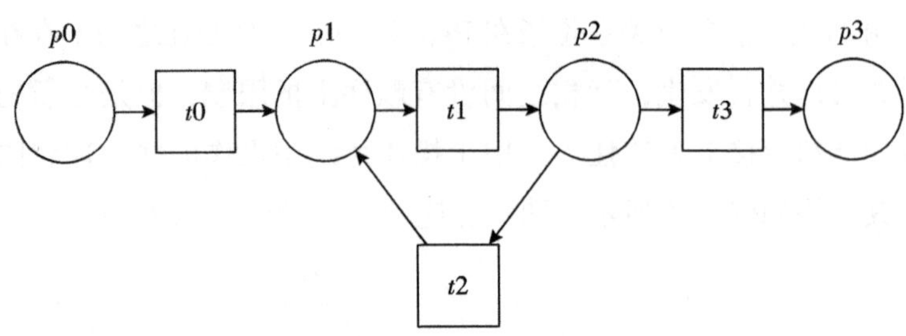

图 5-6 循环关系

通过上述对 Petri 网的介绍，可知与其他建模方法相比，Petri 网可用作动静态建模，它是一种将数学和图形相结合的建模方法，具有两个显著的特点。首先，Petri 网作为一种图示组合模型，相较于其他建模方法来说具有直观、易懂的优点，能利用图形非常形象化地描述和分析系统的资源并发、同步(或异步)、并行以及冲突分布等行为特征；其次，Petri 网具有严格并准确的数学描述，可以分析复杂系统以及描述离散事件中的关系，也能应用于其他不同的领域及场景。所以本研究采用 Petri 网构建企业理想的过程模型，并且根据企业的业务流程，将所得到的风险因素通过库所和变迁加入相应的步骤中，使所得模型更加客观全面。

目前 Petri 网的建模工具有很多种，常见的有 CPN Tools、Tina、Visual Object Net++、Platform Independent Petri Net Editor（PIPE）、JFern 等，其中 PIPE 和 JFern 都是基于 Java 平台进行操作的，不论是在 Windows 还是在 Linux 中都必须有 JDK/JRE 作为运行环境才能使用，与其他软件相比，操作起来较为复杂，对于非专业人员来说有一定的难度；CPN Tools 主要是颜色 Petri 网领域的建模软件；Visual Object Net++和 Tina 都是入门级别的软件，使用较为简单并且应用广泛，Tina 有专门的模拟模块，且通俗易懂，因此本研究选择 Tina 建模软件来构建 Petri 网模型。

5.2.4 过程挖掘

5.2.4.1 过程挖掘的概念

过程挖掘（Process Mining），又名流程挖掘，过程挖掘的思想最早由 Cook 等于 1995 年提出，用于发现软件过程模型。1998 年，美国 IBM 研究中心的 Agrawal 等首次将过程挖掘引入工作流领域，并正式命名为“过程挖掘”。作为跨学科交叉领域，过程挖掘旨在从信息系统中客观存在的事件日志中提取数据信息来发现、挖掘和改善实际的运作流程。过程挖掘以过程的实际事件日志记录为基础，挖掘得到过程客观模型，支持从多维度对真实场景中的过程展开客观分析，并可通过客观模型和预定义过程模型的偏差分析，实现过程的合规性检查和异常诊断等深度分析。

过程挖掘主要包括以下步骤。

（1）事件日志存储。随着企业运作，在企业管理信息系统中会产生大量的数据信息，将过程挖掘中需要的数据信息抽取出来并进行相关预处理，将数据信息存储为过程挖掘工具所需要的格式。

（2）过程挖掘算法和工具的选取。输入客观存在的事件日志，根据实际情况利用合适的过程挖掘算法和过程挖掘工具，挖掘得到隐藏在事件日志中的过程模型。

（3）过程挖掘模型展示。根据实际情况选择合适的算法或者语言来表示挖掘得到的过程模型，明确过程挖掘模型所要表达的信息和内容。

过程挖掘技术有广泛的应用，Bogarin 等发现过程挖掘的应用场景可分为三个方面：过程发现、一致性检验和过程增强。过程挖掘的典型应用场景如图 5-7 所示。

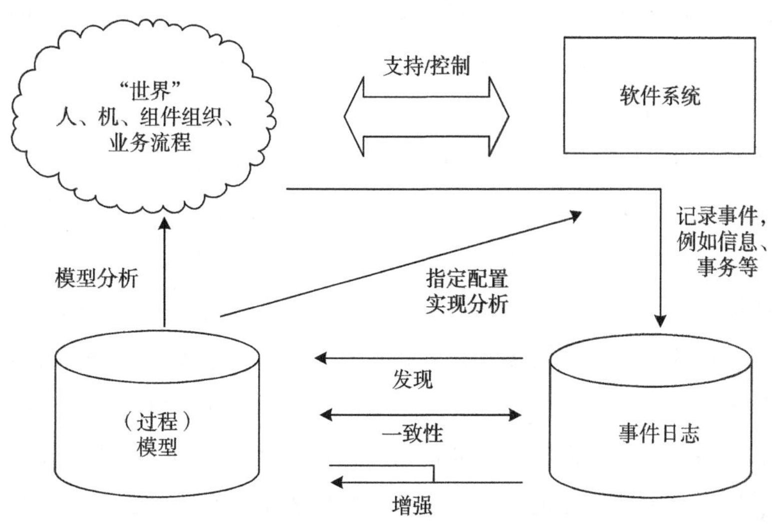

图 5-7　过程挖掘的典型应用场景

第一个应用场景是过程发现，过程发现技术是基于不使用任何先验信息的这个重要前提，从事件日志中挖掘出过程模型，是过程挖掘中出现最早的应用场景，同时也成为其他两个应用场景发展的基础。目前的过程发现算法包括 α 算法等，大部分都是从事件日志中挖掘工作流模型。

第二个应用场景是一致性检验，与过程发现不同的是，一致性检验需要同时考虑过程模型与事件日志两个方面，使用重放等技术将事件日志行为与模型行为作比较，检验双方是否相匹配，并发现在什么地方、什么时候出现偏差。

第三个应用场景是过程增强，过程增强同样需要考虑事件日志和过程模型两个方面，根据真实事件日志中的属性信息对现有的过程模型进行改进、创新和扩展，为流程增加新的视角。

5.2.4.2 过程挖掘工具

随着学者对过程挖掘理解的不断深入，支持挖掘算法的一系列过程挖掘工具也被开发出来，目前有 Disco、MiMo、EMiT、Reflect 和 Thumb 等，这些工具使用的事件日志类型和产生的模型都是比较类似的，有很大的局限性。而 2005 年建立的 ProM 框架是一个开源工具，专门用于支持流程挖掘插件的开发。这些过程挖掘工具具有不同的特点和功能，在进行研究时应该选择符合应用场景和达到数据要求的工具，本研究主要介绍代表性比较强并且应用领域较为广泛的 ProM（过程挖掘框架），它也是本研究在后续的数据处理中所使用的主要工具。

ProM 是一种通用的流程挖掘开源工具，输入日志的文件仅支持 XES 或者 MXML 两种格式的文件，目前在 ProM 中已经开发了流程分析、流程监控以及转换等插件，能够提供多种流程挖掘功能以及一系列的插件和算法，用于发现、分析流程问题和改进过程模型。它支持多种过程挖掘技术，如流程发现、流程验证、性能分析等；同样支持多种过程挖掘算法，如 α 算法、模糊挖掘算法、启发式挖掘算法等。用户不仅可以直接使用已经存在的日志导入、算法实现、分析工具、转换模型等插件，而且可以在此基础上利用 Java 实现二次开发，增加自定义功能模块。图 5-8、图 5-9 和图 5-10 显示了 ProM6.7 的工作区视图界面、操作区视图界面和预览区视图界面。

（1）导入插件。输入支持格式的文件，如 MXML、XES 格式等。（MXML 标准出现于 2013 年，并被流程挖掘工具 ProM 采用；由于 MXML 对标准类型存在严格定义，以及扩展的局限性，在实践中展现了很多不足，于是人们又提出了更好的标准 XES，XES 是 MXML 的继承者，XES 格式具有更少的约束并且是真正可扩展的）

（2）挖掘插件。利用各种相关算法进行过程挖掘，方便用户自行设计、实现和测试相关算法。

（3）分析插件。对挖掘出的模型进行结果分析。

（4）转换插件。对不同格式的文件进行格式之间的转换，方便导入和导出数据，除此之外，还可以在软件内部进行过程建模语言的转换。

（5）导出插件。将过程挖掘得到的模型结果进行导出，同时可以另存为所需格式的文件。

图 5-8　工作区视图界面

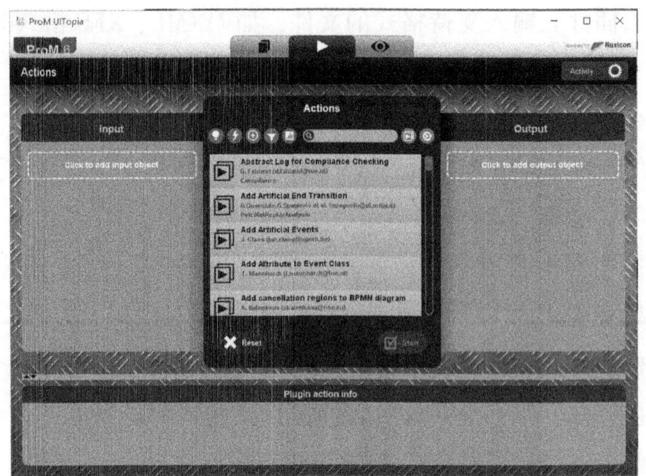

图 5-9　操作区视图界面

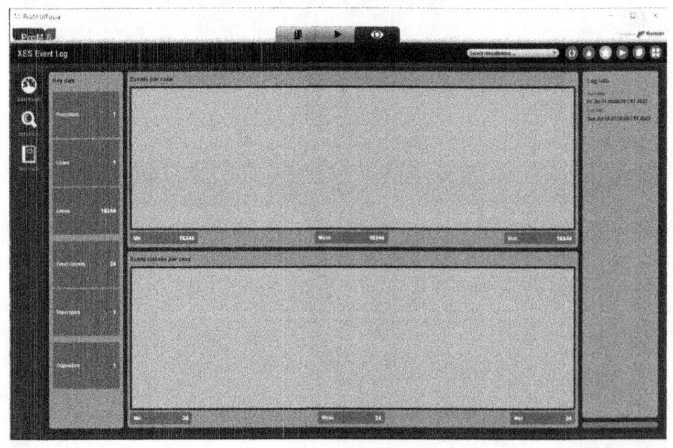

图 5-10　预览区视图界面

5.2.4.3　过程挖掘算法

（1）α 算法。2004 年，Van der Aalst 等提出的 α 算法被公认为过程挖掘领域的一项里程碑式的成果，是过程挖掘算法的奠基石。使用 α 算法可以根据事件日志的发生顺序，梳理事件日志中存在的依赖关系，从而发现其中的顺序、并行、选择、循环结构，具有简单、易操作等特点。但是对一些复杂日志来说，α 算法对其结构的处理能力还不足，因此提出了一系列 α 算法的扩展算法，如 α+算法、α++算法等，但目前用 α 系列的算法所得到的模型综合质量偏低，因此在实际应用中采用的频率不高。

（2）启发式挖掘算法。应用α算法的前提是事件日志必须完备且没有噪声，噪声是指错误的事件日志数据或者流程在执行时出现异常行为所记录的数据，但是在实际运行过程中势必会出现噪声，因此α算法并不适用。为了解决日志中出现的噪声问题，Weijters 等于 2003 年首次提出了过程挖掘的启发式挖掘算法，称为 Heuristic Miner（HM），该算法直接扩展了α算法，具有很强的抗噪能力和鲁棒性，并考虑了直接跟随活动关系的频率，计算相关性/频率表以获得一个启发式网络。其基本思想是基于噪声日志在正确的日志中所占比例小的这个基本假设，在挖掘事件日志时，使用概率统计中的频率来表示一对活动之间因果关系的强度，与提前设定的阈值进行对比，将频率低于所设定阈值的日志视为噪声日志，启发式挖掘算法将噪声过滤掉后输出相应的流程模型。

（3）一致性检查。Van der Aalst 等在 2008 年提出一致性检查，也被称为一致性分析，旨在检测事件日志行为与过程模型之间的一致性。一致性检查算法可以对真实事件日志下所构建的过程模型与构建的 Petri 网理想过程模型进行比较，判断过程模型与真实事件日志数据之间存在的匹配关系，根据托肯数量的变化能够较为准确地识别发生偏差的活动及偏差大小，在此基础上识别流程中存在的风险因素。

一致性检查算法的基本思想是通过比较真实事件日志中的行为和过程模型中的行为，寻找它们之间的差异和共同点。在一致性检查算法中，用拟合度来描述实际的过程模型和理想的过程模型之间的匹配程度，拟合度的值在 0 与 1 之间浮动，如果实际的流程与理想的过程模型之间的拟合度为 1，则表示拟合度非常好，实际的过程模型与理想的过程模型完全吻合；如果实际的流程与理想的过程模型之间的拟合度为 0，则表示其拟合度非常差，即理想的过程模型与实际的过程模型完全不吻合。但是，在企业实际的运行过程中，由于一些突发情况或者风险因素等的影响，实际过程中不可能完全按照事先设定好的流程执行，肯定会出现不一致的情况，因此在大多数情况下，理想的过程模型与实际的过程模型之间的拟合度基本上不可能为 1。

5.3 A公司危化品运输风险防控现状分析

5.3.1 A公司危化品运输现状

5.3.1.1 公司背景

A公司是一家专门从事危化品运输的物流企业，公司自2001年成立至今，一直致力于危化品领域的物流服务，其经营范围主要为罐装天然气、石油气以及液态氨等危化品的道路运输，业务区域包括西南、华北、华东、东北、华南等地，覆盖国内20余个省份、自治区和直辖市。A公司配备有1t、2t、4t、5t、6t、10t、20t、32t等各种具有危化品运输资质的危化品运输车辆及各种配套工程车辆，危化品运输车辆规格为4.2米、5.6米、7.2米、8.6米、9.6米、12.6米等，运输设施设备较为完善。公司自成立以来，始终秉承以客户需求为导向的经营策略，为了保证给客户提供安全化的服务，本着“诚信为金、服务至上”的宗旨，贯彻“环境、健康、安全和质量”为一体的管理原则，切实满足不同客户的需求并保障其利益。

5.3.1.2 公司架构

公司现有员工一百余人，在安全生产部门中，安全生产领导小组为最高层，主要处理公司各项事务，组织制定并实施本公司的各项规章制度；安全生产办公室由安全生产领导小组直接管理，其下设有安全科、车队和财务综合办公室三个部门。在A公司的组织结构中，总经理为最高层，主要管理公司的各项事务，制定公司的规章制度，总经理下管理着安全副总、车队队长和财务综合办公室，负责各部门的事务。安全科由安全副总领导，直接管理安全科长，主要协助总经理抓好公司安全工作，并定期进行安全教育和安全考核工作，其下设有安全员、监控员两个职位；车队由车队队长领导，主要负责驾驶员、押运员及车管员的技能考核，并负责危化品运输车辆的调度、维护、保养、年检等工作；财务综合办公室下主要有科员的职位，负责管理公司的财务工作。具体的公司部门设置及公司组织机构如图5-11和图5-12所示。

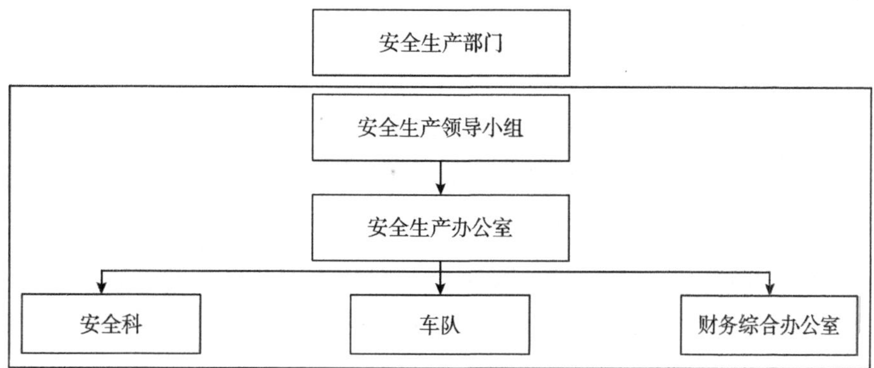

图 5-11　公司部门设置

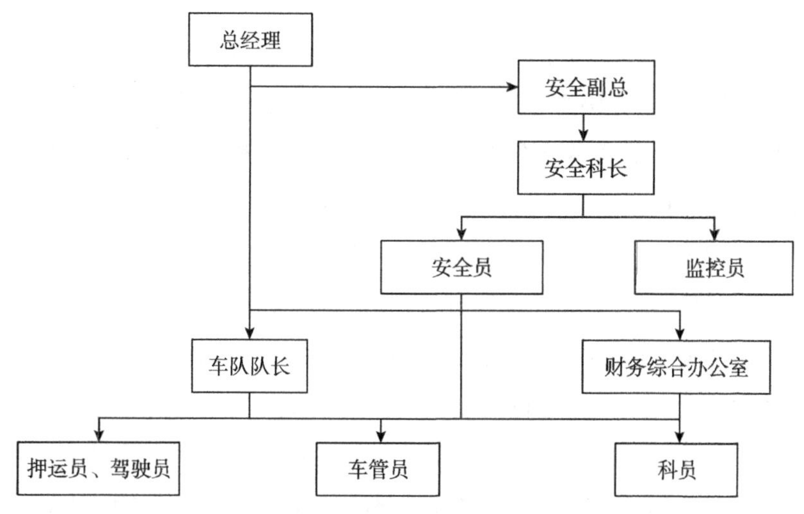

图 5-12　公司组织机构

5.3.1.3　业务经营类型

A 公司专业从事危化品公路运输业务，针对产品性质提供专业的物流运输方案，主要运输第 2 类（压缩气体和液化气体，如液化石油气、天然气、二氧化碳、液氨等）、第 3 类（易燃液体，如汽油、煤油、甲苯等）、第 4 类（易燃固体，如硫磺、金属钠、镁粉等）、第 5 类（氧化性物质，如双氧水、高锰酸钾、漂白粉等）和第 8 类（腐蚀性物质，如盐酸、硫酸、氢氧化钾等）危化品。

5.3.1.4 运输流程介绍

通过对A公司背景以及业务经营类型的了解，本书选取在A公司中比较有代表性的液化天然气作为研究对象，介绍其运输流程。

液化天然气是由天然气转变而成的另一种能源形式，其主要成分是甲烷，是一种易燃易爆气体。A公司液化天然气的运输方式主要为罐车运输，低温环境中储存在罐里，保存环境一般为-161.5℃，罐体采用双壁真空粉末绝热，配有操作阀安全系统及输液软管等。液化天然气发生泄漏时迅速四处扩散，引起中毒、燃烧和爆炸等事故。

1. 运输前

首先与客户进行合同等事项的谈判和商议（对费用、服务、流程等相关问题进行商议），双方协商讨论并达成意向一致后，起草合同文本，完善相关合同信息，确认无误后签订合同书，合同中包括名称、标的、履行期限、价格、违约责任等相关信息，签订合同可以在保障双方利益的同时约束双方的行为，是后续进行其他工作的基础；合同签订后，业务部门的计划人员根据客户提供的服务要求、送至时间、货物信息等相关信息编制相应的运输计划，然后将运输计划下达给车队去执行，车队队长按照运输计划，根据送货方向、重量、体积等对所需车辆进行调度；驾驶员、押运员负责对驾驶车辆进行出车前巡回检查（主要检查人员、车辆的相关证件，车辆的设施设备是否齐全有效），检查无误后穿戴防静电工作服，戴好防护手套，将车辆按照指定路线依次驶入化工罐区，罐区工作人员负责按照液化天然气的相关规定进行货物的倒装，倒装完毕后盖紧罐盖，打好铅封后依次驶出化工罐区，在称重区进行车辆过磅，由过磅人员在危险货物道路运输运单或者车辆行车日志上填写相关信息，以供客户查验。

2. 运输中

在运输过程中，驾驶员按规定路线保持匀速行驶，押运员随车押运，在车辆行驶过程中，随时观察压力表压力，使压力低于安全阀排放值，定时下车对车辆和货物进行检查。同时，客服人员还要和驾驶员、押运员随时保持联络，了解货物运输配送进度，根据客户要求将货物送达指定地点。

3. 运输后

车辆进入化工罐区，停放在指定的安全卸货地点，关闭车辆的总电源，同时在车底打好掩木，防止车辆在作业中发生移动，连接接地线和罐车。用金属软管与装液的接口接通进行卸液，卸液完成后解除接地线，按顺序将车辆驶出罐区。检查无误后与客户进行签收，完成货物的运输。随后准备收车检查，检查车辆的设施设备以及证件、单证是否齐全有效，检查无误后把客户签收的单证交回公司，及时反馈运输情况，最后进行费用结算。详细的运输流程如图 5-13 所示。

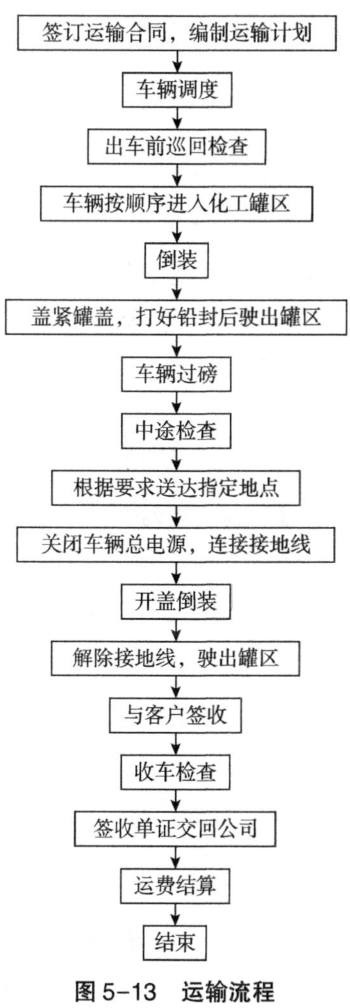

图 5-13　运输流程

5.3.1.5 运输信息系统

（1）业务信息系统。如今信息化管理越来越普及，各个行业中各种规模的企业都有自己的信息管理系统来管理业务。A 公司的业务信息系统是一个根据流程驱动的软件系统，用于业务流程的实施、记录与管理，可以整合企业的数据信息和流程，统一协调部门并改进工作流，实现信息共享。A 公司的运输流程储存于业务信息系统中，运输流程中产生的活动名称、时间、操作人和货物等信息都被记录于其中，而信息系统运行过程中则产生了大量实际流程执行的事件记录，形成了流程事件日志，后续则可以利用结构化查询语言从 A 公司的业务信息系统中提取出所需的事件日志进行实际的过程挖掘。

（2）定位信息系统。A 公司使用华兰科技卫星定位服务平台，在所有危化品车辆上均安装全球定位系统（GPS），并与全国服务客户监督平台实现联网联控，实时监测车辆信息和驾驶员状态，为危化品运输过程的实时监控、管理和跟踪等提供了技术支撑，以高技术和高质量的服务赢得了广大客户的信任，与多家客户建立了长期稳定的合作伙伴关系。监控车辆信息如图 5-14 所示。

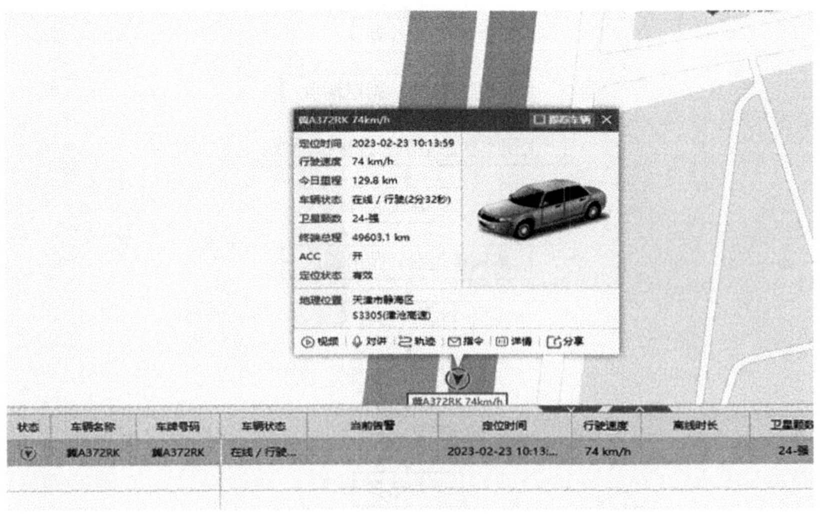

图 5-14 监控车辆信息

5.3.2　A 公司危化品运输风险防控现状分析

通过对 A 公司进行实地考察，了解 A 公司目前的公司背景、人员架构、业务经营类型、运输信息系统以及运输流程等基本情况，发现 A 公司在进行液化天然气的运输过程中考虑的风险因素较少，因此风险防控措施并不到位。

（1）合同签订后，业务部门的计划人员根据客户提供的服务要求、送达时间、货物信息等相关信息编制相应的运输计划，然后将运输计划下达给车队去执行。在车辆进行调度之前，没有考虑道路、天气等环境风险因素，风险管控措施不到位，不仅会降低运输效率，可能还会在运输过程中发生事故，造成人员伤亡和环境破坏。

（2）虽然在流程中有出车前巡回检查的步骤，说明车辆设施还是一个值得重视的风险因素，但是并未在流程中写明如果检查出现异常应该如何处理，因此还是会因为人员的失误或者车辆损坏未及时处理而造成损失。

（3）在进行装液之前，忽视了液化天然气自身具有的易燃易爆等特殊性质，静电对其来说也是一种风险，在流程中进行装液之前并未体现出防静电的措施，从而增加了风险事故的发生概率。

（4）与出车前巡回检查类似，并未在流程中写明在运输过程中如果中途检查出现异常应该如何处理，会因为人员的失误或者车辆损坏未及时处理而造成损失。

（5）从整个流程来看，A 公司流程建设存在一定的问题，因此存在着管理风险。此外，在整个运输活动中会存在人员操作失误、安全意识差等问题，在管理和人员风险防控方面存在一定的不足。

根据上述对 A 公司的液化天然气运输风险防控现状的分析，可知 A 公司目前对于风险的防控措施并不到位，还存在许多问题。但是，这些问题中存在很多的主观因素，风险分析并不深入，因此需要深入挖掘运输过程中存在的风险，改善风险防控现状，提出更好的运输风险防控措施。

5.3.3　A 公司危化品运输风险挖掘方法设计

针对 A 公司的基本情况、危化品运输管理现状以及风险防控现状，以业务流程建模、过程挖掘理论为基础，首先对危化品运输的相关文献进行收集与筛选，得出危化品运输的风险因素并对其进行分析，根据A公司的实际情况构建A公司危化品运输的风险因素框架；其次融合风险因素，构建规范的运输流程，并使用Petri网建模，此模型作为A公司运输过程的标准工作流模型，称为“理想过程模型”；A公司的业务信息系统按照优化后的流程运行，从业务信息系统中收集时间日志并进行处理，基于过程挖掘方法挖掘其客观视图，以发现复杂场景下运输过程中的风险。本书融合风险因素，运用过程挖掘方法的运输风险发现方法分为以下四个步骤，如图5-15所示。

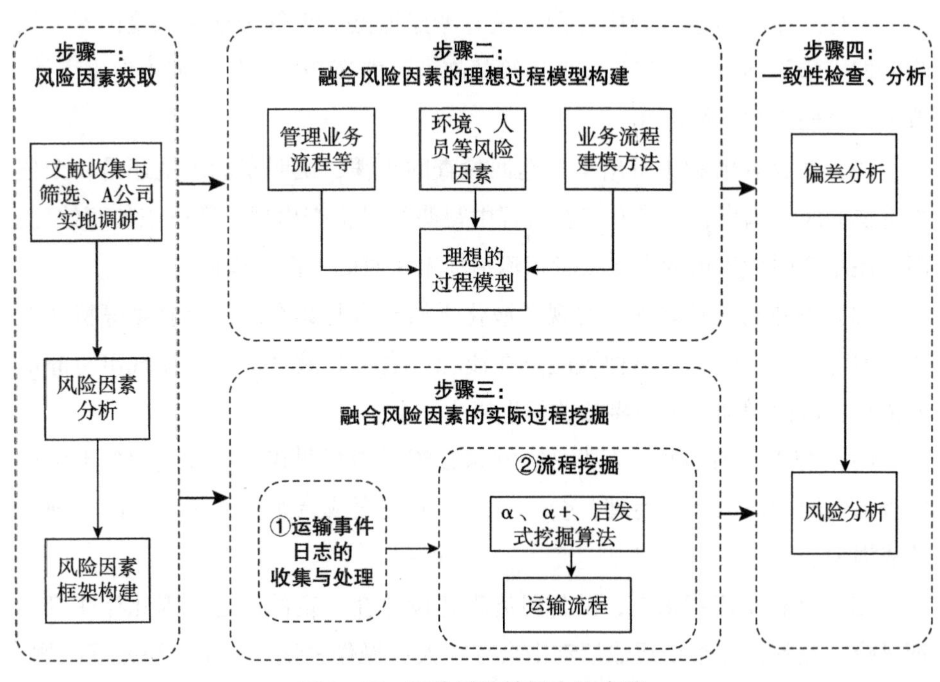

图5-15 运输风险挖掘方法步骤

5.4 A公司危化品运输风险因素分析

5.4.1 危化品运输风险因素文献分析

5.4.1.1 文献收集与筛选

为了避免在不同数据库搜索到相同的文献，本书选择在知网、维普、万方、Web of Science等不同的数据库进行文献检索，因为一些文章的题目或者关键词中并未明确体现出影响因素等词语，因此采用全局搜索方式。检索时间范围为 2017 年 5 月至 2023 年 5 月近 6 年的论文文献，在中文文献中，包含全部检索词“危化品”“危化品风险”“危化品因素”，至少一个检索词“识别”“研究”，即全部检索条件为“危化品、风险、因素、识别”，得出 174 条相关结果。在英文文献中，包含全部检索词“hazardous chemicals”“risk”“factor”“identify”，得出 81 条相关结果。本文将对这 174 条中文文献及 81 条英文文献进行筛选与整理。

根据标题和摘要对文献进行初步筛选，筛选标准如下：

（1）纳入标准：

①2017 年 5 月至 2023 年 5 月期间以英文或中文出版的研究论文.

②经过同行评审的期刊或者会议的研究论文。

③对于重复论文，只保留 1 篇，其余的排除。

④需要包含对危化品风险因素的叙述。

（2）排除标准：

①未在搜索时间范围内发布的论文排除，并只保留英文和中文论文。

②书、教程、社论或非危化品相关行业发表的 4 页以下的论文。

③全文不可获得的论文。

④不满足纳入标准的论文。

5. 4. 1. 2　风险因素文献分析

由于英文文献中的影响因素用英文表示，不方便对其进行统计，因此本书将英文文献中的影响因素直接翻译为中文。对从数据库中检索到的所有有关危化品风险因素及设计风险因素评价近 6 年的文献记录进行统计，部分数据如图 5-16 所示。

Out[5]:

	序号	年份	题目	关键词	factor	因素	情景	指定流程	方法	英语	引用
0	1	2017	"互联网+"环境下危化品物流运输风险评价研究	危化品运输；风险评价；直觉模糊理论	驾驶人员、装卸人员、押运人员、危化品运输车辆、应急设备、危化品货物、道路环境、天气状况、人文...	人员、车辆、物质、环境、管理、信息平台和政府监管	道路	运输	直觉模糊风险评价	NaN	NaN
1	2	2022	中国沿海危化品道路运输系统风险耦合分析	安全科学与工程；道路运输；风险耦合；危化品；沿海地区	超速、违规操作，疲劳驾驶、设备老化、随意改装车辆、车辆与危化品性质不符、车辆故障、包装不合理...	人员、车辆、物质、环境、管理	复杂海域道路	运输	AHP—N-K模型	NaN	NaN
2	3	2020	化工园区危险化学品储存风险研究	化工园区，危险化学品储存，风险评价，风险耦合，解耦原理	危险化学品储存、作业人员专业认知缺陷、设备损坏缺陷、物料储存缺陷、极端自然环境缺...	人员、设备、物质、环境、管理	化工园区	储存	AHP—N-K模型	NaN	NaN

图 5-16　文献信息数据

根据上述搜索策略、纳入标准与排除标准，最终确定文献集包括 46 篇论文，2017 年 5 月—2023 年 5 月每年的论文搜索数量如图 5-17 所示。

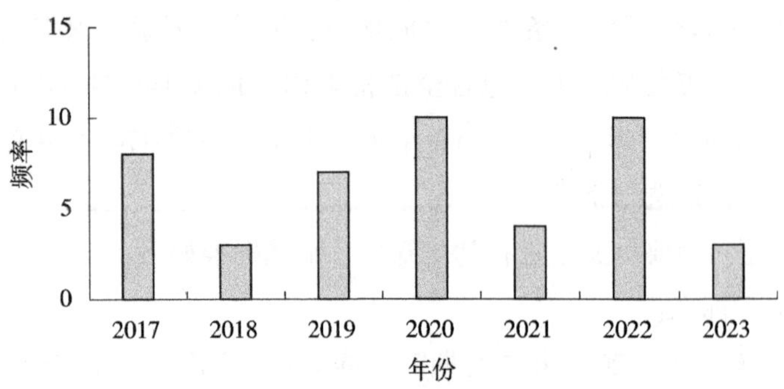

图 5-17　危化品风险因素文献年度分布

在传统的文献分析中，学者通常会对作者、摘要和关键词等进行统计分析，从而可以从侧面了解某个研究主题的现状。本书首先对以上文献的题目、关键词及摘要部分进行统计分析，词组按照词频由高到低的顺序进行排列，取前 15 个词组如表 5-2 所示，可以看出所得到的词组都比较抽象，并不能明显地展示出危化品风险因素的识别结果。故排除题目、关键字和摘要这种词频分析后，本书将穿插在正文之间的风险因素对其进行人工提取与总结。

表 5-2　词组与词频统计

词组	风险	危化品	运输	事故	道路	因素	安全	危险	化学品	分析	评价	模型	研究	影响	进行
词频	318	257	250	164	148	131	120	119	107	89	81	71	67	62	61

本书在进行危化品风险因素识别时，将人工提取的风险因素初步处理并汇总后，再采用词频统计技术进行分析。对所筛选出的文献进行精读分析，可以得出在危化品风险因素的识别当中，风险点包括危化品自身、设备、管理、设施、车辆、企业人员、环境等相关方面，词云图如图 5-18 所示。

图 5-18　危化品风险因素

5.4.1.3　危化品运输风险因素

本书将收集到的危化品运输风险因素的相关文献进行整理，对相同意义的词语进行统一，对相同类别的词语进行整合，再通过对筛选的文献进行词频统计分析，可以清晰直观地了解危化品风险因素的具体情况。危化品运输风险因素主要包括人员因素、运输设备因素、危化品自身因素、环境因素以及管理因素五大方面。

1. 人员因素

人作为运输设备的操控者，是危化品运输的主体，在危化品道路运输中起着主导作用。在危化品相关企业的正常运营过程中，经常会受到人员因素的影响，轻则导致部分物品受损，对企业的利益造成一定的损失，重则危害人民的生命财产安全，对环境造成不可逆转的影响，更不利于整个社会的长治久安。其中，人员因素中也包括很多具体因素，例如，人员基本情况（年龄、驾龄）、生理心理素质、驾驶技术、安全责任意识、操作失误以及疲劳驾驶、超速驾驶等不安全驾驶行为，在很大程度上会造成危化品运输事故的发生。因此，充分认识和了解这些人员因素，对企业做出正确的决策具有重要意义。

2. 运输设备因素

危化品的运输设备主要是指运输相关设备、容器和运输车辆等，在图

5-18 中可以看到这些因素也占很大一部分。在运输车辆中，车辆的新旧程度、损坏程度、零件老化程度、车辆性能等因素都与车辆行车安全有直接的关系；除此之外，防静电设施、液位计、压力表、GPS 定位、行车记录仪以及必要的灭火设备等也会对危化品道路运输产生一定的影响。

3. 危化品自身因素

危化品不同于其他普通货物，危化品本身具有易爆性、易燃性和毒害性等特殊属性，不同的危化品具有不同的特性，在运输过程中产生的风险程度也不同。在运输过程中，车辆以及危化品处于一定速度下，具有一定的动能，稍有不慎就可能导致危化品泄漏、爆炸等情况，不仅会对驾驶员、押运员造成生命危险，也会对社会和周围的环境造成严重破坏。

4. 环境因素

在危化品运输过程中，环境因素具有复杂性，车辆在经过桥梁、隧道等特殊地段时，比较考验驾驶员的驾驶技术，稍有不慎很容易发生事故，在隧道、桥梁、高速特殊地段发生事故很容易造成交通堵塞，一旦影响救援，就会导致事故造成的损失进一步扩大。除此之外，天气也是一大风险因素，风、雪、雾、雨等恶劣天气的变化，在很大程度上影响着危化品的装卸以及运输作业，例如在雷雨天气进行装卸作业很容易导致事故的发生，恶劣天气也会造成车辆制动摩擦力下降，制动距离变长，影响驾驶员的视线，考验驾驶员的判断力和驾驶技术，极易发生事故，造成人员伤亡和环境破坏。

5. 管理因素

影响危化品运输的管理因素主要体现在对驾驶员的培训、法律意识的培养、运输流程的管理等方面，管理因素只是危化品道路运输的触发因素，并不对事故的发生产生直接的影响，是因为管理能力低下、管理制度不健全等因素促使上述因素出现，从而导致事故发生，增加了危化品运输的风险。

5.4.2 构建 A 公司危化品运输的风险因素框架

本书将收集到的风险因素进行整理，对具有相同意义的词语进行统一，对相同类别的词语进行整合，最终构建 A 公司危化品运输的风险因素框架。在构建风险因素框架时，本书采用 WSR 理论将对 A 公司的实地调研与上述风险因素相结合，对其进行归纳总结，使其更加清晰明确。A 公司危化品运输的风险因素框架如图 5-19 所示。

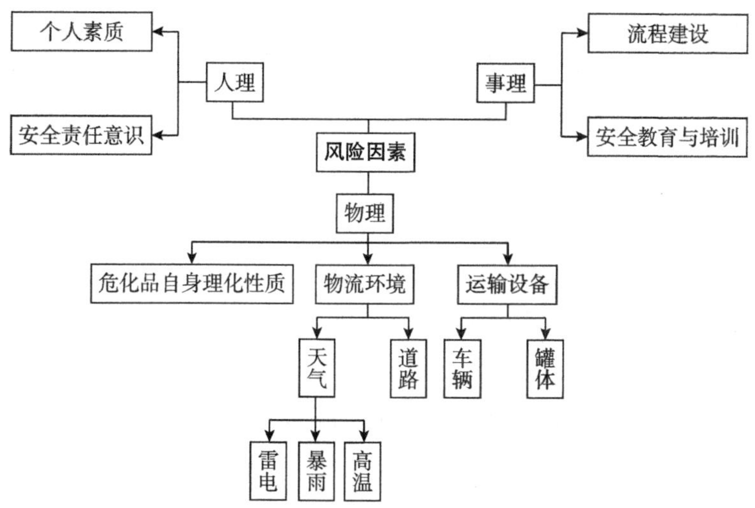

图 5-19　A 公司危化品运输的风险因素框架

1. 物理维度

从物理维度（W）出发，总结讨论其运输事故背后的运输风险因素，将 A 公司运输风险因素分为危化品自身理化性质因素（W1）、物流环境因素（W2）和运输设备因素（W3）。

（1）危化品自身理化性质因素（W1）。在进行文献分析和对 A 公司的调研中可知，由于液化天然气本身具有易燃、易爆等特性，易通过摩擦产生静电，所以静电事故在装卸以及运输过程中经常发生，容易产生火花，引发爆炸，这是由该危化品自身的理化性质引起的。在装卸运输过程中，部分工作人员未正确穿戴防静电工作服，未连接好接地线，导致静电事故发生。

（2）物流环境因素（W2）。在进行文献分析和对 A 公司的调研中可知，道路因素、天气因素成为目前危化品运输中需要考虑的重要风险因素。在运输过程中，经常会出现由于恶劣的道路情况和天气导致车辆侧翻，或者由于温度、湿度的突然变化导致危化品自身发生质变的情况，而且恶劣的工作环境也会直接影响现场物流人员的态度和行为。因此，将这些运输风险因素总结归纳为物流环境因素。

(3) 运输设备因素（W3）。在进行文献分析和对 A 公司的调研中可知，企业经常出现如危化品运输车辆定期检查的台账不明确、运输过程中车头左右来回摆动等问题，这是由于企业在运作过程中所涉及的设备如运输车辆、容器可能存在一些异常所导致的，运输设备能够正常使用和运作是保证运输过程安全的必要前提条件。因此，将这些运输风险因素总结归纳为运输设备因素。

2. 事理维度

从事理维度（S）出发，总结讨论其运输风险事件背后的运输风险因素，将其运输风险因素分为流程建设因素（S1）、安全教育与培训因素（S2）。

(1) 流程建设因素（S1）。在进行文献分析和对 A 公司的调研中可知，企业产生如漏掉核对收货单证环节、顺序颠倒效率低等问题，这是由于企业的流程制定不够完善所导致的，流程制度并非一成不变，而是应随着企业的发展与时俱进，逐步优化和完善。因此，将这些运输风险因素总结归纳为流程建设因素。

(2) 安全教育与培训因素（S2）。在进行文献分析和对 A 公司的调研中可知，企业中物流人员在进行装卸作业时会出现未佩戴防护手套、未穿防护服以及未严格按照公司制定的规章制度进行操作等行为，这是由于企业对物流人员的安全培训不到位或者效果不理想导致的，因此将运输风险因素归纳为安全教育与培训因素。

3. 人理维度

从人理维度（R）出发，总结讨论其运输风险事件背后的运输风险因素，其运输风险因素分为个人素质因素（R1）、安全责任意识（R2）。

(1) 个人素质因素（R1）。在进行文献分析和对 A 公司的调研中可知，某些驾驶员在运输过程中存在个人素质偏低、驾驶技术较差等情况，专业知识能力不够，在遇到紧急情况时产生慌乱等心理，操作错误或者无法及时有效地进行异常处理，导致事故发生。因此，将这些运输风险因素总结归纳为个人素质因素。

(2) 安全责任意识（R2）。在进行文献分析和对 A 公司的调研中可知，某些物流工作人员安全意识淡薄，比如在装车完毕后，出现驾驶员漏掉车辆过磅环节等情况，导致行车途中因车辆超载而出现溢罐、车辆侧翻等事故；物流人员出现消极怠工或者漫不经心的态度，省略检查车辆设施等步骤，不严格遵守规章制度进行操作，造成事故的发生，这些是由于物流人员安全意识淡薄、责任心不强所导致的。因此，将这些运输风险因素总结归纳为安全责任意识因素。

5.5　融合风险因素的 A 公司危化品运输风险挖掘

5.5.1　融合风险因素的运输流程

根据图 5-19 得出来的 A 公司危化品运输的风险因素框架，首先在签订运输合同、编制运输计划后、进行车辆调度之前，加入环境风险因素，必须提前勘察道路情况和天气情况，出现雷雨、暴雨或者温度高于 35℃的天气情况时，必须暂停作业并及时向客户反馈异常情况。在车辆调度后，为了保障运输安全，必须对运输设备进行全面的检查，避免在运输过程中发生安全事故，因此应在流程中加入车辆因素，在车辆调度后进行出车前巡回检查环节，检查车辆以及罐体是否正常，遇到异常情况需要及时进行修复。液化天然气在进行装液之前，考虑到危化品自身具备的特殊性质，在灌装时会因液体的流动产生静电，容易发生事故，因此必须连接好接地线，防止出现静电事故引起爆炸。在运输过程中，考虑到车辆、罐体等因素，驾驶员与押运员需要履行自己的职责，强化自己的个人素质与安全责任意识，及时进行中途检查，检查有无车辆罐体损坏、溢罐、滴液等情况，遇到异常情况及时进行反馈并采取应急处理，避免发生意外事故。A 公司原有的运输流程考虑的风险因素较少，整个流程存在着管理风险，因此考虑加入更多的风险因素，做好流程建设，降低管理风险。图 5-20 所示为融合风险因素的运输流程。

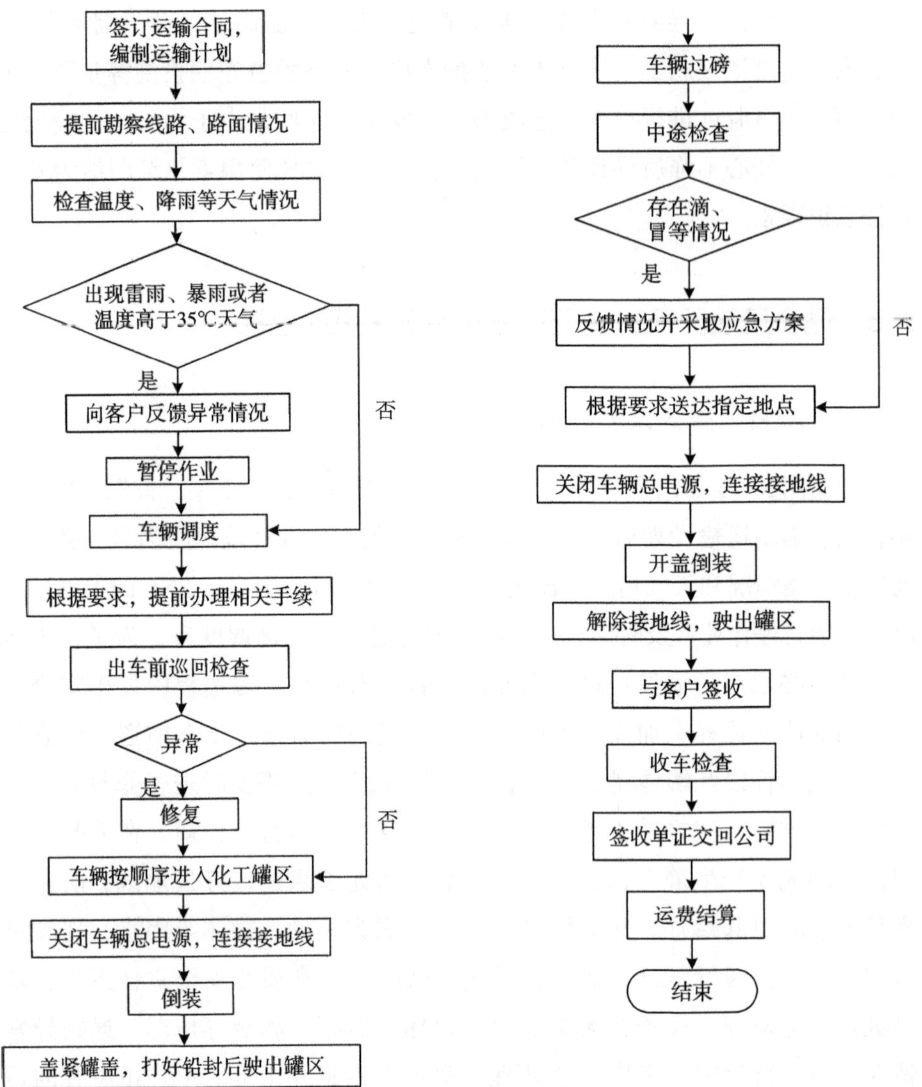

图 5-20　融合风险因素的运输流程

5.5.2　A 公司运输过程建模

本小节根据 A 公司融合风险因素的运输流程、流程管理规则和约束条件等，运用 Petri 网的基本原理，对各个节点的活动进行分析，利用 Tina 软件对 A 公司的运输过程进行建模，理想过程模型如图 5-21 所示，其对应的活动含义如表 5-3 所示。

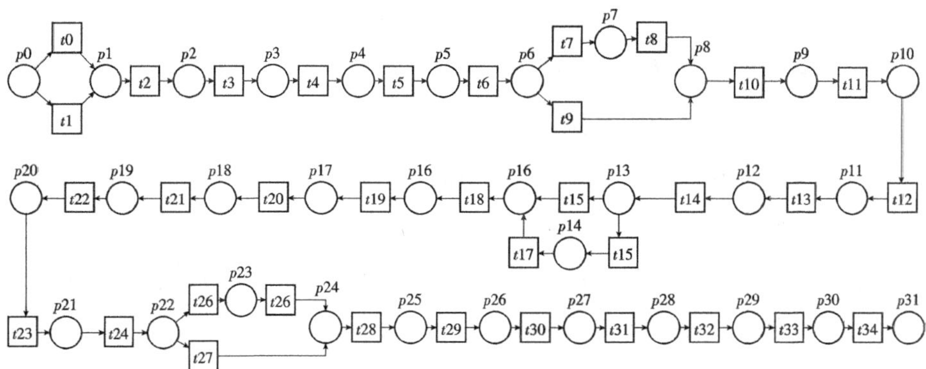

图 5-21　Petri 网模型

表 5-3　活动 ID 及含义

活动 ID	活动名称	活动 ID	活动名称
t0	签订临时合同	t18	进入罐区
t1	签订长期合同	t19	关闭电源，连接接地线
t2	编制运输计划	t20	装液
t3	向公司提交计划	t21	控制液位液压
t4	运输计划存档	t22	核对提货单
t5	勘察道路情况	t23	提货重磅
t6	检查天气情况	t24	中途检查
t7	天气异常	t25	检查异常
t8	暂停作业	t26	应急处理
t9	天气正常	t27	检查正常
t10	编制工班计划	t28	送达指定地点
t11	车辆调度	t29	关闭电源，连接接地线
t12	办理提货单	t30	卸液
t13	提货过磅	t31	客户签收
t14	出车检查	t32	收车检查
t15	无实际意义	t33	交回签收单证
t16	反馈异常	t34	运费结算
t17	处理异常		

注：其中 t15 为辅助变迁，避免 Petri 网模型出现死锁情况，并不表示实际的流程，在本文中无实际意义。

5.5.3 融合风险因素的事件日志处理

5.5.3.1 事件日志的收集处理步骤

事件日志体现了企业在实际运行中的执行情况，是分析真实运输流程的前提，也是进行过程挖掘的基础。在企业的运作过程中，企业信息系统中会记录下业务流程运转时产生的大量数据信息，如运输活动中的活动名称、时间戳、货物类型、活动执行者等信息，这些数据信息被统称为事件日志。从企业的业务信息系统中提取出相关的流程事件日志，对数据信息进行预处理，解决数据中有噪声、冗余等问题，并将处理好后的数据转换为过程挖掘工具中可以识别的特定格式，为挖掘真实的运输流程和发现运输风险做数据准备。具体的事件日志收集处理操作步骤如下。

(1) 数据的获取与筛选。企业的运作过程通过企业的业务信息系统执行，在执行过程中，信息系统会以事件日志的形式对运输流程中发生的各个活动事件进行记录和储存。在业务信息系统中，事件日志一般是以活动发生的先后顺序进行记录的，通过其中的时间戳数据信息可以看出模型中的依赖关系，在进行流程分析时更加精确。从业务信息系统中获取事件日志，包括事件序列（case ID）、时间信息（timestamp）、活动名称（activity）等信息，并根据所选取的属性信息（如组织者、资源等信息），对实例进行简单的筛选与分类处理，为下文的流程挖掘和分析奠定基础。

(2) 数据预处理。运输流程在企业实际执行过程中可能存在异常或者记录错误等问题，因此抽取到的数据信息可能存在缺失、错误或者重复记录等情况，事件日志中就会记录并存储下这些不完整信息、重复信息以及噪声信息等，因此根据实际需求，需要对抽取的数据进行预处理，去除不完整数据或者噪声数据，或者对结果模型进行“剪枝”，有效地保证数据信息的可靠性，随后将处理后的数据信息进行排序和编号，为挖掘实际运输流程做好准备。

(3) 事件日志存储为特定格式。本研究运用过程挖掘工具中的 ProM 软件对 A 公司的实际运输情况进行挖掘和风险分析，因此需要把第二个步骤中得到的预处理后的数据信息转换成 ProM 软件中支持的 XES 格式或者 MXML 格式的事件日志。每个企业使用的业务信息系统不同，因此数据信息的存储格式也不相同，比较常见的存储方式有 CSV、MS Access、A-pache 等。由于 ProM 软件目前只支持英文格式并不支持中文格式，因此要将处理好的数据信息提前转换成英文，再转换为 ProM 软件中支持的格式。在 ProM 软件之前的版本中通常输入 MXML 格式的事件日志，2016 年 IEEE Task Force on Process Mining 发布了事件日志的国际标准，称为 IEEE 1849-2016 XES Standard，该标准规范统一了事件日志的格式和内容。

5.5.3.2　事件日志的采集与预处理

为了深入分析 A 公司液化天然气在实际运输过程中有无按照融合风险因素的规范流程进行操作，并及时发现其中存在的风险问题，本书使用结构化查询语言（SQL 语句）在企业的业务信息系统中调取过程挖掘中所需要的数据信息，时间范围为 2023 年 1 月 1 日到 2023 年 7 月 1 日，共获得了 17675 条事件日志，其中包括事件序列、活动时间、活动名称以及操作人员等信息。表 5-4 展示了事件日志片段。

运输流程在企业实际运作过程中可能存在异常或者记录错误等问题，因此抽取到的数据信息可能存在缺失、错误、重复记录等情况，事件日志中就会记录并存储下这些不完整信息、重复信息以及噪声信息等，在进行过程挖掘时如果不对数据进行处理，就会影响得出来的结果模型，因此根据实际需求，需要在进行过程挖掘前将错误的数据信息删除，并对其进行数据预处理，经处理后得到 16344 条事件日志，将这些事件日志进行排序和编号，作为过程挖掘的输入数据，随后将数据信息中的中文转换成英文，最后转换成 ProM 软件中过程挖掘算法所支持的事件日志格式。图 5-22 展示了 MXML 格式的事件日志文件片段。

表 5-4　事件日志片段

Case ID	Activity	Time	Resource	Product	Customer ID
01202300139	t14	2023/3/7 9：30	EM643	Liquefied natural gas	CU097
01202300145	t27	2023/5/27 14：30	EM667	Liquefied natural gas	CU156
01202300155	t34	2023/6/1 10：00	EM507	Liquefied natural gas	CU312
01202300172	t6	2023/6/15 15：30	EM109	Liquefied natural gas	CU045

```xml
<?xml version="1.0" encoding="UTF-8" ?>
<!-- This file has been generated with the OpenXES library. It conforms -->
<!-- to the legacy MXML standard for log storage and management. -->
<!-- OpenXES library version: 1.0RC7 -->
<!-- OpenXES is available from http://www.xes-standard.org/ -->
<WorkflowLog>
        <Source program="XES MXML serialization" openxes.version="1.0RC7"/>
        <Process id="XES Event Log" description="process with id XES Event Log">
                <Data>
                        <attribute name="concept:name">XES Event Log</attribute>
                </Data>
                <ProcessInstance id="1202300155" description="instance with id 1202300155">
                        <Data>
                                <attribute name="concept:name"/>1202300155</attribute>
                        </Data>
                        <AuditTrailEntry>
                                <Data>
                                        <attribute name="Product">Liquefied natural gas</attribute>
                                        <attribute name="lifecycle:transition">complete</attribute>
                                        <attribute name="time:timestamp">2023-06-15T08:00:00+
08:00</attribute>
                                        <attribute name="concept:name">Start</attribute>
                                        <attribute name="Resource">EM109</attribute>
                                          <attribute name="Customer ID">CU045</attribute>
                                </Data>
                                <WorkflowModelElement>Start</WorkflowModelElement>
                                <EventType>complete</EventType>
                                <timestamp>2023-06-15T08:00:00+08:00</timestamp>
                        </AuditTrailEntry>
                        <AuditTrailEntry>
                                <Data>
                                          <attribute name="Product">Liquefied natural gas</attribute>
                                        <attribute name="lifecycle:transition">complete</attribute>
                                        <attribute name="time:timestamp">2023-06-15T08:00:00+
08:00</attribute>
                                        <attribute name="concept:name">Start</attribute>
                                        <attribute name="Resource">EM109</attribute>
                                          <attribute name="Customer ID">CU045</attribute>
                                </Data>
```


图 5-22　事件日志文件片段（MXML 格式）

5. 5. 4　基于事件日志的运输过程挖掘

对 A 公司整体的运输过程进行挖掘，以深入观察其整体的危化品运输流程，并且对挖掘到的过程模型进行结果分析与研究。由于 α 算法出现得较早，对于过程挖掘算法来说较为经典，因此本书首先使用 α 算法对运输过程进行挖掘，并对其进行分析。利用 ProM 软件输入事件日志，使用 α 算法插件对其进行挖掘，得到过程模型，结果如图 5-23 所示。

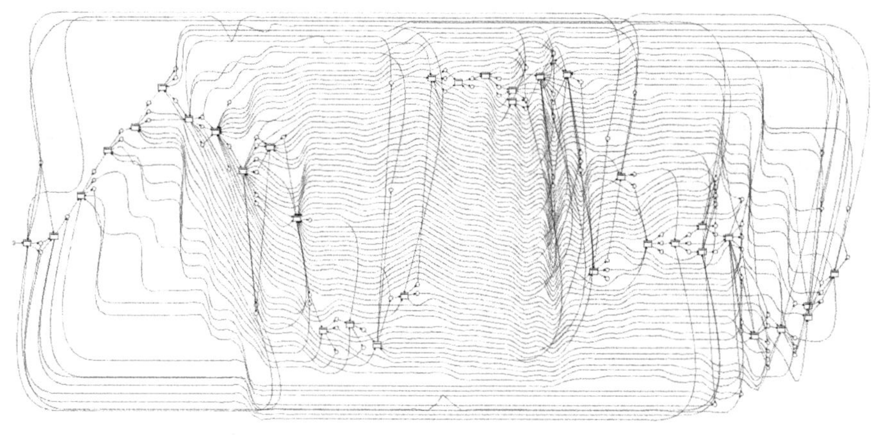

图 5-23　α 算法结果

从图 5-23 中可以看到，其模型结果呈现出非常混乱的状态，线条繁乱复杂，导致无法观察到活动与活动之间的关系以及箭头的方向，不能很好地理解和分析挖掘出来的模型结果，因此该算法挖掘出来的模型结果并不可靠。

利用 α+算法对 A 公司的事件日志进行挖掘，其模型结果如图 5-24 所示。

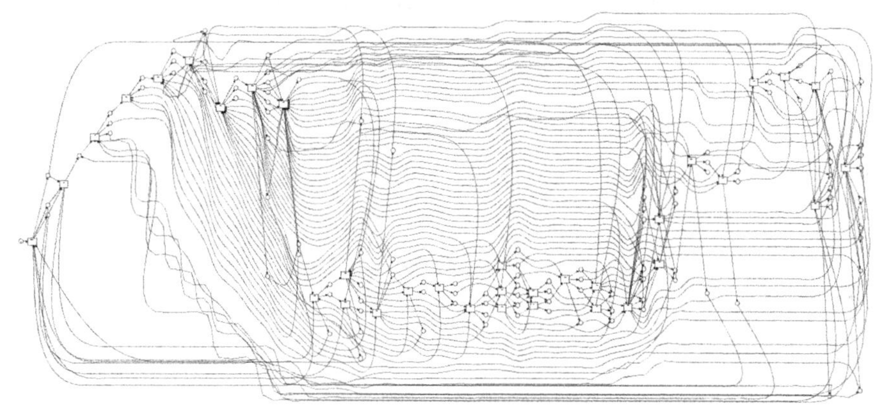

图 5-24　α+算法结果

从图 5-24 来看，使用 α+算法挖掘得到的模型与 α 算法挖掘得到的模型相比较为简单，能较为清晰地观察到箭头以及活动与活动之间的关系，但是连接线依然很多，整体上还是处于混乱的状态，依然无法对结果进行分析。

由于启发式挖掘算法在挖掘真实的事件日志时，可以比较明确地展示出活动与活动之间的关系，发现一些低频活动，因此继续采用 ProM 中的启发式挖掘算法对实际运输过程进行挖掘。依据需求设置参数（见图 5-25），最终得到过程模型，结果如图 5-26 所示，并对得到的过程模型进行深入分析。

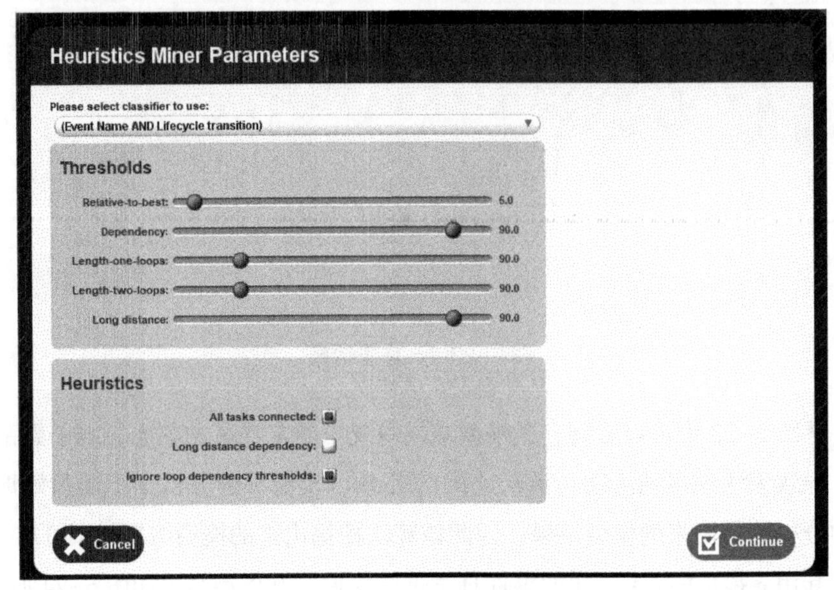

图 5-25　启发式挖掘算法参数设置界面

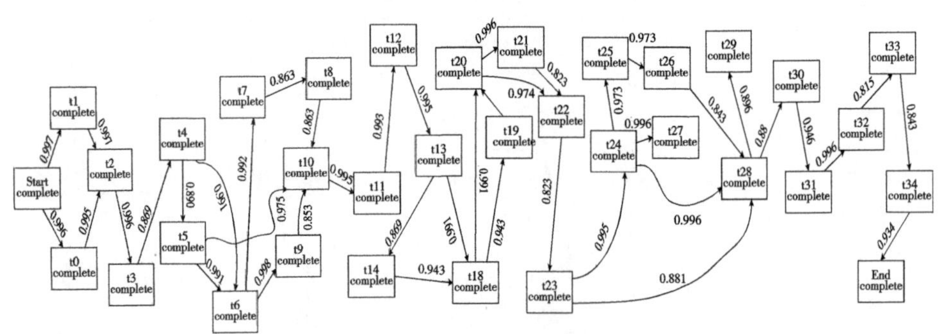

图 5-26　启发式挖掘算法结果

从图 5-26 中可以看出，用启发式挖掘算法得出的启发式网展现出了活动与活动之间的概率信息，能够清晰准确地发现运输过程中的低频活动，使挖掘得到的过程模型更清晰、更容易理解，可以详细分析运输过程的细节。从得到的结果来看，实际过程模型与理想过程模型相比仍然存在不同之处，说明在实际运输过程中依然存在一些风险问题，因此下一小节将用一致性检查算法对 A 公司实际运输过程进行详细的检查和分析，发现其中潜在的风险。

5.5.5　偏差分析与风险发现

本小节主要是在上一小节的基础上，对模型结果进行分析，发现 A 公司危化品实际运输过程中存在的风险。在理想运输流程的基础上，结合 A 公司实际运输过程，通过 ProM 软件中的一致性检查算法插件对实际运输流程与理想运输流程进行一致性分析，从而对结果进行偏差分析，以发现 A 公司在实际运输过程中存在的风险。

一致性检查是检测理想的过程模型与相应的事件日志间一致性的一种定量分析方法，因此，本书采用一致性算法插件对实际运输过程与理想过程模型进行一致性分析，检验基于事件日志的实际运输过程是否遵循预定义的过程模型，定量地计算过程模型与实际运作过程之间的匹配情况，若存在偏差，可以找到它们之间的偏差以及权衡其偏差的严重性，发现其中的偏离点并识别出实际运作过程中存在的风险。

由于企业在物流运作过程中会受一些风险因素的影响，存在一定的不确定性，因此会导致理想的过程模型和真实的运输过程往往不完全一致。在过程挖掘中，常用日志重放的方式进行实际运作与理想模型之间拟合度的计算，根据托肯数量的增减变化，可以较为快速准确地识别偏差活动以及衡量偏差程度。所以本小节采用过程挖掘工具 ProM 中的一致性检查算法插件，将 Petri 网的理想过程模型和基于 A 公司在运输危化品过程中产生的真实事件日志所得到的实际过程模型作为输入，得到两者之间的拟合度为 0.8847，拟合度较高，表明 A 公司危化品实际运输流程和理想的过程模型之间有较好的拟合度。但是结果显示，仍然有一部分日志活动存在缺失或者多余的托肯，与理想过程模型存在一定的偏差，根据托肯数量的变化分析实际运输流程活动与理想过程模型的偏差情况，进而识别 A 公司危化品运输过程中存在的风险。图 5-27 展示了部分一致性检查结果，表 5-5 是基于一致性检查得到的结果，并解释了其代表的预定义流程行为，发现活动中存在的问题及风险。

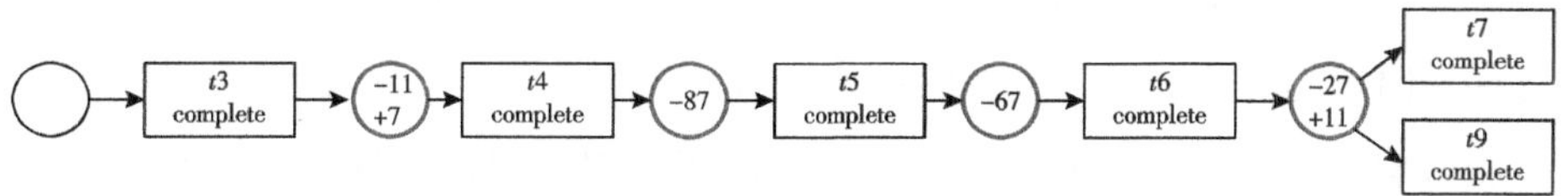

图 5-27　一致性检查结果

表 5-5　基于一致性检查结果的运输流程风险发现

有偏差的活动	产生的偏差	预定义流程行为	风险分析
$t5$、$t6$	−87、−67	是影响危化品运输的环境因素，提前检查道路条件和气象条件能一定程度地避免事故风险的发生，保证活动有效有序进行	分别有 8.57% 和 8.13% 的实例活动未发生，占比较大，增加了危化品运输过程中的事故风险，提升了撞车、侧滑等事故发生的概率
$t14$、$t16$ $t24$、$t25$	−46、+27、 −52、+39	对车辆和危化品进行出车检查和中途检查是保证运输任务能够顺利完成的关键，日常的维护和保养是车辆设施正常运行的保障	都存在部分实例活动未发生的情况，影响运输效率，存在效率风险和人员管理风险
$t19$、$t21$ $t23$	−53、−40 −57	连接接地线是装液、卸液过程中非常重要的防静电措施，不可忽视，控制液位、液压和提货重磅是为了防止在运输过程中因为超载或者车辆行驶速度不断变化导致翻车或者溢罐等事故	都存在不同程度的缺失情况，一方面是员工疏忽，未按照规范流程进行操作，同时监督管理不到位，没有及时监督工作人员的操作行为，另一方面是企业的业务信息系统不完善，影响数据的录入
$t33$	−24	交回签收单证是确保货物送达目的地的凭证，表明货物确认无误，客户验收完毕	0.77%的实例活动未发生，虽然占比较小，但还是存在一定的管理风险和诉讼风险，单证的丢失可能会产生法律纠纷等问题

通过 ProM 软件中的一致性检查算法，发现了 A 公司在液化天然气运输过程中存在的风险问题。根据表 5-5 得到的结果，可以更有针对性、更加明确地发现运输过程中潜在的风险因素，帮助 A 公司发现风险，下文将对得到的偏差结果进行深入分析，对结果分类之后进行风险分析，最后针对风险问题为 A 公司提出相应的防控措施。

对于 $t5$（勘察道路情况）和 $t6$（检查天气情况）：在编制完运输计划并将运输计划存档后，运输任务才算正式开始。由于危化品自身的特殊性质，受环境因素的影响较大，恶劣的道路条件和气象条件会给运输任务带来很多负面影响。相关人员提前检测环境，可以避免浪费时间，保证活动有序有效地进行，提高整体的运输效率水平，减少风险带来的损失。如果没有提前对道路和天气进行检测勘察，那么极有可能在运输过程中遇到急弯陡坡、坑洼地面、暴雨暴雪等情况，使驾驶员和押运员来不及做出反应而引发交通事故，给 A 公司和社会环境带来严重的损失。

对于 *t*14（出车检查）、*t*16（反馈异常）、*t*17（处理异常）、*t*24（中途检查）、*t*25（检查异常）、*t*26（应急处理）：在出车前和运输过程中，需要对车辆、基础设施设备和相关危化品进行详细的检查，加强对它们的管理。“出车检查”和“中途检查”这两个实例活动都出现了一定程度的缺失情况，这些活动的缺失可能是由于员工责任意识不强、专业素质不够等造成的，需要提高员工的专业素质和安全责任意识；而 *t*16、*t*17、*t*25 和 *t*26 实例活动的出现一方面表明检查很有必要，另一方面也反映出 A 公司对于车辆设施与危化品的管理不到位，导致在运输过程中出现异常情况，降低了运输的效率水平，可能会延误交货时间，给企业带来损失，也可能会造成交通事故，导致人员伤亡和环境破坏。

对于 *t*19（关闭电源、连接接地线）、*t*21（控制液位液压）和 *t*23（提货重磅）：根据结果来看，这些实例活动都存在一定的缺失，存在一定的人员管理风险。该部分的缺失可能是员工疏忽，未按照规范流程进行操作，在车辆驶入罐区之后、进行装液之前，忘记连接防静电的接地线，在装液过程中未控制液位液压，在装液完成之后忽略了车辆过磅这个环节，这些都是员工素质偏低、责任意识较差的表现，A 公司需要注重提高员工的素质，同时对其行为进行监督。该部分的缺失也可能是因为企业业务信息系统不完善，导致部分活动未录入等，因此要加大资金投入，完善信息系统，降低运输风险。

对于 *t*33（交回签收单证）：在客户签收之后，交回签收单证证明已经完成这次运输任务，是交接完工作的凭证。从数据来看，这一环节虽然占比较少，但还是存在一定的管理风险，如果没有这个凭证，很可能会导致台账数据缺失，或者被认为是货物丢失等情况，所以交回签收单证对于运输企业来说至关重要。而在实际运输过程中，“交回签收单证”这个实例活动存在部分缺失的情况，可能是未及时录入或者由于员工的疏忽造成丢失等原因，需要提供相关资料及时进行补签，深入地说就需要对员工进行严格的培训，提高其素质和责任意识，避免纠纷情况的发生，降低管理风险。

5.5.6 风险分析

通过 Petri 网构建的理想化的过程模型，根据 A 公司事件日志构建的真实的过程模型，以及利用一致性检查算法对两者进行偏差分析，在很大程度上发现了 A 公司在进行危化品运输的过程中存在的风险问题，具体风险问题及风险分析包括以下几个方面。

1. 管理机制不完善

根据一致性检查结果，A 公司危化品运输过程暴露出一些问题，在运输过程中的某些环节存在一定的管理风险，说明该公司的管理机制还不完善。A 公司在危化品运输过程中涉及多个部门和人员，从结果可以看出，存在部分实例活动未发生或者记录缺失等情况，因此实际运作过程与理想模型之间存在一定的偏差。一方面是因为公司员工在进行操作时存在不规范行为；另一方面也从侧面反映了公司内部监督审核制度、对员工的奖惩制度不够完善，以及对车辆设备管理不到位等问题，管理人员的管理水平和管理能力有待提高。对从业人员缺少技能培训和安全培训，员工缺乏安全意识与责任意识，从而导致员工在工作时并未按照公司制定的规范流程进行操作以及进行日志的正确填写，监督人员也存在懈怠心理，从而暴露了很多操作问题和管理问题，公司的整个管理机制不够完善，从而给公司增加了很多潜在的风险。

2. 车辆与危化品管理不完善

危化品道路运输过程中用到的车辆、设施设备的安全性是安全并顺利地完成运输的保障，而车辆与设备的磨损程度、老化程度以及技术含量是车辆是否具备安全性的关键。如果车辆设备的磨损程度较大，则会给危化品运输带来很多负面影响甚至引发事故；而危化品本身具备特殊的性质，除了对车辆的要求较高，需要配备与其相匹配的运输车辆，如果在运输前没有对危化品进行严格的管理和装卸，那么在运输过程中也极易导致事故的发生。根据一致性检查结果，对车辆设备进行出车检查以及中途检查之后，部分实例活动存在异常情况，需要反馈异常并进行处理，这是因为在日常工作中没有对车辆设备进行修理、维护而导致的；除此之外，驾驶员和押运员在中途检查之后，数据显示有检查异常等活动，反映出可能存在滴液、漏液等异常情况，这是由于危化品自身的特殊性质以及没有对罐体和危化品管理好所导致的。

3. 人员操作不规范

目前危化品在运输过程中还是以人为主体，主要发挥人的主观能动性，几乎每个环节都有人的参与。根据一致性检查结果，“控制液位液压”“提货重磅”“关闭电源，连接接地线”“出车检查”“中途检查”等实例活动都有一定的缺失，存在未发生、不重视等问题。在进行装液活动时，对于危化品来说，如果不严格控制液位液压以及进行车辆过磅等活动，一旦超出液位线，在车辆行驶过程中极易导致溢罐、滴液等情况的发生，给企业带来经济损失。由于危化品本身的特殊性质，以及在装液、卸液或者车辆行驶的过程中会因液体的流动产生碰撞，如果不连接接地线，很容易产生静电，从而导致严重的静电事故，发生爆炸等情况。“出车检查”和“中途检查”活动也存在一定的缺失，这表明工作人员本该在用车过程中对车辆进行仔细的维护与检查以及随时关注货物情况，以确保在行车过程中避免因车辆损坏、滴液、漏液等而引发事故或者给企业造成损失。这些活动的偏差归根结底是因为驾驶员、押运员等物流工作人员在操作过程中存在不规范行为，这些原因的出现是由于A公司对员工的培训力度有待提高，个别工作人员素质偏低，部分员工责任意识、安全意识不强，从而在运输过程中不能严格按照规范流程进行操作，为危化品运输过程带来了一定的潜在风险。

4. 环境勘察不到位

公路运输具有灵活、高效、方便等特点，但危化品在公路运输过程中，易受到道路状况、交通状况、气象条件等交通环境的影响，当前的危化品运输事故频发与环境因素有着非常密切的关系。恶劣的环境可能诱发交通事故，高温、暴雨、暴雪、大风等恶劣天气不仅会使路面行驶困难，对危化品货物产生影响，还会直接影响驾驶员和押运员的视线，使其判断失误；急弯陡坡、山路、隧道、坑洼地面等恶劣的道路条件一方面会降低车辆行驶速度，另一方面非常容易导致交通事故，还会在交通事故发生之后造成拥挤，影响救援的速度。在一致性检查结果中可以观察到，“勘察道路情况”和“检查天气情况”这两个实例活动都有存在缺失或者未记录等问题，结果存在一定的偏差，这表明在实际运输过程中，一些工作人员对环境因素不重视，存在侥幸心理，导致在出车前未提前检查道路、天气等，容易在行驶过程中出现侧滑、翻车、撞车等情况，增大了事故发生的概率，影响了与客户的合作，为企业带来了不小的损失。

5.6 A公司危化品运输风险防控措施

经过前文的分析，我们了解到危化品道路运输中一旦发生事故，带来的后果十分严重，分析危化品道路运输中存在的风险问题尤为重要，如何减少危化品运输事故的发生，从而减少负面影响，是每个危化品公司亟待解决的问题。为了降低A公司在运输过程中的风险，根据一致性检查结果以及相应的风险分析，提出了以下四项风险防控措施。

5.6.1 提高管理水平

从一致性检查结果来看，A公司危化品运输的时间较长，流程较为复杂，在实际运输过程中存在部分实例活动缺失的情况，涉及人、环境等方面，但归根结底是公司管理方面出现了问题，给公司带来很多潜在风险。根据这一情况，A公司应该从各个方面提高管理水平和能力，完善相关制度，督促员工按照规范流程进行操作并正确填写相关日志，减少事件日志中部分活动缺失的情况，同时根据国家对危化品运输的相关法律和规定，与时俱进地对管理机制和运输流程进行完善，降低A公司危化品运输的风险。

危化品道路运输流程较为复杂，应该全面管理、统筹规划，根据国家相关规定和标准制定A公司管理制度与计划。在人员架构方面，优化公司的组织结构，进一步明确各部门的职责，使其各司其职，各部门之间做到信息互通；加强对员工尤其是驾驶员、押运员的培训，完善安全责任制度和奖惩细则，定期进行考核，激发员工的工作动力，旨在提高物流工作人员的个人素质、安全责任意识和技能水平，从主观因素方面降低运输风险；明确监控员的职责，监督运输过程中驾驶员与押运员的行为，使其进行规范操作；同时可以增设审计部门，根据A公司的实际情况有针对性地对整个体系过程以及运输流程进行风险辨识、分级与评估，提高管理体系运行的效率，也可以引入可靠的风险控制平台，深入分析风险源以及提出风险控制措施，为A公司降低运输风险；加大对监控平台的资金投入，引进更先进的监控技术、全球卫星定位技术、无线通信技术和视频压缩处理技术等，实时监控运输过程中驾驶员、押运员的行为以及车辆、危化品的状态，检测到异常情况及时报警，可以有效管控危化品道路运输中存在的风险因素，提高危化品运输的科学性与规范性，将可能发生的事故概率以及造成的损失降到最低。部分实例活动缺失的原因除操作人员未按照规范流程进行操作之外，还可能是企业信息系统存在一定的不足之处，因此要对业务信息系统进行升级，使其更加准确、智能化。总之，提高管理水平，统筹规划好 A 公司整个运作管理体系是降低风险的关键。

5.6.2　加强对车辆与危化品的管理

从一致性检查结果来看，在出车检查活动和中途检查活动之后，部分实例活动存在异常情况，需要向公司和客户反馈异常并对异常情况进行处理，这表明车辆、设施设备、危化品以及罐体等在检查过程中出现了问题。根据这一情况，A 公司物流工作人员一方面在车辆或者危化品出现问题时应该及时进行反馈并处理，避免造成更大的损失；另一方面 A 公司应该更加重视对车辆设备的日常管理和维护，减少危化品在实际运输过程中出现异常情况的次数，从而节约时间，减少损失。

根据相关法律法规与条例规定，制定符合 A 公司发展的车辆与危化品管理制度，加快落实车辆日常检查制度。首先，在编写运输计划和进行车辆调度时，配备符合不同危化品标准和要求的专用车辆，减少一些不必要的麻烦和损失；其次，在运输前应对车辆的技术状态、车辆底盘以及灭火器、照明设备等安全设施进行严格的检查，对不符合运输标准的车辆进行维修，选用其他良好状态的车辆设施继续进行运输任务；再次，应加大对车辆、设施设备的资金投入，定期对车辆设施进行维护、检修与保养，根据不同危化品货物优化运输设施设备，并根据需求安装先进的定位系统以及通信工具等，保证危化品的运输安全，从而有效降低危化品运输事故的损失率；最后，A 公司应该完善运输车辆设施的管理档案，记录设施设备的检修保养记录以及技术参数等信息，这样不仅可以实时掌握车辆设施的状况，还可以督促相关工作人员对车辆和危化品进行管理与维护，降低运输风险。

5.6.3 规范人员行为

从一致性检查结果来看，人参与的实例活动存在部分缺失的情况。对于液化天燃气的运输来说，在装液过程中控制其液位液压非常重要，稍不注意就会发生安全事故。在装液前，物流工作人员应该注意将罐内压力降至0.3MPa左右再进行装液活动，而液位则根据不同客户需求以及配备车辆要求进行控制，必须低于车辆的安全液位线，按照运输计划和配备车辆的要求合理装液，装液完毕后，驾驶员按照规范流程进行车辆过磅，防止在车辆行驶过程中发生溢罐、滴液等情况，给企业带来利益损失。在装液过程中，由于液化天然气本身具备特殊的性质，装液时会因为液体的流动产生摩擦，因此物流工作人员除了要穿戴好防静电工作服，还应该在装液卸液之前严格按照规范流程进行操作，关闭车辆电源，连接好接地线，防止静电事故的发生。除此之外，出车检查和中途检查也非常重要，应随时关注车辆以及货物的情况，按照公司要求进行行车日志等内容的填写，规范操作行为，提高工作人员的素质和技能水平。

在危化品道路运输过程中，人占主导地位，是主要影响因素，因此A公司必须重视人的作用，严格管理物流工作人员。首先，必须在引进人才时提高招聘标准，严格检查所引进的运输从业人员是否具备专业资质，不具备专业资质的人员不予引进，减少人在危化品运输过程中可能带来的不利影响；其次，必须重视员工素质的提高，加强对危化品物流工作人员的技能培训和素质教育，积极开展相关活动，定期组织员工学习规范流程、法律法规，通过日常培训、演练和严格的考试制度提升物流工作人员的安全意识、责任意识、生理心理素质以及专业技能水平，培养其良好的职业道德和工作习惯；最后，应对员工的资质定期进行考核，督促其提高运输能力和水平，并完善对于员工的奖惩制度，对于操作规范的员工给予奖励和更好的待遇，对于违规操作的员工给予一定的惩罚，奖惩结合，从而增强员工的积极性。

5.6.4 重视环境勘察

从一致性检查结果来看，规范流程中需要对环境进行仔细勘察，但是在实际运输过程中并没有完全实现，存在缺失或者未记录等情况，给实际运输过程带来了很大的潜在风险。环境因素在危化品道路运输中存在很大的不确定性，因此在每次运输任务开始之前，都应该对道路情况和天气情况进行细致的了解，确认无异常后才可进行运输任务。

复杂的运输环境对危化品道路运输的影响很大，需要综合考虑各种因素和可能发生的情况，才能在运输过程中将损失降到最小。对于道路情况来说，需要在运输任务开始之前勘察道路情况，根据提前制定好的运输计划合理规划运输路线，对于行驶过程中必须经过的急弯陡坡、山路、隧道等特殊地段，驾驶员和押运员须提前做好规划和准备，在车辆行驶过程中小心驾驶，防止因道路崎岖而导致事故的发生，对于施工断交等道路条件，需要重新规划运输路线。对于气象因素来说，自然天气属于不可控风险因素，相关人员需要在运输任务开始之前关注相应城市和时间段的天气情况，及时关注气象预报，由于液化天然气及其他危化品具有特殊性质，因此遇到暴雨、暴雪、雷雨、高温（≥35℃）或者严重雾霾等异常天气情况必须暂停运输任务，尤其是遇到雷雨天气，必须暂停装液卸液活动，与客户进行沟通，等到天气正常再继续往下进行，对于较为正常的雨雪天气，要求驾驶员具备良好的驾驶技术和心理素质，避免在行驶过程中车辆发生打滑、侧翻等情况，造成交通事故。同时可以引入先进的 GPS、GIS 等信息技术，在遇到异常情况时及时与驾驶员进行沟通，最大限度地保证行车安全，实现预防复杂环境条件下危化品运输事故发生的目的。

5.7 小　结

近年来，随着经济全球化和区域经济一体化的进程加快，我国的国民经济逐步发展壮大，现代工业化水平逐步提升，作为国民经济的支柱产业之一，石油化工产业做出了重要的贡献，其规模不断扩大。危化品作为石化行业中十分关键的一环，其需求量近年来也在不断攀升。随着我国公路事业的不断发展，公路运输显现出机动灵活、快捷、实用性强等优点，危化品公路运输量也在不断增加。然而，由于危化品自身的特殊性质以及物流活动复杂程度的增加，危化品运输安全问题日益凸显，在危化品运输过程中存在许多潜在的风险，发生了一些或大或小的安全事故，给企业和社会带来了很多负面影响，人们对危化品运输事故的关注度也在逐步提升，因此企业和国家对危化品的运输风险问题越来越重视。如何快速、准确地识别已经存在的风险，挖掘潜在的运输风险，及时有效地对危化品运输过程中的风险进行防控和规避，是危化品物流企业需要注重的问题。

本章以A危化品运输公司为背景，对其进行了实地考察，通过介绍A公司的背景、人员架构等实际情况，对其运输过程风险防控进行了现状研究，通过文献分析与A公司实际情况总结风险因素，形成优化后的运输流程；基于此，利用Petri网理论和建模工具构建了Petri网模型，得到理想化的过程模型；基于A公司在危化品运输过程中产生的真实事件日志数据，利用过程挖掘的α算法和启发式挖掘算法的算法插件对其进行挖掘，得到了实际过程模型；最后通过一致性检查，将理想过程模型与实际过程模型进行对比，发现并分析两者之间存在的偏差，从而识别潜在风险，并针对挖掘出的风险提出相应的防控措施。本章的主要研究工作总结如下：

（1）对国内外关于危化品运输风险和过程挖掘两方面的研究现状进行了综述，并且介绍和阐述了危化品、运输风险、WSR、Petri网、过程挖掘等相关理论和工具。

（2）对A危化品运输公司进行实地调研，结合其背景、人员架构等方面较为详细地从运输前、运输中和运输后三个方面介绍了A公司液化天然气目前的运输流程，并对危化品运输风险挖掘方法进行设计。

（3）通过阅读文献和对A公司的实地考察，用WSR理论对危化品运输中存在的风险因素进行总结与分析，形成融合风险因素的运输流程，利用Petri网的相关理论和工具构建了理想化的过程模型，为后续的风险挖掘做好准备。

（4）基于A公司危化品运输的实际情况，调取真实的事件日志信息，利用过程挖掘的相关算法如α算法、启发式挖掘算法和过程挖掘工具对其进行挖掘，得到真实的过程模型。

（5）利用过程挖掘工具ProM中的一致性检查算法插件，对上述提到的理想化过程模型和实际过程模型进行一致性分析，发现并分析两者之间存在的偏差，从而发现A公司危化品实际运输过程中存在的风险并对其进行分析，最后针对挖掘出来的风险提出相应的防控措施。

综上所述，本研究在流程中加入的风险因素较少，尚有待于进一步增加，并且受到很多客观条件如数据收集和时间等条件的制约，本研究在一些方面还存在着很多不足和需要进一步探索的方面。例如，由于时间限制，本书只选取了半年的事件日志数据进行挖掘，并将挖掘出的过程模型与 Petri 网模型进行了比较，从而发现风险问题，由于时间跨度较小，研究具有一定的片面性。要想更加深入全面地分析 A 公司在危化品运输过程中存在的风险，就有必要拉长时间线，并且根据实际情况选取其他更合适的挖掘方法，因此关于运输工作的研究并不是一蹴而就的，是需要不断完善的过程。

但是，采用本书提出的风险防控措施，能帮助 A 公司在之后的运输过程中降低风险和事故发生概率，减少不必要的损失，使 A 公司能够更快更好地发展。同时，也希望本研究能为其他危化品运输公司防控危化品运输中存在的风险提供一定的思路。

◉ 本章参考文献

[1] 涂源原，李润求，王欢欢，等. 基于改进分级指数法的危化品道路运输风险评估 [J]. 湖南科技大学学报（自然科学版），2021，36（4）：8-14.

[2] 唐箫，伍爱友，李润求，等. 基于改进 FAHP 的危化品道路运输风险综合评价 [J]. 安全，2023，44（1）：32-37，46.

[3] 骆成，陈霞，路亚妮，等. 中国沿海危化品道路运输系统风险耦合分析 [J]. 西安科技大学学报，2022，42（5）：975-984.

[4] 贾进章，陈怡诺，柯丁琳. 基于模糊集和改进 DS 证据理论的危化品道路运输体系贝叶斯网络风险分析 [J]. 北京化工大学学报（自然科学版），2020，47（1）：38-45.

[5] 张焱，王传生. 危化品 RTS 可靠性的系统动力学仿真分析 [J]. 计算机仿真，2019，36（10）：142-147，328.

[6] WENG J X，GAN X F，ZHANG Z Y. A quantitative risk assessment model for evaluating hazmat transportation accident risk [J]. Safety science，2021，137：1-11.

[7] AYYILDIZ E，TASKIN G A. Pythagorean fuzzy AHP based risk assessment methodology for hazardous material transportation：An application in Istanbul [J]. Environmental science and pollution research，2021，28（27）：35798-35810.

[8] STOJANOVIC N，BOSKOVIC B，PETROVIC M，et al. The impact of accidents during

the transport of dangerous good, on people, the environment, and infrastructure and measures for their reduction: A review [J]. Environmental science and pollution research, 2023, 30 (12): 32288-32300.

[9] DAVIES L. Transportation of hazardous materials [J]. National conference publication-institution of engineers, 1991 (1): 56-77.

[10] HAMMADI L, OUAHMAN A A, CURSI E, et al. An approach based on FMECA methodology for a decision support tool for managing risk in customs supply chain: A case study [C] //International Conference on Logistics, In formation and Service Sciences, 2015: 1-6.

[11] 刘猛. 云南危险品的物流流程风险管理研究 [J]. 昆明: 昆明理工大学, 2019.

[12] 李淑霞, 闫晓青. 基于 VC-DRSA 的危化品公路运输风险不确定因素分析 [J]. 东华大学学报 (自然科学版), 2013, 39 (4): 509-513.

[13] 范涛, 方贤文. 一种基于 Petri 网和因果关系矩阵的事件日志过程挖掘方法 [J]. 牡丹江师范学院学报 (自然科学版), 2020, (4): 10-14.

[14] 李鹏, 刘庆金, 杜玉越. 基于遗传算法的医院门诊过程挖掘算法 [J]. 计算机集成制造系统, 2019, 25 (4): 1026-1031.

[15] 胡小强, 吴翾, 闻立杰, 等. 基于 Spark 的并行分布式过程挖掘算法 [J]. 计算机集成制造系统, 2019, 25 (4): 791-797.

[16] 余建波, 郑小云, 李传锋, 等. 基于过程挖掘的临床路径 Petri 网建模 [J]. 同济大学学报 (自然科学版), 2018, 46 (4): 524-534, 549.

[17] HUANG Z M, CONG Q S, HU J B. Information system risk auditing model based on process mining [C] //International Conference on Management Science and Engineering, 2013: 39-45.

[18] CARON F, VANTHIENEN J, BAESENS B. A comprehensive framework for the application of process mining in risk management and compliance checking [J]. Social science electronic publishing, 2013: 1-41.

[19] MAHENDRAWATHI E, NOVAL A, HANIM M A, et al. Analysis of production planning in a global manufacturing company with process mining [J]. Journal of enterprise information management, 2018, 31 (2): 317-337.

[20] 程平, 罗婷匀. VUCA 环境下基于流程挖掘的销售风险评价研究 [J]. 会计之友, 2023 (9): 143-150.

[21] 朱泰铭，郭渊博，琚安康，等. 基于业务过程挖掘的内部威胁检测系统 [J]. 通信学报，2016，37 (S1)：180-188.

[22] 曾奕棠，张玉峰，谭学清，等. 基于过程挖掘的物流流程信息智能分析研究 [J]. 现代情报，2017，37 (11)：156-162.

[23] 吴文光. 基于流程挖掘的图书馆用户满意分析 [J]. 图书馆杂志，2018，37 (4)：108-114.

[24] 任军，焦岩，王荣，等. 基于过程挖掘的急性缺血性脑卒中患者院内静脉溶栓时效分析 [J]. 北京生物医学工程，2020，39 (4)：364-371.

[25] JUHAňáK L，ZOUNEK J ，ROHLíKOVá L. Using process mining to analyze students´ quiz-taking behavior patterns in a learing management system [J]. Computers in human behavior，2017，12：1-11.

[26] ALVAREZ C，ROJAS E，ARIAS M，et al. Discovering role interaction models in the emergency room using process mining [J]. Journal of biomedical informatics，2018，78：60-77.

[27] VATHY-FOGARASSY Á，VASSÁNYI I，KÓSA I. Multi-level process mining methodology for exploring disease-specific care processes [J]. Journal of biomedical informatics，2022，125：1-13.

[28] HEMMER A，ABDERRAHIM M，BADONNEL B，et al. Comparative assessment of process mining for supporting IoT predictive security [J]. IEEE transactions on network and service management，2021，18 (1)：1092-1103.

[29] MARTIN N，WEERDT J D，FERNÁNDEZ-LLATAS C，et al. Recommendations for enhancing the usability and understandability of process mining in healthcare [J]. Artificial intelligence in medicine，2020，109：1-14.

[30] 顾基发，高飞. 从管理科学角度谈物理-事理-人理系统方法论 [J]. 系统工程理论与实践，1998 (8)：2-6.

[31] VAN DER AALST W M P，TER HOFSTEDE A H M. YAWL：Yet another workflow language [J]. Information systems，2005，30 (4)：245-275.

[32] 袁崇义. Petri 网原理与应用 [M]. 北京：电子工业出版社，2005.

[33] 阮灵，李欣. 基于 Petri 网的工作流建模研究 [J]. 软件导刊，2010，9 (10)：158-160.

[34] JONATHAN E C，ALEXANDER L W. Automating process discovery through

event-data analysis [C]. International Conference on Software Engineering, 1995: 73-82.

[35] AGRAWAL R, GUNOPULOS D, LEYMANN F. Mining process models from workflow logs [C]. International Conference on Extending Database Technology: Advances in Database Technology, 1998: 469-483.

[36] 赵海燕，李欣歌，陈庆奎，等. 面向业务过程挖掘和分析的事件日志预处理技术 [J]. 小型微型计算机系统，2022，43 (1): 1-9.

[37] 花龙雪，吴应良. 基于 CNKI 文献计量分析的过程挖掘研究评述与展望 [J]. 管理学报，2021，18 (6): 938-948.

[38] BOGARÍN A, CEREZO R, REMERO C. A survey on educational process mining [J]. Wiley interdisciplinary reviews: data mining and knowledge discover, 2018, 8 (1): 1-17.

[39] VAN DONGEN B F, DE MEDEIROS A K A, VERBEEK H M W, et al. The ProM framework: A new era in process mining tool support [J]. Lecture notes in computer science, 2005, 3536: 444-454.

[40] VAN DER AALST W, WEIJTERS T, MARUSTER L. Workflow mining: Discovering process model from event logs [J]. IEEE transactions on knowledge and data engineering, 2004, 16 (9): 1128-1142.

[41] WEIJTERS A J M, VAN DER AALST W M P. Rediscovering workflow models from event-based data using little thumb [J]. Integrated computer-aided engineering, 2003, 10 (2): 151-162.

[42] ROZINAT A, VAN DER AALST W M P. Conformance checking of processes based on monitoring real behavior [J]. Information systems, 2008, 33 (1): 64-95.

后　记

在本书交付印刷之际，笔者内心非常激动，本书为笔者2022年承担的河北省重点研发计划项目“基于大数据的危险化学品物流运作异常检测系统研究”的研究成果（项目编号：22375414D），在此对河北省科技厅的资助表示感谢，同时也对在本书写作过程中给予过帮助的同事和研究生们表示感谢！

本书首先识别物流运作过程中的风险因素，并对风险之间的耦合作用进行分析，在此基础上，对危化品运输业务流程进行融合风险因素的建模优化，并基于融合风险因素后的运输流程，使用过程挖掘方法发现实际运输过程中存在的偏差以及风险问题，并提出相应的风险防控措施。

由于时间关系，本书还有一些不足之处，比如风险因素的全面性识别、事件日志数据的选取等，这也正是我们进行下一步研究的动力和方向。